Germann Jossé

Buchführung - aber locker!

CC- Verlag

Dieses Buch berücksichtigt bereits die
neuen Bestimmungen zur Mehrwertsteuerberechnung.

Weitere nützliche Titel dieser Reihe:
(Nähere Titelinformationen vgl. im Anhang)

Germann Jossé
Bilanzen - aber locker!
Bilanzwissen schnell und professionell erlernt

Stefani Träupmann/ Petra M. Rüstow
Erfolg durch Geschäftsbriefe
Viele Beispiele für bessere Briefe und einen besseren Briefstil

Wolfgang und Frank Manekeller
Werbebriefe gut gestalten
inhaltlich - sprachlich - äußerlich

ISBN 3-923930-14-3

Druck WB-Druck, Rieden
3. Auflage
© Copyright 1999 by CC-VERLAG GmbH, Hamburg
Alle Rechte vorbehalten/ All rights reserved

Gern schicken wir Ihnen unser Verlagsverzeichnis:
CC-VERLAG GmbH, Postfach 60 04 03, 22204 Hamburg
Fax: (040) 631 73 06 * E-Mail: info@cc-verlag.de
Internet: http://www.cc-verlag.de

Vorwort

Sie finden, Buchführung sei 'trocken'? Sie kämpfen sich mit der Materie ab und wissen nicht so recht, was warum und wie? Dann wird's Zeit, daß Sie dieses Buch aufschlagen: Sie werden sehen, **Buchführung kann sogar Spaß machen!** Dazu nehmen wir Sie regelrecht an der Hand und führen Sie Schritt für Schritt – aber locker! – durch den Dschungel von Aktiva und Passiva, von Aufwendungen und Erträgen. Nach kurzer Zeit werden Sie fit sein und selbst sagen: „Buchführung – aber locker!"

Alle wichtigen Buchungen während eines Geschäftsjahres sowie an dessen Ende werden beispielhaft für den **Handel** dargestellt. Warum? Weil viele Dienstleister beim Handel abgekupfert haben. Als **Plus** erhalten Sie außerdem alle wichtigen Buchungen in der **Industrie**. Sie sehen: ein Rund-um-Paket, das für *fast alle Branchen* paßt.

Sie sollen schließlich verstehen, *warum* so und so gebucht wird. Deshalb **verzichten wir auf überflüssiges Beiwerk**, insbesondere wird der gesetzliche Hintergrund höchstens mal gestreift. Da wir leider nicht ganz darum herumkommen, basieren die Darstellungen auf den *deutschen Bestimmungen*. Aber keine Angst: Wenn Sie aus *Österreich* oder der *Schweiz* kommen, gelten die beschriebenen Systematiken grundsätzlich genauso.

Tja, und jetzt? Ran an die Buletten (oder an die Tofuburger)!

Viel Erfolg wünschen Ihnen Autor und Verlag!

P.S. Für Anregungen, Ideen, Wünsche sind wir immer zu haben – schreiben Sie uns einfach!

☞ Gleich vorweg ein <u>Tip</u>: Blättern Sie zunächst auf Seite 11, dort sehen Sie, wie Sie dieses Buch am besten benutzen – je nachdem, ob Sie Anfänger, Fortgeschrittener oder schon Profi sind.

Inhaltsverzeichnis

Abkürzungsverzeichnis

A	Aktiv(-konto; -posten)		GVF	Geschäftsvorfall
AB	Anfangsbestand		GWG	Geringwert. Wirtschaftsgut
Abs.	Abschreibungen		H	Haben
AfA	Absetzung für Abnutzung		HGB	Handelsgesetzbuch
AG	Arbeitgeber; Aktiengesellschaft		HR	Handelsregister
			HWP	Höchstwertprinzip
AN	Arbeitnehmer		i.d.R.	in der Regel
a. LL	aus Lieferungen und Leistungen		i.e.S.	im engeren Sinn
			i.w.S.	im weiteren Sinn
AR	Ausgangsrechnung		IKR	Industriekontenrahmen
ARA	Aktive Rechnungsabgrenzung		JA	Jahresabschluß
AV	Anlagevermögen		lt.	laut
Ba.	Bank		Ka.	Kasse
BA	Bundesanzeiger		KG	Kommanditgesellschaft
BG	Berufsgenossenschaft		ND	Nutzungsdauer
BGA	Betriebs- und Geschäftsausstattung		NL	Nachlässe
			NWP	Niederstwertprinzip
BS	Buchungssatz; Betriebsstoffvorrat		OHG	Offene Handelsgesellschaft
			P	Passiv(-konto; -posten)
BSA	Betriebsstoffaufwand		PRA	Passive Rechnungsabgr.
BV	Bestandsveränderungen		PWB	Pauschalwertberichtigungen
Darl.	Darlehen		RS	Rohstoffe
EB	Eröffnungsbilanz; Erlösberichtigungen		RSA	Rohstoffaufwand
			RüSt	Rückstellungen
EBK	Eröffnungsbilanzkonto		S	Soll
EK	Eigenkapital		Σ	Summe
ER	Eingangsrechnung		SB	Schlußbestand; Schlußbilanz
EV	Eigenverbrauch		SBK	Schlußbilanzkonto
EWB	Einzelwertberichtigungen		SV	Sozialversicherung(s)
FA	Finanzamt		TA	Technische Anlagen
FE	Fertigerzeugnisse		TDM	Tausend Deutsche Mark
FK	Fremdkapital		UE	Umsatzerlöse
Fo.	Forderungen a. LL		Unf.E	Unfertige Erzeugnisse
Fpk.	Fuhrpark		USt	Umsatzsteuer
Gj.	Geschäftsjahr		UV	Umlaufvermögen
GKR	Gemeinschaftskontenrahmen der Industrie		Vb.	Verbindlichkeiten a. LL
			VSt	Vorsteuer
GmbH	Gesellschaft mit beschränkter Haftung		vwL	vermögenswirksame Leistungen
GuV	Gewinn- und Verlustkonto		WA	Warenaufwand
GV	Geldverkehr		WB	Wertberichtigungen
			WV	Warenvorrat

Dankeschön!

Ich weiß noch wie heute, als ich als Lehrer das erste Mal Buchführung unterrichten sollte und wie ich mich anfänglich dagegen wehrte: nachdem ich während des Studiums glücklich meinen Buchführungsschein ergattert hatte, wollte ich nie wieder etwas damit zu tun haben! Wie kam's? Unser Dozent fuhr in einem ICE-Tempo quer durch die Buchführung, der Zug fuhr zunächst ohne mich ab und ich verstand wirklich nur „Bahnhof": Wieso heißt es „Soll an Haben"? Diese Frage ließ mich nicht mehr los – das Buchführungsfieber hatte mich gepackt!

Eines Tages, ich befand mich mit Freunden auf einer Hütte auf der Schwäbischen Alb, blätterte ich in meinen Unterlagen, und plötzlich machte es „klick": ich hatte es kapiert, die Sperre war weg, der gordische Knoten zerschlagen!

Zwei, drei Semester später, diesmal auf der ehemals Schraml´schen Hütte im Bayrischen Wald, kämpfte ein Freund mit dem selben Problem. Er stellte die gleichen Fragen, die ich später noch von so vielen zu hören bekam. Und ich beschrieb, skizzierte und redete mit Engelszungen und – siehe da! – Stefan schlug sich mit der flachen Hand an die Stirn, schüttelte den Kopf und meinte: „Logisch, Soll an Haben, natürlich, macht ja Sinn!"

Vielleicht wird es Ihnen dank dieses Buches genauso gehen?!

An dieser Stelle muß ich noch Sabine und Martin erwähnen, die kritisch Korrektur lasen, und vor allem meine Mutter, ohne die vieles nicht möglich geworden wäre.

Ihnen allen gilt mein herzliches Dankeschön.

G.J.

A   Motivation

❏   Für wen ist das Buch?

Sie sind (Berufs-)**Schüler** oder **Student**? Ja? Oder arbeiten Sie als **Praktiker** im kaufmännischen Bereich? Oder haben Sie gar Ihr **eigenes Gewerbe**? Das vorliegende Buch ist so konzipiert, daß es jeder, vom **Anfänger bis zum Profi**, sinnvoll nutzen kann: um *Kenntnisse aufzufrischen* oder *gezielt zu vertiefen*, um *offene Fragen zu klären* oder sich *umfassend einzuarbeiten.*

☞ Blättern Sie doch einfach mal eine Seite weiter: Stehen dort nicht genau die **Fragen, die Sie schon immer beschäftigten?**

❏   Was bringt Ihnen dieses Buch?

„Buchführung – aber locker!" verhilft Ihnen, schnell zum Erfolg zu kommen:

* Sie können das Buch **wie ein normales Lehrbuch** benutzen und die einzelnen Themen Schritt für Schritt durcharbeiten (Kapitel B bis D)
* Anhand von *Inhalts- oder Stichwortverzeichnis* können Sie aber auch **gezielt Themenbereiche auswählen**, die Sie interessieren.
* Das *Glossar* am Buchende (Kapitel E) können Sie wie ein kleines **Lexikon** benutzen. Querverweise zeigen Ihnen, wo die Themen ausführlich dargestellt werden.

❏   Wie benutzen Sie das Buch?

* Wenn Sie **Anfänger** sind und noch keine Ahnung von Buchführung haben, sollten Sie das Buch vom Anfang an *Seite für Seite* und die Übungen am Kapitelende durcharbeiten.Wenn Sie täglich 2 Stunden Zeit aufbringen können, sind Sie nach einem Monat bestimmt fit in Buchführung!

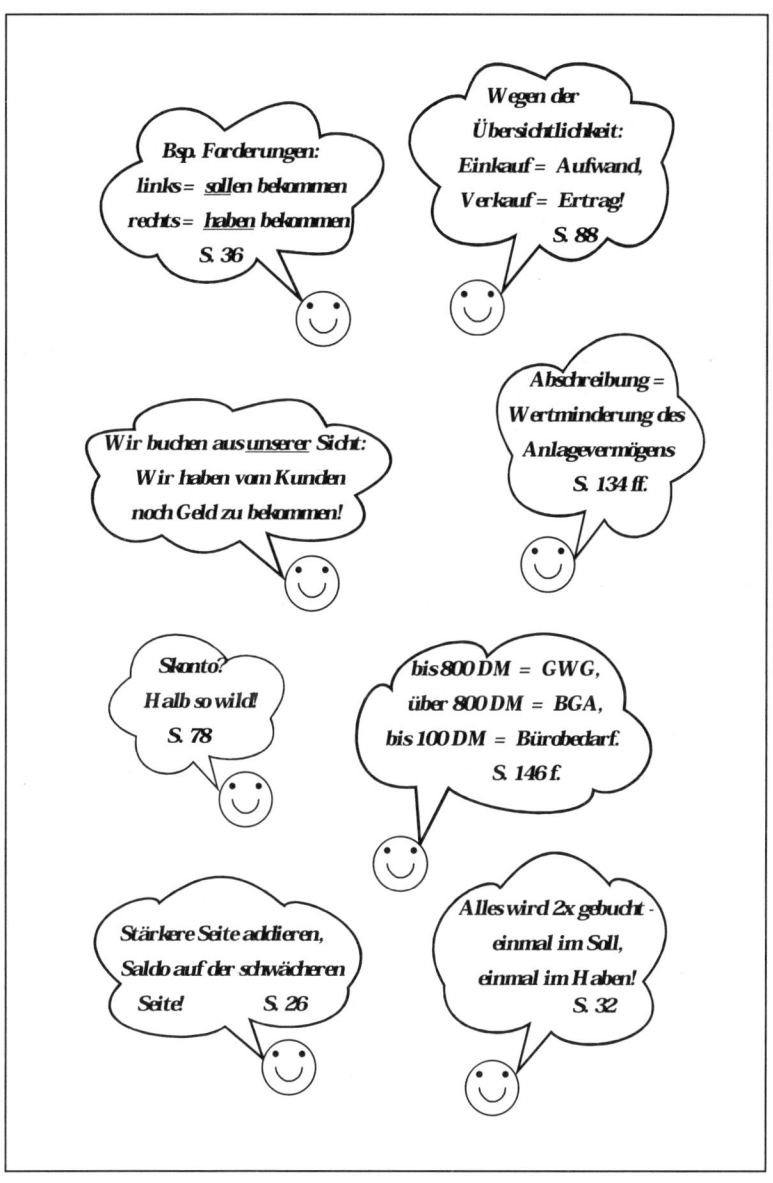

☞ Noch ein Tip: Die Kapitel B 3 und B 4 zeigen die *Grundsyste-matik* der Buchführung – schauen Sie sich die immer wieder einmal an, bis Sie sattelfest sind.

• Als **Fortgeschrittener** haben Sie vielleicht *Grundkenntnisse*, nur im Detail haben Sie noch Lücken. Oder sie wollen Ihr verstaubtes Wissen auffrischen. Dann können Sie das Kapitel B wahrscheinlich schnell überfliegen und konzentrieren sich auf die Kapitel C und D.

• Als **Profi** kennen Sie sich bereits in Buchführung aus, nur fehlt Ihnen ein kleiner Ratgeber, um mal eben was nachzuschlagen. Dann empfehlen wir Ihnen: Lesen Sie im *Glossar* die für Sie interessanten Themen durch (mit Seitenverweisen!) oder picken Sie sich aus dem *Inhaltsverzeichnis* das raus, was Sie brauchen.

• Diese *Symbole* finden Sie in jedem Kapitel:
F und **A**
Die stehen natürlich für „**Frage**" und „**Antwort**". Lesen Sie die durch – vielleicht erhalten Sie jetzt Antwort auf Fragen, die Sie sich schon oft gestellt haben.

☞ Achten Sie auf diese Hand! Sie zeigt Ihnen, daß Sie einen kleinen **Tip** bekommen.

→ Ein solcher Pfeil zeigt Ihnen einen **Querverweis**: entweder zu einem vertiefenden Kapitel, einem Stichwort oder zum Anhang.

✐ **Ü 1**
Der gezückte Bleistift bedeutet: Zum Text bekommen Sie eine **Übung** am Kapitelende. Die Lösungen finden Sie in Teil F ab Seite 228. L 1 ist dort die **Lösung** zu Ü 1, also zur Übung 1.

Genug der Vorrede! Bequem hingesetzt, Brille zurechtgerückt, Stift gezückt – und los geht's!

B   Grundlagen

1   Einführung
1.1   Was ist überhaupt Buchführung?

Buchführung ist der *Grundbaustein des betrieblichen Rechnungswesens* – also aller Methoden, die das gesamte Unternehmensgeschehen zahlenmäßig erfassen. Die Buchführung beliefert u.a. die anderen Teilbereiche mit Informationen:

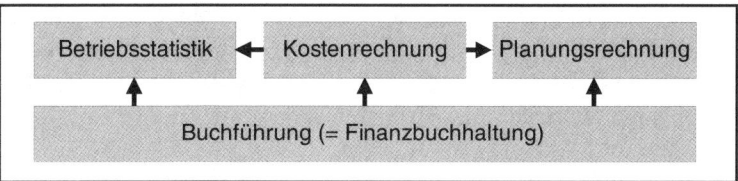

Innerhalb des Rechnungswesens hat die Buchführung die Aufgabe, sämtliche *Geld- und Güterströme* der Unternehmung zu erfassen (z.b. Überweisung einer Rechnung bzw. Einkauf oder Verbrauch von Stoffen). Im Detail lassen sich folgende Aufgaben feststellen:

- Ermitteln der **Bestände an Vermögen und Schulden.**
- Alle **Veränderungen** von Vermögen und Schulden aufzeichnen.
- Den **Erfolg** (d.h. den Gewinn oder Verlust) der Unternehmung **ermitteln**, in dem alle Aufwendungen (= Werteverzehr) und Erträge (= Wertezuwachs) erfaßt und gegenübergestellt werden.
- Zahlen liefern zur **Kalkulation** der Verkaufspreise.
- Daten liefern zur **Wirtschaftlichkeitskontrolle.**
- Grundlage zur **Berechnung der Steuern.**
- **Beweismittel** bei Rechtsstreiten mit Kunden, Lieferanten, o.ä.

Aha, werden Sie denken, und wer hat sich das alles ausgedacht? Nun, die Buchführung hat sich im Laufe der Jahre immer weiter entwickelt. Während Kolumbus Amerika entdeckte (also vor etwa 500 Jahren), wurden in Italien die noch heute gültigen Grundzüge „unserer" **doppelten Buchführung** niedergeschrieben.

„Doppelt" bedeutet in diesem Zusammenhang u.a., daß mit jeder Buchung mindestens 2 Posten berührt werden.

Übrigens: eigentlich müßte es „*Bücher*führung" heißen – schließlich werden mehrere Bücher geführt (➜ B 7.3). Nachdem das geklärt wäre, können wir uns der folgenden Frage widmen:

1.2   Wer muß Bücher führen und warum?

In Deutschland verpflichten Steuergesetze und das Handelsgesetzbuch (HGB) bestimmte Personengruppen zur (doppelten) Buchführung. Das HGB verlangt, daß **jeder Kaufmann** u.a. Bücher führen sowie Inventar und Bilanz erstellen muß.[1]

Es macht sicherlich Sinn, wenn man von Kaufleuten einen Nachweis über ihre Geschäfte fordert, spätestens, wenn man daran denkt, daß der Staat eine korrekte Grundlage zur Erhebung der Steuern benötigt.
Stellen Sie sich vor, Ihnen gehört 1 Aktie der BMW Aktiengesellschaft und – wie Sie – würde nun jeder Aktionär Einblick in die Bücher von BMW verlangen! Das geht natürlich nicht, deshalb müssen die Bücher auf bestimmte Weise korrekt geführt werden, was dann ggf. ein Wirtschaftsprüfer zum Jahresende bestätigt.

1.3   Die oft zitierten GoB

Korrekte Buchführung heißt, daß sie gewissen Grundsätzen entspricht, so daß sie z.B. fälschungssicher ist, von einem Fachmann innerhalb vernünftiger Zeit nachvollzogen werden kann und vollständig und wahr ist. Diese Prinzipien nennt man „Grundsätze ordnungsmäßiger Buchführung" (GoB).

---

[1] Die einzelnen Bestimmungen bzgl. der Kaufmannseigenschaft können Sie im HGB nachlesen. Für andere Länder gelten vergleichbare Regelungen. Übrigens: Wenn Sie auf einen Begriff stoßen, den Sie nicht kennen, schauen Sie doch einfach im *Glossar* ab S. 206 nach.

Und hier die wichtigsten der in Deutschland gültigen GoB:

- *Alle* Geschäftsvorfälle wahr, zeitnah und geordnet buchen.
- Kassenveränderungen *täglich* aufzeichnen.
- Wesengleiche Posten (z.B. Forderungen und Verbindlichkeiten oder Mieteinnahmen und Mietausgaben) nicht miteinander verrechnen.
- Abkürzungen, Symbole, Ziffern und Buchstaben müssen *eindeutig* sein.
- Verwendung einer *lebenden* Sprache (also kein Esperanto!), der Jahresabschluß selbst muß auf deutsch erstellt werden.
- Ursprüngliche Buchungen nicht unkenntlich machen, keinen Bleistift verwenden, kein Tipp-Ex, kein Radieren o.ä.
- Auf Datenträger gespeicherte Buchungen müssen jederzeit lesbar gemacht werden können (per Monitor oder Drucker).
- Keine Buchung ohne Beleg bzw. kein Beleg ohne Buchung!
- Belege (dazu zählen Rechnungen, Kontoauszüge, Quittungen, Handelsbriefe, Lohnstreifen usw.) müssen 6 Jahre aufbewahrt werden.
- Inventare, Jahresabschlüsse, Buchhaltungssoftware müssen 10 Jahre lang aufbewahrt werden.

F   *Und bei Verstößen wandert man in den Knast?*

A   Im Extremfall ja, ansonsten gibt's auch saftige Geldbußen. Außerdem kann der Gewinn (und damit die Steuer) geschätzt werden.

2   Inventur – Inventar – Bilanz
2.1   Die Inventur

Zum **Ende eines Geschäftsjahres** (für uns gilt immer der Stichtag 31. Dez.) muß jeder, der zur doppelten Buchführung verpflichtet ist, eine **Bestandsaufnahme** (Inventur) seiner Vermögens- und Schuldenwerte durchführen; diese werden nach *Art* (z.B. Schr̄ben, Typ M3, Nirosta), *Menge* (Stückzahl, Liter, Gewicht, Län̨ und ihrem *Wert* (in DM) erfaßt. Wenn möglich, erfolgt eine *körperliche* Inventur (z.B. Zählen der Lebensmittel im Regal), ansonsten eine *Buchinventur* (von immateriellen Gütern und Schulden).

☛ *Wenn möglich, gehe ich also richtig durch meinen Betrieb und zähle z.B. die Einrichtung oder die Vorräte?*

🖎 Ja, neben Zählen kommt auch Wiegen oder Messen und – ersatzweise – Schätzen in Betracht.

☛ *Die Inventur muß ich jedes Jahr machen?*

🖎 Grundsätzlich ja. Außerdem bei Gründung bzw. Übernahme und bei Auflösung bzw. Verkauf des Unternehmens.

☛ *Das klingt nach ganz schön viel Arbeit - die soll an einem Tag bewältigt werden? Das kann ich mir kaum vorstellen.*

🖎 Da haben Sie recht: bei einem Großbetrieb wäre das kaum zu bewältigen. Der Gesetzgeber erlaubt deshalb gewisse Vereinfachungen, u.a. daß die Inventur nicht an einem Tag durchgeführt werden muß.

☛ *Unser Supermarkt hat immer am 30. Dez. einen halben Tag lang „wegen Inventur geschlossen“. Das ist also zulässig?*

🖎 Genau, an dem Tag werden die Bestände in den Regalen erfaßt, vielleicht eine Woche später die Büroeinrichtungen und der Fuhrpark, und wieder zu einem anderen Zeitpunkt z.B. die Schulden.

2.2   Das Inventar

Als nächster Schritt werden die per Inventur ermittelten Bestände in ein eigenes **Verzeichnis** eingetragen, das Inventar. Es führt jeden einzelnen Vermögens- oder Schuldenposten auf. Das Inventar ist in 3 Teile gegliedert:

A. Vermögen

Es wird nach seiner *Flüssigkeit geordnet*; die weniger flüssigen Vermögenswerte stehen oben, unten die flüssigen Mittel. Außerdem wird das Vermögen in 2 Gruppen unterteilt:

I. Anlagevermögen (AV):

Es steht dem Unternehmen längerfristig zur Verfügung. Dazu zählen z.b. Grundstücke, Gebäude, Maschinen, Fuhrpark oder Betriebs- und Geschäftsausstattung (BGA).

II. Umlaufvermögen (UV):

Es dient dem Unternehmen nur vorübergehend, insbesondere zählen dazu die Rohstoffe und sonstigen Vorräte, Forderungen an Kunden sowie die Geldmittel (Kasse, Bank, Postbank).

B. Schulden

Auch sie werden nach einem Zeitaspekt gegliedert, und zwar nach ihrer *Fälligkeit*: Demnach wird das langfristig fällige Kapital zuerst genannt, das in Kürze fällige Kapital als letztes.

I. langfristige Schulden:

Dazu zählen vor allem Hypotheken- und Darlehensschulden.

II. kurzfristige Schulden:

Beispiele sind Verbindlichkeiten gegenüber Lieferanten, vom Kunden erhaltene Anzahlungen, überzogenes Bankkonto usw.

C. Reinvermögen (= Eigenkapital)

Es ergibt sich, in dem man die Schulden von der Summe des Vermögens abzieht. Diese Differenz ist das Reinvermögen der Unternehmung; es zeigt an, wieviel des Vermögens eigenfinanziert ist (d.h. nicht mit Schulden finanziert ist).

Ein Inventar umfaßt – je nach Unternehmensgröße – Seiten und gar ganze Bücher. Auf der Folgeseite sehen Sie ein sehr gerafftes Muster eines Inventars. Gibt es zu einem Posten nur einen Gegenstand, so schreibt man ihn in die rechte Spalte, werden Posten weiter aufgegliedert (z.B. Forderungen), so erscheinen sie in der linken Spalte. Deren Summe wird dann in die rechte Spalte übertragen.

Inventar der „Profi"-Elektrogroßhandels-GmbH für den 31. Dez.		
A. Vermögen	DM	DM
I. Anlagevermögen		
1. Grundstücke		130.000,00
2. Gebäude:		
Geschäftsgebäude	220.000,00	
Lagerhaus	80.000,00	300.000,00
3. Fuhrpark lt. Verzeichnis		140.000,00
4. BGA lt. Verzeichnis		70.000,00
II. Umlaufvermögen		
1. Warenvorräte lt. Verzeichnis		230.000,00
2. Forderungen a. LL:		
- an Fa. Heckmann	20.000,00	
- Fa. Hübner	30.000,00	50.000,00
3. Kassenbestand		10.000,00
4. Bankguthaben		60.000,00
Summe des Vermögens		**990.000,00**
B. Schulden		
I. Langfristige Schulden		
1. Hypotheken		290.000,00
2. Darlehensschulden		90.000,00
II. Kurzfristige Schulden		
Verbindlichkeiten a. LL:		
- Kabel-Meier	70.000,00	
- „Relax-Relais"	10.000,00	80.000,00
Summe der Schulden		**460.000,00**
C. Reinvermögen		
Vermögen		990.000,00
− Schulden		460.000,00
= Reinvermögen		**530.000,00**

✎ **Ü 1** (Sie finden die Übung 1 in Kap. B 8 auf S. 59)

2.3 Die Bilanz

Auf Grundlage des Inventars erstellt der Kaufmann *zum Ende des Geschäftsjahres* eine Bilanz:

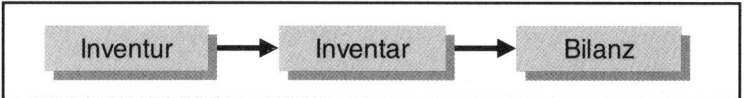

Im Gegensatz zum ausführlichen Inventar ist die Bilanz eine *kurzgefaßte Gegenüberstellung*, in der die einzelnen Posten nur mit ihrem *Gesamtwert* aufgeführt werden (z.B. Gebäude 300.000 DM). Damit bietet die Bilanz eine prägnante Darstellung der Vermögens- und Schuldensituation einer Unternehmung.

Die zwei Seiten einer Bilanz heißen „**Aktiva**" (links = Vermögen) und „**Passiva**" (rechts = Kapital). Beide Seiten müssen gleich groß sein (ital. bilancia = Waage).

Die Bilanz zu unserem Beispiel von S. 20 sähe so aus:

Aktiva	Bilanz zum 31. Dez.		Passiva
I. Anlagevermögen		**I. Eigenkapital**	530.000
1. Grundstücke	130.000		
2. Gebäude	300.000	**II. Fremdkapital**	
3. Fuhrpark	140.000	1. Hypotheken	290.000
4. BGA	70.000	2. Darlehen	90.000
II. Umlaufvermögen		3. Verbindlichktn.	80.000
1. Warenvorräte	230.000		
2. Forderungen	50.000		
3. Kassenbestand	10.000		
4. Bankguthaben	60.000		
	990.000		990.000

Das Eigenkapital wird auch hier durch **Saldieren** der beiden Seiten ermittelt: von 990 TDM Vermögen werden alle Schulden von zus. 460 TDM abgezogen, ergibt 530 TDM Eigenkapital (EK).

☞ *Das Eigenkapital wird doch als letztes ermittelt. Warum wird es dann auf der Passivseite als erstes genannt?*

◢ Tja, das mag Sie etwas stören, aber es gibt einen vernünftigen Grund dafür: Das Eigenkapital steht dem Unternehmen am längsten zur Verfügung und wird deshalb als erstes aufgeführt.

☞ *Aktiva sind also alle Vermögensposten, das verstehe ich. Aber im Inventar war von „Schulden" die Rede, in der Bilanz hieß es Kapital. Wie hängt das zusammen?*

◢ Schulden sind Fremdkapital (FK), also das Kapital, das Sie früher oder später dem Gläubiger zurückzahlen müssen. Der andere, nicht rückzahlbare Teil ist das Eigenkapital.

☞ *So 'ne Bilanz wird einmal zum Jahresende erstellt. Aber schon am nächsten Tag können die Vermögens- und Schuldenverhältnisse anders aussehen, oder?*

◢ Das haben Sie richtig erkannt – im nächsten Kapitel schauen wir uns das genauer an.

✎ **Ü 2**

2.4   Wertveränderungen in der Bilanz

Mit jedem Geschäftsvorfall verändert sich die Bilanz. Beispielsweise kaufen Sie einen PKW auf Rechnung (d.h. ohne ihn sofort zu bezahlen)[1]; was passiert?
Ihr Fuhrparkbestand nimmt zu (Aktiva), ebenso Ihre Verbindlichkeiten a. LL (aus Lieferungen und Leistungen; Passiva).

Alles klar? Dann schauen wir uns die **4 Möglichkeiten** an, wie durch Geschäftsvorfälle die Bilanz in doppelter Weise verändert wird (Anmerkung: **A** + bedeutet, daß ein Aktivposten zunimmt, **P** —, daß ein Passivposten abnimmt, etc.):

---

[1] In einem solchen Fall spricht man auch von einem „Zielkauf".

- **Bilanzveränderung 1 = Aktivtausch**
  Beispiel: Barkauf eines PC im Wert von 2.000,00 DM.
  Was passiert? Der *Aktiv*posten BGA *nimmt zu*, der *Aktiv*posten Kasse *nimmt* in gleicher Höhe *ab*. Der Geschäftsvorfall betrifft nur die Aktivseite, die Bilanzsumme bleibt unverändert.

BGA	A +	Kasse	A —

- **Bilanzveränderung 2 = Passivtausch**
  Beispiel: Eine kurzfristige Lieferschuld wird in ein Darlehen umgewandelt, d.h., Sie nehmen zugunsten Ihres Lieferanten ein Darlehen auf (über 5.000,00 DM).
  Hier sind 2 *Passiv*posten betroffen – Verbindlichkeiten *nehmen ab*, die Darlehensschulden *nehmen zu*. An der Bilanzsumme ändert sich nichts.

Verbindlichkeiten a. LL	P —	Darlehensschulden	P +

- **Bilanzveränderung 3 = Aktiv-Passiv-Mehrung**
  Beispiel: Zielkauf eines PKW (s.o.) für 30.000,00 DM.
  Dadurch nimmt der *Aktiv*posten Fuhrpark *zu*, gleichzeitig auch der *Passiv*posten Verbindlichkeiten. Da beide Bilanzseiten gleichzeitig um den gleichen Betrag erhöht werden, geht die Bilanz wieder auf.

Fuhrpark	A +	Verbindlichkeiten a. LL	P +

- **Bilanzveränderung 4 = Aktiv-Passiv-Minderung**
  Beispiel: Wir bezahlen die Rechnung unseres Lieferanten per Banküberweisung, 7.000,00 DM.
  Betroffen sind der *Aktiv*posten Bank (*nimmt ab*) und der *Passiv*posten Verbindlichkeiten (*nimmt* ebenfalls *ab*). Damit mindert sich die Bilanzsumme – die Bilanz ist wiederum ausgeglichen.

Verbindlichkeiten a. LL	P —	Bank	A —

F *Und daß ein Aktivposten zunimmt, gleichzeitig ein Passivposten abnimmt – das geht nicht?*

A Genau, dann wäre die Bilanzgleichheit nicht mehr gewahrt. Wie Sie's auch drehen und wenden – es bleibt immer bei einem der 4 genannten Fälle einer Bilanzveränderung.

F *Das verwirrt mich alles noch etwas!*

A Probieren Sie es mit dem folgenden Raster – und das solange, bis Sie genügend Routine haben.

Vorgehen bei Geschäftsvorfällen:

① Überlegen Sie, *wie* die (zwei) betroffenen *Bilanzposten heißen*.
② Handelt es sich dabei um *Aktiv-* und/oder *Passiv*posten?
③ Nehmen diese Posten jeweils *ab* oder *zu*?
④ Um *welchen der 4 Fälle* handelt es sich demnach?

Und hier noch eine „**Übersetzungshilfe**" – Sie werden gerade zu Beginn immer wieder auf ungewohnte Ausdrucksweisen stoßen, die Sie für sich selbst erstmal übersetzen, d.h. den korrekten *Postennamen* finden müssen.

Text	Bilanzposten
PKW	Fuhrpark
Regal / Tisch / PC / Faxgerät	BGA
Kühltruhe / Maschinen	TA und Maschinen
bar	Kasse
wir erhalten Rechnung / Eingangsrechnung (ER) / Zielkauf / Lieferer schickt uns...	Verbindlichkeiten a. LL
wir versenden Rechnung / Ausgangsrechnung (AR) / Zielverkauf / wir schicken dem Kunden...	Forderungen a. LL
Überweisung / per Scheck / wird vom Konto abgebucht / etc.	Bank (bzw. Postbank)

Ü 3

3 Bestandskonten
3.1 Il conto, per favore! – das Konto

Mit jedem Geschäftsvorfall ändert sich die Bilanz; theoretisch könnte man deshalb jedesmal eine neue Bilanz aufstellen. Logisch, daß das viel zu viel Arbeit wäre. Statt dessen wählt man einen anderen Weg: *Für jeden Bilanzposten* wird zum 1. Jan. ein eigenes *Konto* eingerichtet, auf dem später alle Geschäftsvorfälle *gebucht* werden, die dieses Konto betreffen.

Wenn Sie bei Ihrem Lieblingsitaliener mit einem lässigen „il conto, per favore!" die Rechnung verlangen, denken Sie da an Buchführung? Mit Sicherheit nicht. Und doch geht es eigentlich um das gleiche: um eine Abrechnung. Z.B. wird auf dem Kassenkonto genau abgerechnet, *wieviel* Bargeld *zu-* (Mehrungen) und *wieviel abgeflossen* ist (Minderungen).

Für unsere Zwecke benutzen wir dazu sog. T-Konten:[1]

Soll	Kassenkonto		Haben		
Datum	Text	DM	Datum	Text	DM
01.03.	**Anfangsbestand**	**2.100**	02.03.	Briefmarken	200
02.03.	Anzahlung Meier	500	03.03.	Rechnung Frick	3.400
02.03.	Bankabhebung	3.000	03.03.	Tanken	150
05.03.	Zahlung Braun	650	07.03.	**Schlußbestand**	**2.500**
		6.250			6.250
08.03.	Saldovortrag	2.500			

Unser Beispielkonto „Kasse" für eine Woche zeigt, daß es 2 gegensätzliche Seiten hat: die linke Seite heißt „**Soll**"; auf ihr stehen der *Anfangsbestand* und alle Kassen*zugänge* – rein rechnerisch ist es schließlich egal, ob Sie die Summe von 6.250 DM gleich am Anfang hatten oder erst durch die Einzahlungen erreichten.

---

[1] In der Praxis, speziell unter Einsatz von EDV, sehen Konten natürlich oft anders aus, vom Grundprinzip her aber weisen sie alle zwei Seiten aus, nämlich Soll und Haben.

Auf der gegenüberliegenden Seite („**Haben**") stehen die *Abgänge* und logischerweise der *Schlußbestand*, frei nach dem Motto: **gegensätzliche Seite = gegensätzliche Buchung**; steht also der Anfangsbestand links, muß der Schlußbestand rechts stehen, etc.[1]

Der Schlußbestand wird erst beim **Kontenabschluß** ermittelt, und zwar zum Ende einer Periode, im Beispiel nach einer Woche, ansonsten spätestens nach einem Jahr.

☞ Dabei gehen Sie schrittweise wie folgt vor:

---

① Die *wertmäßig* stärkere Seite addieren! Also nicht die Seite mit den meisten Eintragungen, sondern die, bei der die Summe aller DM-Beträge am höchsten ist (im Beispiel waren das 6.250 DM im Soll).

② Übertragen Sie diesen Wert als Summe auf die schwächere Seite – warum? beide Kontenseiten müssen letztlich gleich stark sein!

③ Ziehen Sie davon alle Werte der schwächeren Seite ab und

④ erhalten Sie so als Differenz (oder **Saldo**) den Schlußbestand, den Sie als letztes auf diese Seite eintragen.

Soll			Kassenkonto		Haben
Datum	Text	DM	Datum	Text	DM
01.03.	**Anfangsbestand**	**2.100**	02.03.	Briefmarken	200
02.03.	Anzahlung Meier	500	03.03.	Rechnung Frick ③	3.400
02.03.	Bankabhebung	3.000	03.03.	Tanken	150
05.03.	Zahlung Braun	650	07.03.	**Schlußbestand** ④	**2.500**
	①	6.250		②	6.250
08.03.	Saldovortrag	2.500			

Im Prinzip kennen Sie diese Vorgehensweise schon von der Bilanz (Ermittlung des EK). Sie gilt grundsätzlich für alle Konten, die Sie im Laufe der Zeit noch kennenlernen werden.

---

[1] Bis auf die Konten Bank und Postbank stimmt dies auch weiterhin - deren Bestände können nämlich als einzige negativ werden und dann steht der Schlußbestand plötzlich auf der linken Seite.

3.2 Buchen auf Bestandskonten

Sie wissen jetzt, daß „Soll" die linke und „Haben" die rechte Seite eines Kontos heißen, wie so ein Konto geführt wird und wie Sie es abschließen. Jetzt interessiert uns, was zum *Beginn des Geschäftsjahres* passiert: da wird für jeden einzelnen Posten der Bilanz ein eigenes Konto angelegt, für die Aktivposten **Aktivkonten**, für die Passivposten **Passivkonten** – ist doch logisch.

Die *Anfangsbestände* stehen dabei immer *auf der Seite, auf der auch in der Bilanz der DM-Betrag steht*: bei Aktivkonten also links (im Soll), bei Passivkonten rechts (im Haben). Schauen wir uns das mal an:

Aktiva	Eröffnungsbilanz		Passiva
● BGA	39.000	Eigenkapital	44.000 ●
● Kasse	6.000	Darlehen	15.000 ●
● Bank	42.000	Verbindlichkeiten	28.000 ●
	87.000		87.000

S	BGA	H	S	Eigenkapital	H
→ AB	39.000			AB	44.000 ←

S	Kasse	H	S	Darlehen	H
→ AB	6.000			AB	15.000 ←

S	Bank	H	S	Verbindlichkeiten	H
→ AB	42.000			AB	28.000 ←

Fassen wir kurz zusammen:

Aktivkonten:	**Passivkonten:**
Die *Anfangsbestände* stehen im **Soll**, also wie in der Bilanz auf der *linken* Seite des Kontos	Die *Anfangsbestände* stehen im **Haben**, also wie in der Bilanz auf der *rechten* Seite

Sie erinnern sich, was wir vorhin sagten? Daß Anfangsbestände und Zugänge (Mehrungen) auf einer, die Abgänge (Minderungen) und der Schlußbestand auf der anderen, gegenüberliegenden Seite gebucht werden? Das verallgemeinern wir jetzt:

Soll	**Aktivkonto**	Haben
AB	Minderungen	
+ Mehrungen	SB	

Soll	**Passivkonto**	Haben
Minderungen	AB	
SB	+ Mehrungen	

☞ Sie sehen, es ist gar nicht so schwer. Diese kleine Grafik sollten Sie sich aber gut einprägen und immer wieder mal anschauen.

So, jetzt haben wir aber erst die Bestandskonten eröffnet und immer noch nicht darauf *gebucht*. Dazu kommen wir jetzt. Wir nehmen dazu die 4 Geschäftsvorfälle von Seite 23:

① Barkauf eines PC im Wert von 2.000 DM
② Umwandlung einer Verbindlichkeit in ein Darlehen, 5.000 DM
③ Zielkauf eines PKW für 30.000 DM
④ Banküberweisung an den Lieferanten, 7.000 DM

Zur besseren Übersicht legen wir zunächst eine kleine Tabelle an, in der wir vermerken, was auf den betroffenen Konten geschieht:[1]

GVF	Konto	A/P	+/–	S/H	Konto	A/P	+/–	S/H
①	BGA	A	+	S	Kasse	A	–	H
②	Verbindlichk.	P	–	S	Darlehen	P	+	H
③	Fuhrpark	A	+	S	Verbindlichk.	P	+	H
④	Verbindlichk.	P	–	S	Bank	A	–	H

Beim 1. Geschäftsvorfall beispielsweise sind die *Aktiv*konten BGA und Kasse betroffen: BGA *nimmt zu* (im Soll), die Kasse *nimmt ab* (im Haben).

Anschließend buchen wir auf den Konten (von S. 27):

---

[1] GVF = Geschäftsvorfall; A/P = Aktivkonto oder Passivkonto; +/– = Konto nimmt zu oder ab; S/H = im Soll oder Haben buchen.

Aktiva	Eröffnungsbilanz	Passiva
BGA 39.000	Eigenkapital	44.000
Kasse 6.000	Darlehen	15.000
Bank 42.000	Verbindlichkeiten	28.000
87.000		87.000

S	BGA	H		S	Eigenkapital	H
AB 39.000					AB	44.000
① Ka. 2.000						

S	Kasse	H		S	Darlehen	H
AB 6.000	① BGA 2.000				AB	15.000
					② Vb.	5.000

S	Bank	H		S	Verbindlichkeiten	H
AB 42.000	④ Vb. 7.000			② Darl. 5.000	AB	28.000
				④ Ba. 7.000	③ Fpk.	30.000

S	Fuhrpark	H
③ Vb. 30.000		

Aktivkonten　　　　　　**Passivkonten**

Schauen wir uns mal die Buchung des 1. Geschäftsvorfalls an:

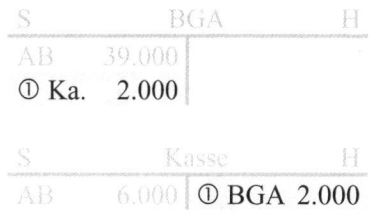

Auf dem BGA-Konto sind als Zunahme 2.000 DM im Soll gebucht, das Kassenkonto weist ebenfalls 2.000 DM aus, allerdings als Abnahme im Haben. *Vor* den Beträgen wird jeweils das **Gegenkonto** genannt, eine Art Querverweis: es zeigt an, welches Konto durch den GVF noch betroffen ist bzw. wo dieser Betrag nochmals zu finden ist.

Die Ziffern der GVF-Nummern dienen nur der Orientierung.

☞ Unser Tip: Numerieren Sie Ihre Buchungen grundsätzlich durch, damit Sie ggf. Fehler leichter entdecken können.

Sie haben gemerkt, daß das Fuhrparkkonto noch nicht existierte (weil wir zum 1. Januar noch keine PKW oder dgl. hatten). Wir mußten das Konto deshalb *neu anlegen*, als wir den PKW kauften.

F *Wenn ich also noch kein Haus hatte und während dem Geschäftsjahr eines kaufe, wird dann das Konto „Gebäude" erstmals eröffnet?*

A Genau. Für jeden Vermögens- und Schuldenposten, der in der Bilanz steht, wird zum 1. Januar ein eigenes Konto eröffnet. Weitere benötigte Konten eröffnen Sie später bei Bedarf.

F *In der Liste von Seite 28 wurde mit jedem Geschäftsvorfall immer ein Konto im Soll und eins im Haben angesprochen. Ist das Zufall?*

A Nein, das muß so sein: werden durch einen GVF 2 Konten angesprochen, dann ist eins das Soll-, das andere das Habenkonto. Wenn Sie sich nochmals die 4 möglichen Fälle der Bilanzveränderung anschauen, merken Sie, es kann nicht anders sein – außerdem würde die Bilanz nicht mehr ausgeglichen sein, wenn Sie z.B. 2x im Soll buchten!

Mit unseren 4 GVF haben wir ein komplettes Geschäftsjahr simuliert. An dessen Ende angelangt, kommen wir nun zum...

3.3   Abschluß der Bestandskonten

Zum 31. Dez. müssen Sie **sämtliche Konten abschließen** und daraufhin eine **Bilanz erstellen** (genauer gesagt, kommt es zwischendurch noch zur Inventur).
Dazu werden die Schlußbestände von allen Konten ermittelt und in die Schlußbilanz übertragen.

Sie wissen: die Schlußbestände der Aktivkonten stehen im Haben, die der Passivkonten im Soll. In der *Schlußbilanz* stehen die *Aktivposten* wiederum *links*, die *Passiva rechts*. Schauen wir uns das mal an (aufgrund der Daten von S. 29):

Aktiva	**Eröffnungsbilanz**		Passiva
BGA	39.000	Eigenkapital	44.000
Kasse	6.000	Darlehen	15.000
Bank	42.000	Verbindlichkeiten	28.000
	87.000		87.000

S	**BGA**		H
AB	39.000	SB	41.000
① Ka.	2.000		
	41.000		41.000

S	**Eigenkapital**		H
		SB	44.000	AB	44.000

S	**Kasse**		H
AB	6.000	① BGA	2.000
		SB	4.000
	6.000		6.000

S	**Darlehen**		H
SB	20.000	AB	15.000
		② Vb.	5.000
	20.000		20.000

S	**Bank**		H
AB	42.000	④ Vb.	7.000
		SB	35.000
	42.000		42.000

S	**Verbindlichkeiten**		H
② Darl.	5.000	AB	28.000
④ Ba.	7.000	③ Fpk.	30.000
SB	46.000		
	58.000		58.000

S	Fuhrpark		H
③ Vb.	30.000	SB	30.000

Aktiva	**Schlußbilanz**		Passiva
BGA	41.000	Eigenkapital	44.000
Fuhrpark	30.000	Darlehen	20.000
Kasse	4.000	Verbindlichkeiten	46.000
Bank	35.000		
	110.000		110.000

Was haben wir gemacht?

Nehmen wir z.B. das Konto Bank: die wertmäßig stärkere Seite ist das Soll mit 42.000 DM, was als Summe ins Haben übertragen wird. Davon die Minderungen von 7.000 DM abgezogen, bleiben als *Saldo* (= Schlußbestand) 35.000 DM übrig. Dieser Betrag wird in die Schlußbilanz auf die linke Seite übertragen (Aktivposten).

☛ *O.k., die Konten wurden alle nach dem Raster von Seite 26 abgeschlossen – außer dem Fuhrpark und dem Eigenkapital: da fehlt jeweils die Zeile, in der die Summe genannt wird.*

◢ Das haben Sie richtig erkannt. Allerdings kann darauf verzichtet werden, da im Soll und Haben jeweils nur *ein* Betrag steht, und zwar der gleiche. Die Doppellinie darunter zeigt im übrigen an, daß das Konto abgeschlossen wurde.

☛ *Fehlen in manchen Konten nicht solche Schrägstriche, um die Leerräume auszufüllen, z.B. beim Konto BGA im Haben, unter der Zeile mit dem Schlußbestand?*

◢ Sie meinen die sog. Buchhalternasen? Ja, strenggenommen fehlen die. Wir lassen sie der Einfachheit halber zukünftig weg.

☛ *Was mich jetzt noch verwirrt: Auf dem Aktivkonto steht der Schlußbestand rechts, in der Schlußbilanz steht der gleiche Betrag auf der linken Seite. Wie kann das sein?*

◢ Daran werden Sie sich gewöhnen müssen. Gerade beim Kontenabschluß stoßen Sie immer auf das Phänomen: Einmal steht der Betrag im Haben und einmal im Soll.

☛ *Und woher kommt das?*

◢ Sie erinnern sich: „doppelte Buchführung" bedeutet u.a., daß jeder Betrag doppelt gebucht wird. Und was für die laufenden GVF unterm Jahr gilt, gilt ebenso für die Abschlußbuchungen – wenn wir hier auch eigentlich noch nicht gebucht, sondern nur die Werte der Schlußbestände in die Schlußbilanz übertragen haben.

Tja, und damit wären wir auch schon beim nächsten Thema:

3.4 'Soll an Haben' – der Buchungssatz

Aufgrund von Belegen wird gebucht, wie Sie wissen. Dazu haben wir zunächst eine Tabelle angelegt (vgl. S. 28), und zwar so:
Beispiel: Zielkauf eines PKW, Wert 40.000,00 DM

GVF	Konto	A/P	+/–	S/H	Konto	A/P	+/–	S/H
①	Fuhrpark	A	+	S	Verbindlich-keiten	P	+	H

Das ist etwas umständlich. In der Praxis wird eine andere Notation (Ausdrucksweise) gewählt, die natürlich den gleichen Inhalt hat: Wenn das Fuhrparkkonto im Soll angesprochen wird, heißt das, daß es zunimmt (da es ein Aktivkonto ist, welches immer im Soll zunimmt). Verbindlichkeiten als Habenkonto bedeutet: Verbindlichkeiten = Passiva; im Haben = Zunahme. Es reicht also aus, zu sagen, *dieses Konto im Soll, jenes im Haben.*

Beispiel: **Fuhrpark=Soll, Verbindlichk.=Haben, jeweils 40.000**

Alles klar bis dahin? Das wird jetzt noch etwas *verkürzt*, und zwar wird *vereinbart*, daß das zuerstgenannte Konto immer das Sollkonto ist, das Habenkonto wird anschließend genannt. Auf diese Art und Weise kann man die Begriffe „Soll" und „Haben" weglassen. Zur Trennung wird zwischen beiden Konten das Wort „**an**" geschoben.

Beispiel: **Fuhrpark an Verbindlichkeiten** **40.000**

Das Ganze ist ein **Buchungssatz**: Das an 1. Stelle genannte Konto Fuhrpark ist das Sollkonto (als Aktivum nimmt es daher zu), das nach dem „an" genannte Konto Verbindlichkeiten ist das Habenkonto (und nimmt dort als Passivum ebenfalls zu).[1]

---

[1] In älteren Büchern finden Sie noch gelegentlich den Ausdruck „per" vor dem Sollkonto – es geht auch ohne.

Das ist eine ganz schöne Verkürzung, oder? Sie werden sehen, es geht noch kürzer: Das Wort „an" kann man durch einen Schrägstrich ersetzen, der aber auch als „an" gelesen wird.

<u>Beispiel</u>: **Fuhrpark / Verbindlichkeiten**................... **40.000**

Es heißt also immer:

> **Soll an Haben** bzw. **Soll / Haben**

Nachdem Sie nun den einfachen Buchungssatz kennengelernt haben (bei dem 2 Konten betroffen waren), kommen wir zum **zusammengesetzten Buchungssatz**, bei dem *mehrere* Konten gleichzeitig angesprochen werden.

<u>Beispiel:</u> Wir kaufen einen PC über 3.000 DM und bezahlen in bar (800 DM) und den Rest (2.200 DM) per Bankscheck.

Was passiert? Unser Aktivkonto BGA nimmt um 3.000 DM im Soll zu, gleichzeitig nehmen die beiden Aktivkonten Kasse und Bank jeweils im Haben um 800 DM bzw. 2.200 DM ab.
Damit letztlich die Bilanz immer *ausgeglichen* bleibt, gilt der Grundsatz:

> Σ **aller Sollbuchungen** = Σ **aller Habenbuchungen**

Der zusammengesetzte Buchungssatz nennt zuerst alle Sollkonten, nach dem 1. „an" beginnen die Habenkonten.

<u>Buchung:</u> BGA .... 3.000 ⟵————— Sollkonto
        an Kasse.................   800 ⟵——— Habenkonto
        an Bank.................. 2.200 ⟵——— Habenkonto

Statt dessen könnte man auch schreiben:

<u>Buchung:</u> BGA   3.000 / Kasse   800
                   / Bank   2.200

☞ Die erste der beiden Schreibweisen wird hier im Buch benutzt, für Sie Zuhause empfehlen wir die 2. Schreibweise: da können Sie zunächst einmal einen großen „an"-Strich aufs Papier setzen und anschließend Stück für Stück die Konten links oder rechts davon eintragen, die Sie sicher wissen.

Sie erinnern sich an den Abschluß der Bestandskonten, als wir die Schlußbestände in die Schlußbilanz übertrugen (S. 31)? Das buchen wir ab sofort ebenfalls, und zwar auf das *Schlußbilanzkonto* (SBK). Das sieht dann so aus:

S	BGA		H		S	Eigenkapital		H
AB	39.000	SBK	41.000		SBK	44.000	AB	44.000
① Ka.	2.000							
	41.000		41.000					

S	Kasse		H		S	Darlehen		H
AB	6.000	① BGA	2.000		SBK	20.000	AB	15.000
		SBK	4.000				② Vb.	5.000
	6.000		6.000			20.000		20.000

S	Bank		H		S	Verbindlichkeiten		H
AB	42.000	④ Vb.	7.000		② Darl.	5.000	AB	28.000
		SBK	35.000		④ Ba.	7.000	③ Fpk.	30.000
	42.000		42.000		SBK	46.000		
						58.000		58.000

S	Fuhrpark		H
③ Vb.	30.000	SBK	30.000

↓ ↓

Soll	Schlußbilanzkonto (SBK)		Haben
BGA	41.000	Eigenkapital	44.000
Fuhrpark	30.000	Darlehen	20.000
Kasse	4.000	Verbindlichkeiten	46.000
Bank	35.000		
	110.000		110.000

Auf den Konten steht nun **SBK** als **Gegenkonto** (anstatt „SB"), die Werte des SBK werden in die Schlußbilanz übertragen – bis auf die Überschrift und die Seitenbezeichnungen sind beide identisch. Wenn es im Soll des SBK „BGA" heißt, ist das nunmehr das Gegenkonto, d.h. der Hinweis, wo der Betrag von 41.000 DM noch vorkommt, nämlich auf dem BGA-Konto (dort im Haben).

Auch die *Schlußbestände* wurden jetzt also *gebucht*. Versuchen Sie anhand der Konten auf der Vorseite herauszufinden wie!

O.k., die Lösung lautet z.B. SBK / BGA oder EK / SBK. Das können wir verallgemeinern – die **Abschlußbuchungen** lauten immer:

- **Schlußbilanzkonto (SBK)** an **Aktivkonten**
- **Passivkonten** an **Schlußbilanzkonto (SBK)**

☞   *Warum ist das so?*

☜   Damit im Hauptbuch (das ist das Buch aller Sachkonten) immer *gebucht* und nichts übertragen wird..

☞   *Ja, aber der Anfangsbestand, der wurde doch auch nicht gebucht, den haben wir einfach aus der Bilanz übertragen. Geht das denn?*

☜   Jein, lautet die Antwort: In diesem Fall *können* Sie buchen, *müssen* Sie aber nicht. Es gibt ein Eröffnungsbilanzkonto (spiegelverkehrt zur Eröffnungsbilanz), welches nicht geführt werden braucht. Wir verzichten darauf, bevor es Sie verwirrt. Für uns gilt:

Anfangsbestände übertragen, Schlußbestände buchen!

☞   *Ganz generell: Warum heißt es 'Soll' und 'Haben'?*

☜   Sehen Sie das einfach als zwei andere Namen für 'links' bzw. 'rechts'. Aber es gibt auch eine Erklärung: Für das (Aktiv-) Konto „Forderungen a. LL" wurden beide Seiten überschrieben mit „Soll bekommen" und „Haben bekommen". So macht's auch Sinn: Beim Zielverkauf steht der Betrag *links*, weil wir ihn noch *bekommen* **sollen**; der Betrag wird *rechts* gebucht, wenn wir ihn *bekommen* **haben** (beim Rechnungsausgleich). Diese Bezeichnung wurde später einfach auf die anderen Konten übertragen.

So, nachdem zu den Bestandskonten alles geklärt wäre, bekommen Sie eine **Übersicht**, wie die Zusammenhänge sind:

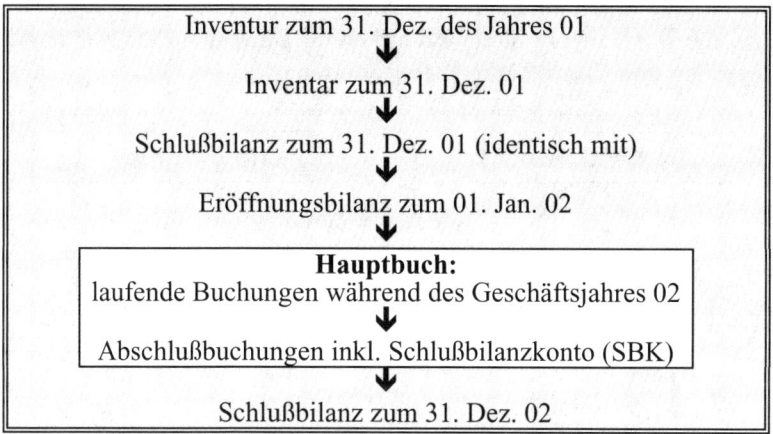

Inventur zum 31. Dez. des Jahres 01
↓
Inventar zum 31. Dez. 01
↓
Schlußbilanz zum 31. Dez. 01 (identisch mit)
↓
Eröffnungsbilanz zum 01. Jan. 02
↓

Hauptbuch:
laufende Buchungen während des Geschäftsjahres 02
↓
Abschlußbuchungen inkl. Schlußbilanzkonto (SBK)
↓
Schlußbilanz zum 31. Dez. 02

Für die laufenden Buchungen gilt: **Immer Soll an Haben!**
☞ Dazu entscheiden Sie jeweils:
① *Welche* Konten sind betroffen („übersetzen")
② Handelt es sich dabei um *Aktiv-* oder *Passiv*konten?
③ Nehmen die Konten *zu* oder *ab*?
④ Wo tun sie das? Also *im Soll* oder *im Haben*?
⑤ Wie lautet daher der *Buchungssatz*? Aufschreiben und Summen überprüfen.
⑥ Im Hauptbuch *buchen* (Gegenkonto und GVF-Nr. vermerken!).

☞ Falls Sie mit dem Kontenabschluß Probleme haben, schauen Sie sich noch mal S. 26 an.

✏ **Ü 4**

4   Die Erfolgskonten

So, jetzt lehnen Sie sich am besten erst mal zurück oder machen sich eine Tasse Kaffee, denn jetzt kommt was Neues.

Alle bisherigen Buchungen haben das **Eigenkapital nicht verändert**. Ihr Ziel aber wird es sein, **Gewinn zu erwirtschaften**, leider ergibt sich manchmal auch ein **Verlust**. Ein Gewinn (= positiver Erfolg) erhöht das Eigenkapital, ein Verlust mindert es (= negativer Erfolg). Im Laufe eines Geschäftsjahres gibt es viele Vorgänge, die Ihren Erfolg direkt beeinflussen. Dazu brauchen wir eine neue Art von Konten – die **Erfolgskonten**:

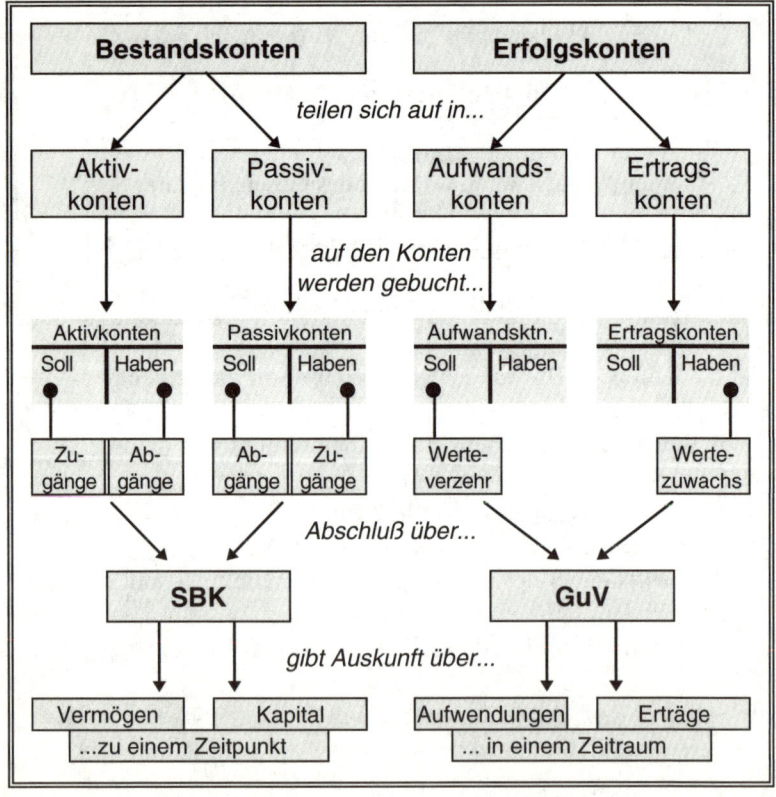

Aufwendungen stellen den gesamten **Werteverzehr** an Gütern und Dienstleistungen dar, also den **Input an Produktionsfaktoren**. Beispielsweise verbrauchen Sie Rohstoffe, zahlen Löhne oder Miete oder Sie lassen eine Maschine reparieren. In diesen Fällen hat kein unmittelbarer Vermögenszuwachs oder eine Schuldenminderung stattgefunden – Sie haben lediglich *Stoffe verbraucht* oder *Dienstleistungen in Anspruch genommen*. Aufwendungen **mindern** das Eigenkapital.

Erträge stellen das Gegenteil dar, nämlich einen **Wertezuwachs**. Dazu zählen in erster Linie die von Ihnen *produzierten Güter*, also der **Output an Produkten**, außerdem z.B. erhaltene Provisionen, Zins- oder Mieteinnahmen. Erträge **mehren** das Eigenkapital.

Wenn Sie sich die **betrieblichen Hauptfunktionsbereiche** und deren *Güterströme* anschauen, wird der Zusammenhang deutlicher: Eine Fülle von Produktionsfaktoren (= Aufwand) wird gebündelt und ge- oder verbraucht, um damit ein neues Produkt (= Ertrag) zu schaffen.

Zusammenhang zwischen Aufwendungen und Erträgen:

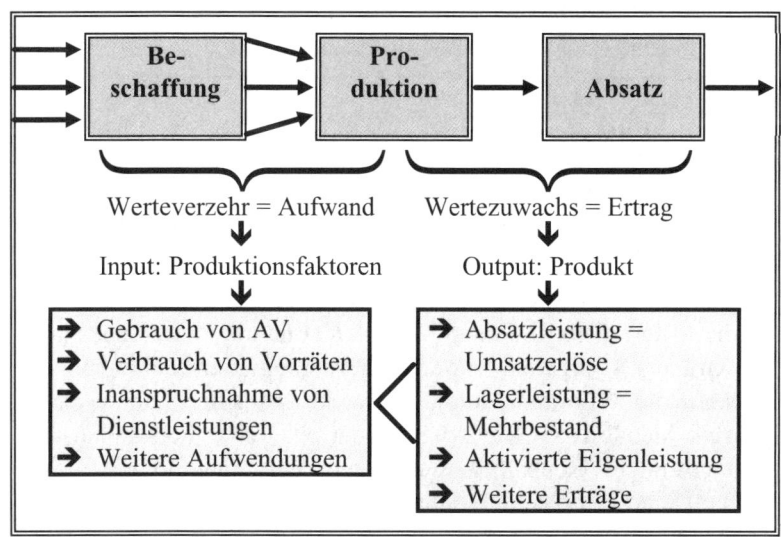

Damit Sie Gewinn erzielen, sollten die Erträge die Aufwendungen
überwiegen.

☞ Tip: Damit Sie sehen, was alles zu den Aufwendungen und den
   Erträgen zählt, hier mal die wichtigsten Beispiele:

Aufwendungen	Erträge
• Verbrauch von Roh-/Hilfs-/ Betriebsstoffen	• Umsatzerlöse der eigenen Produkte
• Verbrauch von Waren	• Umsatzerlöse für Waren
• Personalkosten	• Erlöse für eigene Leistungen
• Provisionsaufwand	• Provisionserlöse
• Abschreibungen	• Mehrbestände
• Reparaturen, Wartung, u.ä.	• aktivierte Eigenleistung
• Miet- und Pachtkosten	• Mietertrag
• Verwaltungskosten wie Büromaterial, Telefonkosten, Versicherungen u.ä.	
• Kosten für Werbung, Anzeigen u.ä.	
• Betriebsteuern wie Kfz-Steuer u.ä.	• Rückerstattung von Betriebsteuern
• Zinsaufwand	• Zinsertrag

Wie Sie anhand dieser Übersicht schon sehen, gibt´s viel mehr Arten von Aufwendungen als Ertragsarten. Das ist logisch, wenn Sie
sich das Beispiel eines gefertigten PKW anschauen:
Der (einzige) *Ertrag* wäre z.B. der *Verkaufserlös*, dem allerdings
eine *Vielzahl von Aufwendungen* gegenüberstehen, nämlich Verbrauch von **Rohstoffen** (Blech), **Hilfsstoffen** (Schrauben) und **Betriebsstoffen** (Strom), **Fremdbauteilen** (Lichtmaschine, Sitze und
Reifen), der **Gebrauch von Anlagevermögen** (Abschreibungen
erfassen die Wertminderung), sowie die Inanspruchnahme einer
ganzen Menge von **Dienstleistungen** wie z.B. Personalkosten
(Arbeitskraft), Reparaturkosten (der Fertigungsanlage) oder
Mietaufwand (für das Materiallager).

☞ Schauen Sie einfach mal im Kontenrahmen (→ Anhang) nach – Sie werden viel mehr Aufwandskonten finden als Ertragskonten!

Theoretisch könnten nun alle Erfolgsvorgänge direkt auf dem Eigenkapital-Konto gebucht werden. Alle **Aufwendungen** würden dann als EK-Minderungen **im Soll** gebucht, alle **Erträge** als EK-Mehrungen **im Haben**. Sie merken gleich, daß dies ziemlich unübersichtlich wäre. Deshalb wird für jeden Erfolgsposten ein eigenes Konto (als *Unterkonto* des EK) eingerichtet:

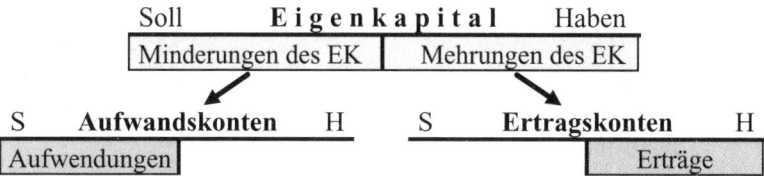

Soll	**E i g e n k a p i t a l**	Haben
Minderungen des EK	Mehrungen des EK	

S	**Aufwandskonten**	H	S	**Ertragskonten**	H
Aufwendungen					Erträge

Wie Sie sehen, wird auf den Erfolgskonten genauso gebucht, *wie wenn direkt auf dem EK-Konto gebucht* würde: **Aufwendungen im Soll, Erträge im Haben.**

Beispiele:
① Wir verbrauchen Rohstoffe zur Produktion.......... 9.000 DM
② Erhalt der Stromrechnung[1]..................... 1.200 DM
③ Wir zahlen Löhne bar..................... 3.500 DM
④ Wir verkaufen unsere Produkte[1] auf Ziel für........ 17.800 DM

Buchungen:

① **Rohstoffaufwand** an **Rohstoffe**..................... **9.000 DM**

Werteverzehr (Aufwand im S)	Aktivkonto nimmt im H ab

---

[1] Eigentlich müßte hier noch die Umsatzsteuer berücksichtigt werden. Aus didaktischen Gründen entfällt diese hier.

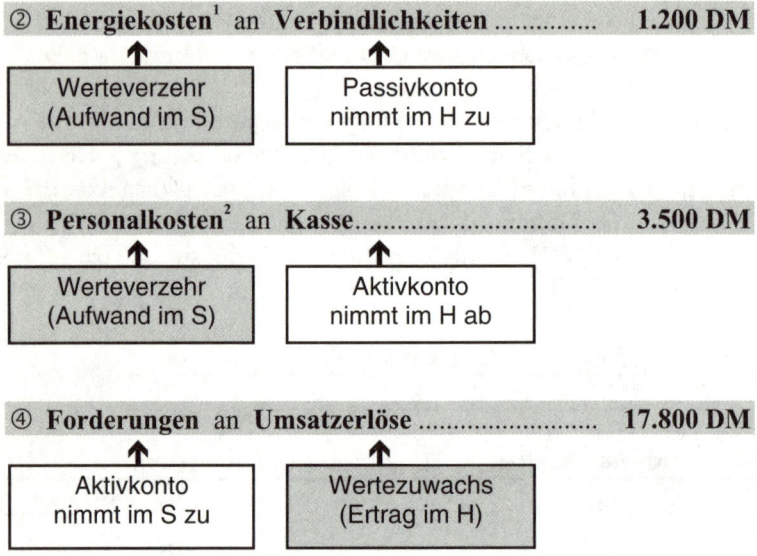

② **Energiekosten**[1] an **Verbindlichkeiten** .... **1.200 DM**

| Werteverzehr (Aufwand im S) | Passivkonto nimmt im H zu |

③ **Personalkosten**[2] an **Kasse** .... **3.500 DM**

| Werteverzehr (Aufwand im S) | Aktivkonto nimmt im H ab |

④ **Forderungen** an **Umsatzerlöse** .... **17.800 DM**

| Aktivkonto nimmt im S zu | Wertezuwachs (Ertrag im H) |

Schauen wir uns nun einmal die entsprechenden Erfolgskonten an:

Aufwandskonten   **Ertragskonten**

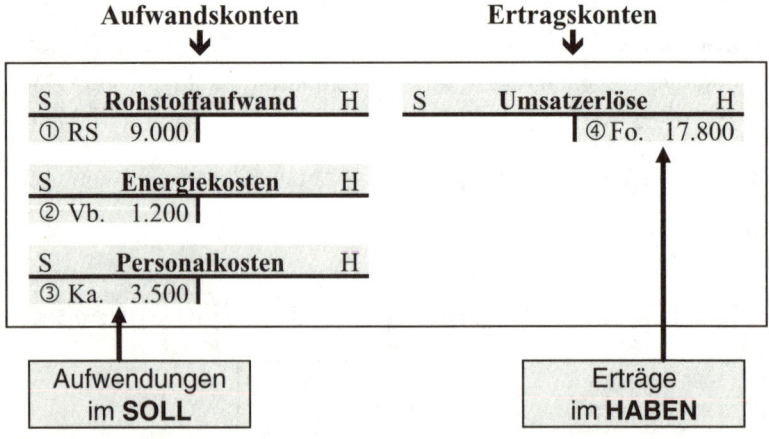

| S Rohstoffaufwand H | S Umsatzerlöse H |
| ① RS 9.000 | ④ Fo. 17.800 |

| S Energiekosten H |
| ② Vb. 1.200 |

| S Personalkosten H |
| ③ Ka. 3.500 |

Aufwendungen im **SOLL**   Erträge im **HABEN**

---

[1] Je nach Kontenrahmen könnte auch auf den Konten „Stromkosten", Betriebsstoffaufwand" o.ä. gebucht werden.

[2] Evtl. heißt das Konto auch „Lohn und Gehalt" o.ä.; die Abzüge bleiben hier unberücksichtigt.

Auf diese Weise buchen Sie sämtliche Erfolgsvorgänge einer Periode. Am Ende des Geschäftsjahres müssen die Erfolgskonten abgeschlossen werden. Da sie **Unterkonten des EK** sind, müßten sie eigentlich darüber abgeschlossen werden. Der Übersichtlichkeit halber wird allerdings ein spezielles *Sammel*konto dazwischen geschoben, nämlich das **Gewinn- und Verlustkonto** (GuV): Es sammelt sämtliche Aufwendungen und Erträge.

Beispiel:
In unserem Beispiel sähe das nun so aus:

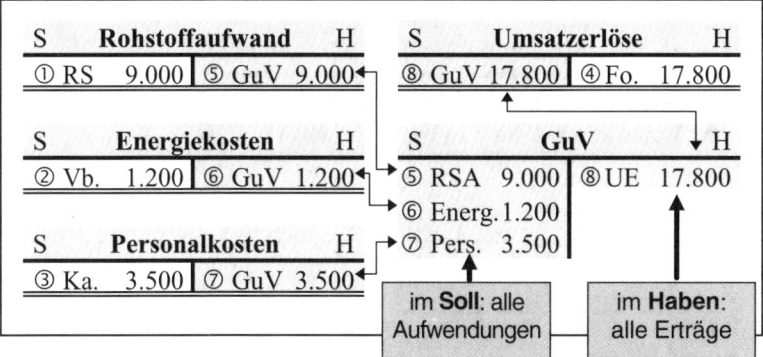

Sie sehen, auf dem GuV-Konto stehen die Aufwendungen wiederum im Soll, die Erträge im Haben. Dazu wurden alle Erfolgskonten über GuV abgeschlossen, und zwar mit folgenden Buchungssätzen:

⑤ **GuV** an **Rohstoffaufwand** .... **9.000 DM**
⑥ **GuV** an **Energiekosten** .... **1.200 DM**
⑦ **GuV** an **Personalkosten** .... **3.500 DM**
⑧ **Umsatzerlöse** an **GuV** ....**17.800 DM**

Das verallgemeinern wir. Die **Abschlußbuchungen** der Erfolgskonten lauten damit:

- **GuV** an **Aufwandskonten**
- **Ertragskonten** an **GuV**

☞ *Das ist ja gar nicht so schwer. Und das GuV-Konto, was geschieht mit dem?*

◢ Sie erinnern sich: Letztlich sind alle Erfolgskonten Unterkonten des EK-Kontos, und müssen deshalb über dieses abgeschlossen werden. Das GuV-Konto wurde nur dazwischengeschoben. Im nächsten Schritt schließen wir jetzt das GuV-Konto über EK ab. Dabei sind 2 Fälle möglich:

- **Erträge > Aufwendungen = Gewinn** (das EK nimmt zu)
- **Aufwendungen > Erträge = Verlust** (das EK nimmt ab)

Damit sind 2 Abschlußbuchungen für das Konto GuV möglich:

- **GuV** an **Eigenkapital** (bei Gewinn)
- **Eigenkapital** an **GuV** (bei Verlust)

Beispiel:

S	GuV		H	S	Eigenkapital		H
⑤RSA	9.000	⑧ UE	17.800	SBK	54.100	AB	50.000
⑥Energ.	1.200					⑨GuV	4.100
⑦Pers.	3.500				54.100		54.100
⑨EK	4.100						
	17.800		17.800				

Was ist passiert?
Die gesamten Aufwendungen betragen 13.700 DM, die Erträge hingegen 17.800 DM. Damit überwiegen die Erträge.
Der **Saldo** steht – wie gehabt – **auf der schwächeren Seite** (GuV im Soll), ergibt sich also aus der Differenz von 17.800 – 13.700 = 4.100 DM.

Sie stellt den *Gewinn* dar, der auf das EK-Konto gebucht wird:

Buchung:

⑨ **GuV** an **Eigenkapital**...................................... **4.100 DM**

Damit beträgt das neue EK 54.100 DM. Es wird seinerseits über SBK abgeschlossen (Buchung: **EK** an **SBK**).

☞ *Ein Gewinn steht also auf dem GuV-Konto im Soll. Das ist doch unlogisch.*

◢ Das ist schließlich nur die *Gegenbuchung*. Ein Gewinn entsteht dadurch, daß die Erträge überwiegen; auf dem EK-Konto steht deshalb der Gewinn im Haben.

☞ Es gibt aber noch eine Eselsbrücke: Stellen Sie sich das GuV-Konto vor und schauen Sie sich seine „Überschrift" an: „Gewinn und Verlust" – selbst hier steht der **Gewinn links** (über der Sollspalte), der **Verlust rechts** (über der Habenspalte). Wenn also der Saldo auf dem GuV-Konto im Soll ermittelt wird, handelt es sich um einen Gewinn, bei Saldo im Haben um einen Verlust.

Wir schauen uns dazu noch eine Skizze an:

S	GuV-Konto	H		S	GuV-Konto	H
Aufwendungen				**Aufwendungen**	**Erträge**	
	Erträge					
Gewinn					**Verlust**	

Auf dem EK-Konto steht der *Gewinn im Haben*, der *Verlust im Soll*:

S	Eigenkapital	H		S	Eigenkapital	H
	Anfangskapital			**Verlust**		
Schlußkapital					**Anfangskapital**	
	Gewinn			**Schlußkapital**		

F *Aufwendungen werden im Soll gebucht, Erträge im Haben. Bleibt dann die jeweils andere Seite leer?*

A Grundsätzlich ja. Ausnahmen sind Korrekturen und die Abschlußbuchung.

F *Bestandskonten wurden zum Beginn des Geschäftsjahres mit ihren Anfangsbeständen eröffnet. Trifft das auch für die Erfolgskonten zu?*

A Nein. Da gibt es keine Bestände, die irgendwann per Inventur erfaßt werden könnten. Die Erfolgskonten werden eröffnet, wenn im Laufe des Geschäftsjahres erstmals der betreffende Aufwand oder Ertrag gebucht wird.

F *Das habe ich noch nicht genau verstanden. Worin unterscheiden sich Bestands- und Erfolgskonten genau voneinander?*

A Bestandskonten erfassen die Bestände *zu* einem bestimmten Tag (z.B. Bilanzstichtag), also zu einem *Zeitpunkt*. Erfolgskonten hingegen sammeln die Aufwendungen oder Erträge, die im Geschäftsjahr *bis* zu einem Tag angefallen sind (*Zeitraum*).

Deshalb gibt das SBK die Vermögens- und Schuldenverhältnisse zu einem bestimmten Tag wieder, das GuV-Konto hingegen zeigt, welche verschiedenen Aufwendungen und Erträge *insgesamt im Jahr* anfielen. Das GuV-Konto offenbart damit die **Quellen des Erfolgs**.

F *Aha. Bestands- und Erfolgskonten unterscheiden sich ziemlich. Können sie trotzdem im selben Buchungssatz vorkommen?*

A Ja. Theoretisch könnten in einem Buchungssatz Aktiv-, Passiv, Aufwands- sowie Ertragskonten angesprochen werden. Vorhin zahlten wir beispielsweise Löhne in bar; damit waren ein Aufwandskonto (Personalkosten) und ein Aktivkonto (Kasse) angesprochen.

F *Das sehe ich ein. Aber vorher sagten wir, daß jeder Geschäftsvorfall eine von 4 Bilanzveränderungen darstellt. Wie sieht's damit jetzt aus?*

A Das gilt im Prinzip nach wie vor: statt des Erfolgskontos müssen Sie sich nur das EK-Konto denken. Die Barauszahlung von Löhnen wäre damit eine Aktiv-Passiv-Minderung (Kasse nimmt ab, EK nimmt letztlich ab).

F *Bestandskonten und Erfolgskonten kenne ich jetzt. Gibt's noch mehr?*

A Sie kennen auch die Abschlußkonten GuV sowie SBK und das Eröffnungskonto EBK. Weitere Kontenarten[1] gibt es nicht. Sie kennen damit die Grundsystematik der Buchführung.

F *Wie? Das war's schon?*

A Im Prinzip ja. Natürlich folgen noch eine Menge Spezialfälle von Buchungen, aber die können Sie sich alle selbst herleiten, wenn Sie nur die Funktionsweise der Konten grundsätzlich verstanden haben.

☞ Deshalb ein Tip für Sie: Schauen Sie sich die Behandlung der Bestandskonten (S. 29) und der Erfolgskonten (S. 41) noch mal genau an. Was das Buchen auf Bestands- und Erfolgskonten sowie deren Abschluß betrifft, sollten Sie mit traumwandlerischer Sicherheit (naja, wenigstens nahezu) fit sein – dann werden Sie auch die härteste Nuß knacken, die noch auf Sie zukommen wird.

F *Jemand sagte mir, an der GuV kann man ablesen, ob wirtschaftlich gearbeitet wurde. Stimmt das?*

A Ja, die GuV ist eine Möglichkeit, dies zu beurteilen: Sind die Erträge größer als die Aufwendungen, wurde wirt-

---

[1] Eine andere Einteilung der Konten würde z.B. in Sachkonten (alle Konten, auf denen wir im Hauptbuch buchen) und Personenkonten unterscheiden (z.B. für einzelne Kunden oder Lieferanten).

schaftlich gearbeitet. Sie haben sicher schon vom *ökonomischen Prinzip* gehört – auch das paßt zur GuV:

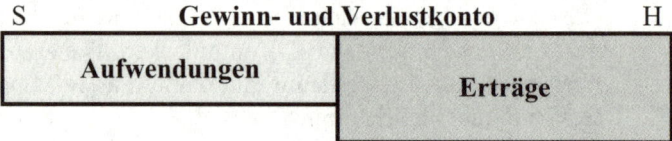

Das ökonomische Prinzip besagt entweder,

● daß mit **gegebenen Mitteln** (= Aufwand) ein **maximales Ziel** (= Ertrag) erreicht werden soll (= *Maximal*prinzip), oder,

● daß ein **gegebenes Ziel** (= Ertrag) mit **minimalem Mitteleinsatz** (= Aufwand) erreicht werden soll (= *Minimal*prinzip).

Stellen Sie sich dazu die gesamten Aufwendungen und Erträge als Blöcke vor:[1]

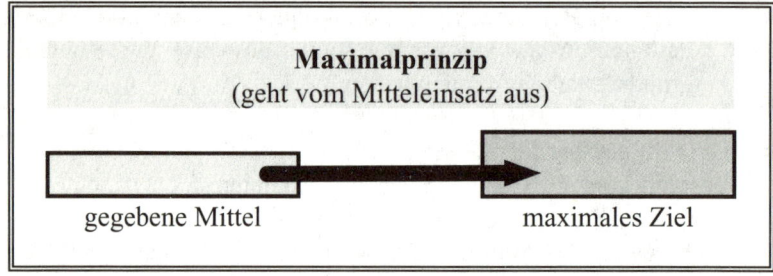

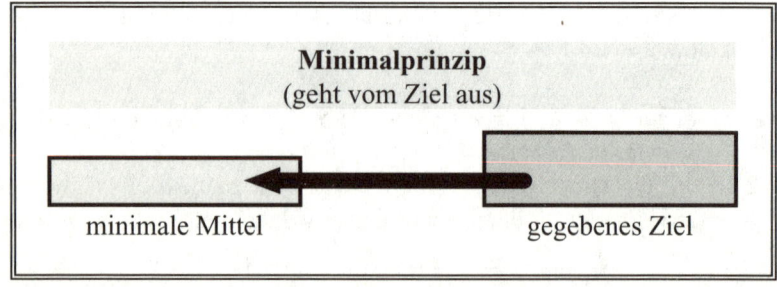

---

[1] Die Pfeile zeigen an, *wovon* man ausgeht um *was* zu erreichen.

In beiden Fällen sind natürlich die Erträge höher als die Aufwendungen, was nichts anderes besagt, als daß mit beiden Prinzipien
ein Gewinn angestrebt wird.

☞   *Alles klar. Jetzt interessiert mich; wie geh' ich vor, wenn
    ich eine komplette Übungsaufgabe zu lösen habe? Gibt's
    dafür so eine Art Leitfaden?*

✒   Ja, den bekommen Sie sofort.

Ablaufschema von Buchungen:

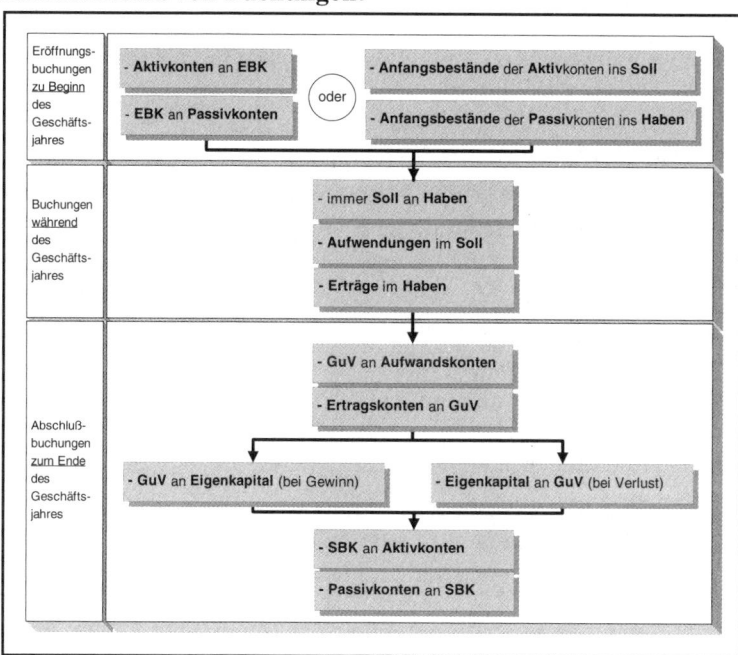

Na, brummt Ihnen der Schädel? Hoffentlich nicht. Schauen Sie
sich noch mal die wesentlichen Seiten an, bevor wir uns als näch-
stem Thema dem Privatkonto zuwenden.

🖰 **Ü 5, Ü 6**

5   Privatkonten

Während des Geschäftsjahres werden Sie als Inhaber aus Ihrem
Unternehmen *Bargeld* oder *Leistungen*[1] *entnehmen* – schließlich müssen Sie von etwas leben. So überweisen Sie z.B. Ihre private Kran-
kenversicherung oder Ihre Einkommensteuer von den Finanzkonten
Ihres Betriebes, oder Sie entnehmen Bargeld aus der Kasse.
In all diesen Fällen liegt eine **Privatentnahme** vor, die das Eigenkapital *mindert*. Man bezeichnet sie als vorweggenommenen Gewinn.

Möglicherweise leisten Sie auch eine **Privateinlage**, d.h. Sie führen dem Betriebsvermögen Sach- oder Geldmittel zu. Dadurch
erhöht sich das Eigenkapital.

Privateinlagen und -entnahmen könnten direkt auf EK gebucht
werden. Zur besseren Übersicht werden gesonderte **Privatkonten**
als Unterkonten eingerichtet – je nach Bedarf eins oder mehrere.
Privatentnahmen mindern letztlich das EK und stehen deshalb im
Soll des Unterkontos, *Einlagen* erhöhen das EK und werden im
Haben des Unterkontos gebucht.[2] In beiden Fällen wird auf den
gleichen Kontenseiten gebucht, *wie wenn direkt auf dem EK-
Konto gebucht würde*.

Bei 2 unterschiedlichen Privatkonten lauten die Buchungen jeweils:

- bei Privatentnahmen in bar: **Privatentnahmen** an **Kasse**
- bei Privateinlage in bar: **Kasse** an **Privateinlagen**

Der Abschluß am Jahresende erfolgt über das Konto EK:

- **Eigenkapital** an **Privatentnahmen**
- **Privateinlagen** an **Eigenkapital**

---

[1] Entnahmen von Leistungen werden in Kap. C 1.3 behandelt.

[2] Einlagen können auch direkt auf das EK-Konto gebucht werden.

Beispiel: Der Unternehmer Brinck hatte Privatentnahmen über
35.000 DM und Einlagen in Höhe von 20.000 DM.

S	Privatentnahmen	H		S	Privateinlagen	H
Bank 35.000	EK 35.000			EK 20.000	Kasse 20.000	

S	Eigenkapital	H
→ Privatentnahmen 35.000	AB	240.000
SBK 295.000	Privateinlagen	20.000 ←
	Gewinn (GuV)	70.000
330.000		330.000

6 Erfolgsermittlung durch Eigenkapitalvergleich

Vergleicht man das Eigenkapital vom Ende eines Geschäftsjahres
mit dem zu Beginn, so kann man den **Erfolg** ablesen.[1]

Beispiel: Zwei Großhändler A und B ermitteln ihren Erfolg.

	Händler A	Händler B
EK zum 31. Dez. 01 (Schlußbestand)	340.000	295.000
– EK zum 01. Jan. 01 (Anfangsbestand)	380.000	240.000
= EK-Mehrung (**Gewinn**)		55.000
bzw. EK-Minderung (**Verlust**)	– 40.000	

Dies gilt nur, wenn der Inhaber unter dem Jahr keine Einlagen oder
Entnahmen vornahm. Falls doch, müssen sie berücksichtigt werden:

Privateinlagen hatten das EK erhöht, ohne daß diese Mehrung
einem unternehmerischen Erfolg zuzuschreiben wäre. Sie müssen
daher vom ermittelten Ergebnis *abgezogen* werden. Sie wissen ja:
Privateinlagen = vorweggenommener Gewinn!

---

[1] Doppelte Buchführung heißt u.a., daß man den Erfolg auf zwei Arten
ermitteln kann: durch EK-Vergleich und anhand der GuV.

Privatentnahmen haben umgekehrt dazu geführt, daß das EK niedriger ausgewiesen wird, ohne daß diese Minderung auf einen unternehmerischen Erfolg zustande kam. Privatentnahmen müssen deshalb zum Ergebnis wieder *zuaddiert* werden:

Unter Berücksichtigung der Privatentnahmen und -einlagen ergibt sich nun folgendes Bild.

	Händler A	Händler B
EK zum 31. Dez. 01 (Schlußbestand)	340.000	295.000
– EK zum 01. Jan. 01 (Anfangsbestand)	380.000	240.000
= EK-Mehrung bzw. -Minderung	– 40.000	55.000
+ Privatentnahmen	25.000	35.000
– Privateinlagen	10.000	20.000
= **Gewinn**		70.000
bzw. **Verlust**	– 25.000	

Weil bei beiden Händlern die Privatentnahmen überwogen, ist der eigentliche Erfolg etwas besser, als die ersten Daten vermuten lie-ßen: Bei Händler A wird der Verlust von zunächst 40 TDM etwas abgeschwächt auf 25 TDM, bei Händler B wird der Gewinn von zunächst 55 TDM auf 70 TDM erhöht.

Welche Buchungssätze würden sich bei beiden ergeben? Hinweis: Auf der Seite 51 sehen Sie den Hauptbuchauszug mit den betroffe-nen Konten von Händler B (Brinck).

⌨ **Ü 7**

F   *Eine Frage noch zu den Einlagen: Heißt „Sacheinlage",*
      daß ich z.B. einen PKW ins Geschäft einbringe?

A   Genau. Wenn Sie z.B. 3 Gesellschafter sind, könnte A einen
      LKW im Wert von 80 TDM, B eine EDV-Anlage (Wert 20
      TDM) und C Bargeld über 50 TDM einbringen. Die *Grün-*
      dungsbilanz sähe dann so aus:

Aktiva		Gründungsbilanz	Passiva
Fuhrpark	80.000	EK A+B+C	150.000
BGA	20.000		
Kasse	50.000		
	150.000		150.000

7 Organisation der Buchführung

In diesem Kapitel geht's um etwas Theorie. Wir werden uns deshalb nicht allzu lange damit beschäftigen; wenn Sie es sehr eilig haben, beschränken Sie sich auf das Kapitel 7.1 – die Ordnungssystematik des Kontenrahmens kann Ihnen die Zuordnung von Konten und damit die Arbeit wesentlich erleichtern.

Sie kennen die Anforderung an die Buchführung, daß sie übersichtlich, geordnet und nachvollziehbar sein muß. Um das zu erreichen, muß sie entsprechend organisiert sein:

7.1 Kontenrahmen und Kontenplan

Jeder Buchführung liegt ein Kontenrahmen zugrunde, also eine systematische *Grobvorgabe*, die die spezifischen Besonderheiten der einzelnen Branchen berücksichtigen. Diese Vereinbarungen folgen entweder dem Prozeß- oder dem Abschlußgliederungsprinzip.[1]

Wir legen in diesem Buch eine modifizierte Version des **Kontenrahmens für den Einzelhandel** zugrunde, der im übrigen eine weitgehende Übereinstimmung mit dem Industriekontenrahmen IKR besitzt.

---

[1] Kontenrahmen nach dem Abschlußgliederungsprinzip benutzen u.a. die Industrie (IKR), der Einzelhandel sowie das Hotel- und Gaststättengewerbe. Dem Prozeßgliederungsprinzip folgen die Kontenrahmen für die Industrie (GKR), für den Groß- und Außenhandel oder z. B. Reisebüros.

Wenn Sie sich den **Kontenrahmen** im Anhang einmal genauer anschauen, werden Sie feststellen, daß die Gliederung der Bilanz und der GuV Pate standen (Abschlußgliederungsprinzip):

	Kontenklasse		Inhalt der Kontenklasse
Bestands-konten	Aktiva	0	Immaterielles AV und Sachanlagen
		1	Finanzanlagen
		2	Umlaufvermögen
	Passiva	3	Eigenkapital und Rückstellungen
		4	Fremdkapital
Erfolgs-konten	Erträge	5	Erträge
	Aufwendungen	6	Betriebliche Aufwendungen
		7	Sonstige Aufwendungen
		8	Eröffnungs- und Abschlußkonten
		9	frei

Wie jeder andere Kontenrahmen auch umfaßt dieser Kontenrahmen **10 Kontenklassen**. Innerhalb jeder Klasse gilt wiederum das Dekadische System (Zehnersystem), d.h., jede Klasse wird in 10 *Kontengruppen* und diese in jeweils 10 *Konten* unterteilt. Bei Bedarf können die Konten nochmals in 10 *Unterkonten* gegliedert werden.[1]

Beispiel:
Aus der Kontennummer 6113 erkennt man die...
Kontenklasse: **6**   Betrieblicher Aufwand
Kontengruppe: **61**   Aufwand für Material + bezogene Leistungen
Konto: **611**   Aufwendungen für bezogen Leistungen
Unterkonto: **6113**   Fremdinstandhaltung

Eine solch eindeutige Gliederung der Konten erleichtert Ihnen deren Zuordnung, wenn Sie die Logik der Numerierung erkennen. Beispielsweise stellen Sie im Einzelhandelskontenrahmen fest, daß die Konten, die Waren betreffen, zwar unterschiedliche erste Ziffern ha-

---

[1] Unter EDV-Kontierung finden Sie auch vier- oder fünfstellige Kontenummern.

ben (da sie verschiedenen Klassen angehören), die weiteren Ziffern jedoch gleich sind. Für die Warengruppe 1 gilt demnach:

200 (Warenbestand) – **500** (Warenerlös) – **600** (Warenaufwand),

für die Warengruppe 2 gilt:

201 (Warenbestand) – **501** (Warenerlös) – **601** (Warenaufw.), etc.

Hier noch 2 weitere Beispiele für die Logik eines Kontenrahmens:[1]

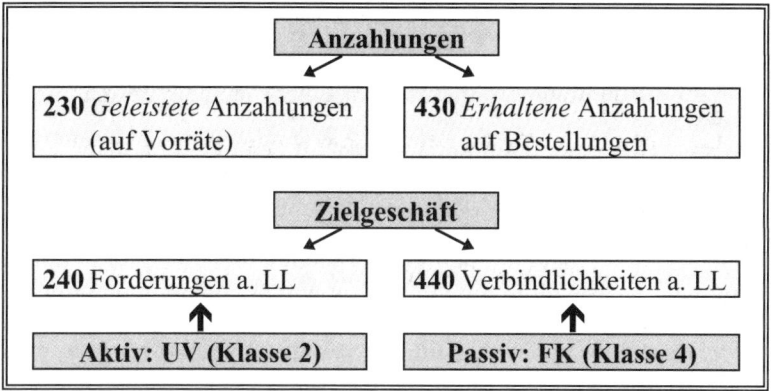

Die Buchungssätze lassen sich mit Hilfe der Kontennummern ver-kürzen. Statt „Fuhrpark an Verbindlichkeiten" hieße es nunmehr einfach „084 an 440" bzw. „084 / 440".

☞ Ein Tip: Vielleicht fällt es Ihnen zunächst schwer, sich die Kon-tennummern zu merken. Beginnen Sie damit, nur ein paar Num-mern zu verwenden – Sie dürfen auch gerne mixen, d.h., z.T. Kontenname und z.T. Kontennummern verwenden. Mit der Zeit werden Ihnen die Nummern in „Fleisch und Blut übergehen".

☞ Wenn Sie allerdings nur eine ungefähre Ahnung von Buchfüh-rung haben wollen, dann benutzen Sie einfach weiterhin die

---

[1] Die Kontonummern gelten für den Einzelhandel als auch für die Industrie.

Namen der Konten. So werden wir es auch in diesem Buch handhaben, da die Ordnungssystematiken und damit die Kontennummern von Branche zu Branche voneinander abweichen.

7.2   Belegorganisation

Sie wissen, daß zu jeder Buchung ein Beleg gehört. Dazu gehören:

- **Fremdbelege** (= externe Belege): Sie *kommen von außen* in das Unternehmen, wie z.B. Eingangsrechnungen, Bankauszüge, Einkaufsquittungen, Gutschriftsanzeigen des Lieferers o.ä.

- **Eigenbelege** (= interne Belege): Sie werden *vom Unternehmen selbst ausgestellt*, z.B. Durchschläge von Ausgangsrechnungen, Kassenbelege, Lohn- und Gehaltslisten, Warenentnahmescheine, Belege über Privatentnahmen sowie alle Belege über Storno-, Um- und Abschlußbuchungen.

- **Ersatz- oder Notbelege** werden vom Unternehmen ausgestellt, wenn der Originalbeleg abhanden kam oder kein Beleg zu erhalten war.

Die Buchhaltung bearbeitet Belege wie folgt:

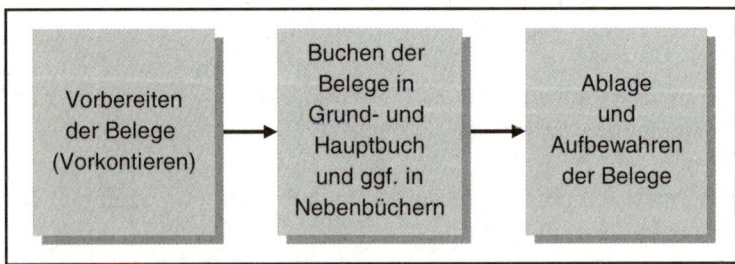

Der Beleg ist damit das *Bindeglied* zwischen Geschäftsvorfall und Buchung. Nach erfolgter Buchung werden die Belege abgelegt und **6 Jahre** lang aufbewahrt.

7.3   Die Bücher der Buchführung

Bislang haben Sie schon einige Bücher kennengelernt. Dazu zählen:

* Das **Inventarbuch** (vgl. S. 18 ff.)
* Das **Bilanzbuch** (vgl. S. 21 ff.)
* Das **Grundbuch** (= Journal) erfaßt (für uns) alle Buchungssätze
* Das **Hauptbuch** enthält alle Sachkonten

Während das *Grundbuch* alle Geschäftsvorfälle *zeitlich* ordnet (d.h. in der Reihenfolge ihres Entstehens), zeichnet sie das *Hauptbuch sachlich* geordnet auf, d.h., sie werden auf den einzelnen Konten gebucht. Zusätzlich wird bei Bedarf in sog. **Nebenbüchern** gebucht:

* Die **Kontokorrentbuchhaltung** erfaßt den Geschäftsverkehr mit den Kunden ("Debitoren") und den Lieferanten ("Kreditoren"); dazu werden für die wichtigsten Geschäftspartner Unterkonten zu den Forderungen a. LL und Verbindlichkeiten a. LL eingerichtet (= sog. Personenkonten).
* Die **Offene-Posten-Buchhaltung** ist eine Sonderform der Kontokorrentbuchhaltung per Karteikarten.
* Die **Lohn- und Gehaltsbuchhaltung** erfaßt sämtliche GVF in Bezug mit Bezahlung von Arbeitsentgelt an die Mitarbeiter.
* Die **Anlagenbuchhaltung** dokumentiert die Veränderungen des Anlagevermögens (z.B. Kauf oder Abschreibung eines PKW).
* Die **Lagerbuchhaltung** zeichnet die Veränderungen der Stoffe- und Warenbestände auf.[1]
* Die **Scheck- und Wechselbuchhaltung** erfaßt Kundenschecks sowie Besitz- und Schuldwechsel.

Die Nebenbücher dienen der genauen Erfassung der betreffenden Geschäftsvorfälle sowie der Notierung weiterer Daten (z.B. Verfalltag eines Wechsels oder Garantiedauer einer Maschine).

---

[1] Mit „Stoffe" sind im Industriebetrieb z.B. Roh-, Hilfs- und Betriebsstoffe gemeint. Ausführlich heißt es „Werkstoffe".

7.4   Verfahren der doppelten Buchführung

Da die Geschäftsvorfälle in *mehreren* Büchern erfaßt werden,
bieten sich dafür zwei Methoden an:

- **die Übertragungsbuchführung**
- **die Durchschreibebuchführung**

Die erstere bedarf pro Buch eines Buchungsganges, wobei sich
natürlich leicht (Übertragungs-) Fehler einschleichen können.
Nur *einen* Arbeitsgang benötigt die Durchschreibebuchführung,
bei der mittels eines Buchungsgeräts *in allen betroffenen Büchern
gleichzeitig* (per Durchschrift) gebucht wird.

Im Zeitalter der EDV trifft man die herkömmlichen, manuellen
Buchungsmethoden immer weniger an. Selbst für kleinere Betrie-
be gibt es eine Vielzahl von **Buchführungsprogrammen**, aus
denen allerdings genau nach Leistungsfähigkeit, Kapazität und
Anpassungsmöglichkeit ausgewählt werden sollte.

Alle Programme unterscheiden in Stamm- und Bewegungsdaten:

Stammdaten werden einmalig angelegt (z.B. Kontennummern,
Zuordnung der Konten zu den einzelnen Posten der Bilanz bzw.
GuV, Bankverbindungen, Steuerschlüssel).

Bewegungsdaten ändern sich mit jedem GVF (z.B. Soll- und Habenkonto, Betrag, Belegnummer und -datum).

Der Vorteil solcher Software liegt u.a. darin, daß Verknüpfungen
mit anderen Anwendungen möglich sind: Im Rahmen eines Wa-
renwirtschaftssystems können z.B. bei Erreichen eines bestimmten
Lagerbestandes automatisch Bestellungen ausgelöst oder es könnten Debitoren angemahnt werden.

Außerdem können auf Abruf z.B. eine monatliche Bilanz oder Ge-
winn- und Verlustrechnung oder Kennzahlen ausgedruckt werden.

8 Übungen zum Kapitel B

Jetzt haben Sie genug gelesen und Papier ist schließlich geduldig! Sie bekommen deshalb jetzt etwas zum arbeiten: **Ü 1** bezeichnet Übung 1, die dazugehörige Lösung finden Sie unter **L 1** auf S. 228.

Ü 1 | Sie haben die folgenden, ungeordneten (!) Inventurbestände einer Großhandlung vorliegen (alle Angaben in TDM):

Hypotheken (240), Bankguthaben (45), Forderungen a. LL an Fa. Möller (17), dto. an Fa. Kuntz (33), Fuhrpark (112), Darlehen (72), Warenvorräte (213), Verbindlichkeiten a. LL an Fa. Sanitas (65), dto. an Fa. Seitz (44), Grundstücke (150), Kasse (27), BGA (85), Geschäftsgebäude (180), Lagerhalle (64).
Erstellen Sie das Inventar und ermitteln Sie das Reinvermögen.

Ü 2 | Erstellen Sie die Bilanz nach den Angaben von Übung 1. Wie hoch ist das Eigenkapital der Großhandlung?

Ü 3 | Erläutern Sie, welche Konten durch die folgenden GVF betroffen sind, um was für eine Art Konten es sich dabei handelt, und wie sich dadurch die Bilanz verändert!

☞ Tip: Gehen Sie vor, wie auf S. 24 beschrieben!

① Sie kaufen ein Regal und bezahlen per Scheck.
② Sie verkaufen nicht mehr benötigte Inneneinrichtung bar.
③ Zielkauf eines LKW.
④ Sie überweisen die ER des LKW-Händlers.
⑤ Sie heben Geld vom Bankkonto ab.
⑥ Sie zahlen von der Geschäftskasse aufs Bankkonto ein.
⑦ Zum Ausgleich der Lieferantenrechnung nehmen Sie ein Darlehen auf.

Ü 4 | Nehmen Sie wiederum die GVF der Übung 3 und bilden Sie diesmal die Buchungssätze.

Ü 5 | Nennen Sie die Buchungssätze zu den GVF! |

① Sie überweisen Ihren Angestellten Lohn.
② Zielverkauf von Waren.
③ Die Stromrechnung wir vom Bankkonto abgebucht.
④ Barkauf von Briefmarken.
⑤ ER für Maschinenreparatur.
⑥ Abschluß des Kontos „Mieterträge".
⑦ Warenverkauf: Der Kunde bezahlt teils mit Scheck, teils in bar.
⑧ Sie überweisen Zins und Tilgung für ein Darlehen.
⑨ Abschluß des GuV-Kontos mit Verlust.
⑩ Abschluß des Kontos „Gebäude".

Ü 6 | Jetzt umgekehrt: Sie sehen die folgenden Buchungssätze. Nennen Sie die zugrundeliegenden GVF. |

① Bank **an** Zinserträge
② Forderungen a. LL **an** Umsatzerlöse für Waren
③ Mietaufwendungen **an** Bank
④ Büromaterial **an** Kasse
⑤ Verbindlichkeiten a. LL **an** Bank
⑥ SBK **an** BGA
⑦ Bank + Kasse **an** Fuhrpark
⑧ Fuhrpark **an** Bank + Kasse + Verbindlichkeiten a. LL
⑨ GuV **an** EK
⑩ GuV **an** Versicherungen

Ü 7 | Sind die BS richtig oder falsch? Begründung! |

① Privatentnahmen **an** Kasse
② Gehälter **an** GuV
③ Privateinlagen **an** Fuhrpark
④ Bank **an** Forderungen
⑤ Bank **an** Verbindlichkeiten
⑥ SBK **an** Darlehensschulden
⑦ Zinserträge **an** Bank
⑧ TA **an** Verbindlichkeiten
⑨ Werbung **an** Verbindlichkeiten
⑩ Reinigungsaufwand **an** Kasse

C   Buchungen während des Geschäftsjahres

1   Die Umsatzsteuer

Stellen Sie sich mal den folgenden Warenweg vor: Ein Forstwirt verkauft Holz an ein Sägewerk, dieses verkauft die zugeschnittenen Hölzer an eine Möbelfabrik. Die fertigen Möbel werden an einen Händler geliefert, der sie wiederum an den (privaten) Endverbraucher verkauft. Auf jeder Produktionsstufe ist das Holz bzw. sein weiterverarbeitetes Produkt **mehr wert** geworden. Dieser Mehrwert ergibt sich aus der Differenz zwischen Nettoeinkaufs- und Nettoverkaufspreis.

Und jetzt kommt der Staat ins Spiel: er beteiligt sich an dieser Wertschöpfung, indem er den **Mehrwert besteuert**. Diese *Mehrwertsteuer* oder Umsatzsteuer fällt immer dann an, wenn

- ein *Unternehmer* im Rahmen seines Geschäftsbetriebes *Lieferungen* (z.b. Waren und BGA) oder *Leistungen* (z.b. Reparaturen) *gegen Entgelt* erbringt,

- der Inhaber *Privatentnahmen* von Gegenständen oder Leistungen zur privaten Nutzung tätigt

- sowie bei der *Einfuhr* von Waren aus dem Ausland.[1]

1.1   Umsatzsteuer und Vorsteuer

Beim **Verkauf** haben wir in den vorausgehenden Kapiteln dem Kunden nur den Nettowert der Lieferung oder Leistung in Rechnung gestellt. Zusätzlich verlangen wir nun noch die darauf anfallende **Umsatzsteuer** (USt). Sie beträgt derzeit in Deutschland für die meisten Güter 16 %. Da die Umsatzsteuer im Auftrag des Finanzamtes erhoben wird, stellt sie diesem gegenüber eine *spezielle Verbindlichkeit* dar (Passivkonto).

---

[1] Auf die besonderen EU-Regelungen des innergemeinschaftlichen Erwerbs soll hier nicht eingegangen werden.

Beispiel: Wir verkaufen Waren im Wert von 2.000 DM auf Ziel.
Die USt darauf beträgt 16 % = 320 DM. Damit lautet die
Rechnung über insgesamt 2.320 DM brutto.

Buchung: **Forderungen**........... 2.320 ◄──────── brutto
an **Umsatzerlöse**.............. 2.000 ◄──── netto
an **Umsatzsteuer**.............. 320 ◄──── Steuer

Beim Einkauf bucht der Lieferant wie oben. *Für uns* bedeutet der
Wareneinkauf einen *Aufwand (netto)*, zusätzlich müssen wir dem
Lieferanten Steuer bezahlen. Beides zusammen ergibt den Brutto-
betrag der Eingangsrechnung. Da wir die Steuer vom Finanzamt
zurückfordern, stellt sie bis dahin eine *spezielle Forderung* dar
(Aktivkonto **Vorsteuer**).

Beispiel: Wir kauften die obigen Waren im Wert von 1.500 DM
auf Ziel. Die USt darauf beträgt 16 % = 240 DM. Damit
lautet die Rechnung über insgesamt 1.740 DM brutto.

Buchung: **Warenaufwand**....... 1.500 ◄──────── netto
Vorsteuer.............. 240 ◄──────── + Steuer
an **Verbindlichkeiten**........ 1.740 ◄──── = brutto

Verallgemeinert könnte man sagen, die Buchungen lauten beim
Einkauf stets:

„Das, was man kauft, plus VSt **an** das, wie man bezahlt."

Das ist natürlich etwas flapsig ausgedrückt, stimmt aber: *Was Sie
kaufen* (Aktiva wie z.B. BGA oder Aufwand wie z.B. Werbung)
wird mit dem *Nettobetrag* gebucht, ebenfalls im Soll steht die Vorsteuer (als Aktivkonto); die *Gegenbuchung* erfaßt den *Bruttobetrag*, den wir jetzt oder später bezahlen (Konto Bank, Kasse, Verbindlichkeiten o.ä.).

Beim Verkauf gilt dies genau spiegelbildlich:

"Wie bezahlt wird, **an** das, was verkauft wurde, plus USt."

Im Soll nehmen also z.b. unsere Forderungen, Kasse oder Bank zu, *im Haben* wird der Ertrag (z.b. Umsatzerlös) oder der Vermögensabgang (z.b. Verkauf eines alten PKW) mit dem *Nettowert* erfaßt; zusätzlich wird die *Umsatzsteuer* im Haben gebucht, da unsere Schuld gegenüber dem Finanzamt zunimmt.

Beim Zielverkauf schuldet uns der Kunde immer den Bruttobetrag, also inkl. USt. Demnach wird auf den Konten Forderungen, Verbindlichkeiten, Kasse, Bank o.ä. *immer brutto* gebucht.

☞ Tip: An dieser Stelle wieder eine kleine „**Übersetzungshilfe**":

Text	Bedeutung
• „netto"	Nettowert
• „Wert"	der Lieferung
• „zuzüglich Umsatzsteuer"	oder Leistung
• „brutto"	Bruttobetrag
• „Rechnungsbetrag"	der Lieferung
• „einschließlich Umsatzsteuer"	oder Leistung

F *Aha, Vorsteuer fällt also beim Einkauf, die Umsatzsteuer beim Verkauf an. Und was ist dann die Mehrwertsteuer?*

A Mehrwertsteuer (MwSt) ist nur ein anderer Ausdruck für Umsatzsteuer. Sie können sie auch als Oberbegriff ansehen.

F *Wenn wir im Einkauf Vorsteuer buchen, wieso steht dann auf der Eingangsrechnung „Umsatzsteuer"?*

A Lassen Sie sich nicht verwirren: Für den Lieferanten (der die Rechnung schrieb) war es ein Umsatz, folglich wies er Umsatzsteuer aus. Aus unserer Sicht allerdings ist dies ein Einkauf und damit Vorsteuer.

F *Und wie war das mit dem Mehrwert?*

A Schauen Sie sich mal die folgende Grafik an.

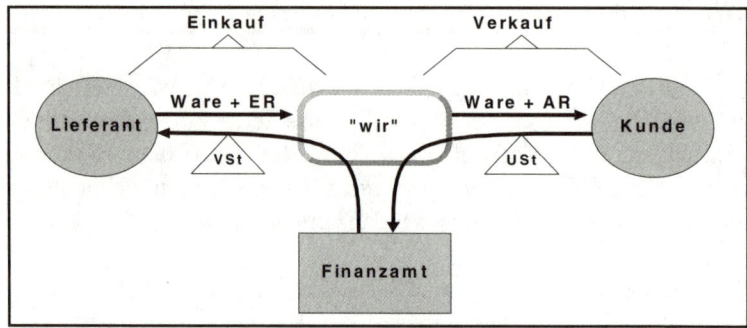

Sie sehen den *Güterstrom* (obere Pfeile) vom Lieferanten über uns zum Kunden. Bei der Buchung (und Bezahlung) weisen wir im Einkauf die *Vorsteuer* aus, *die wir letztlich vom Finanzamt zurückerhalten* (Pfeil links unten). Im Verkauf wird die *Umsatzsteuer* ausgewiesen, die wir vom Kunden erhalten und *an das FA abführen* (Pfeil rechts unten).

So, einen Bereich haben wir noch nicht genau angeschaut, nämlich unsere **Beziehungen zum Finanzamt**. Das holen wir jetzt nach. Sie wissen:

Vorsteuer	Umsatzsteuer
• an den Lieferanten bezahlt, vom FA zurückzuerhalten	• im Auftrag des FA vom Kunden eingenommen
• spezielle Forderung	• spezielle Verbindlichkeit
• Aktiv	• Passiv

Im Beispiel von S. 62 lauteten die Rechnungen wie folgt:

Einkauf		Mehrwert		Verkauf	
Waren, netto .	1.500 ➜	500	⬅	Waren, netto ..	2.000
+ VSt..............	240 ➜	80	⬅	+ USt..............	320
= ER, brutto	1.740 ➜	580	⬅	= AR, brutto......	2.320

Sie sehen, wir haben Waren teurer weiterverkauft und damit einen *Mehrwert von 500 DM* geschaffen. Dieser wird besteuert: 16 % des

Netto-Mehrwertes ergibt 80 DM. *Diesen Betrag müssen wir letztlich an das Finanzamt zahlen.*

Wie ergibt sich dieser Betrag in der Buchhaltung? Einerseits haben wir eine Umsatzsteuerschuld in Höhe von 320 DM, andererseits eine Vorsteuer-Forderung über 240 DM. Beides wird *miteinander verrechnet*, so daß unterm Strich 80 DM Restschuld bleiben. Zur Vereinfachung wird also nur dieser Saldo, die sog. **Zahllast**, an das FA abgeführt. Umgekehrt kann es passieren, daß die Vorsteuer überwiegt[1]; in diesen Fällen wird der sog. **VSt-Überhang** vom FA rückerstattet.

Zur Ermittlung der Steuerschuld bzw. -forderung werden die beiden Konten USt und VSt monatlich miteinander saldiert. Der Buchungssatz lautet dabei *immer*[2]:

Umsatzsteuer an **Vorsteuer** (im Beispiel 240 DM)

Anschließend ergibt sich der Saldo.[3]

Buchung: **Umsatzsteuer** an **SBK** (im Beispiel 80 DM)

S	Vorsteuer	H	S	Umsatzsteuer	H
Vb.	240	①USt 240 ←→ ①VSt	240	Fo.	320
			SBK	80	

Überwiegt die Vorsteuer, wird nun dieses Konto über SBK abgeschlossen:

Buchung: **SBK** an **Vorsteuer**

---

[1] Dies ist der Fall, wenn Sie z.B. wenig Verkäufe hatten, gleichzeitig aber größere Investitionen tätigten.

[2] Grund: Die VSt wurde im Soll gebucht, die USt im Haben; auf der jeweils anderen Seite werden die Salden gebildet.

[3] In Deutschland muß die Zahllast aufgrund einer sog. USt-Voranmeldung bis zum 15. des Folgemonats bezahlt werden. Die gesamte Steuerschuld wird im Rahmen einer Jahreserklärung ermittelt.

1.2   Steuersätze

Die meisten Umsätze werden mit dem **allgemeinen** Steuersatz besteuert; er beträgt in Deutschland derzeit 16 %. Einige wenige Lieferungen und Leistungen werden mit dem *ermäßigten* Steuersatz von z.Zt. 7 %, andere überhaupt *nicht besteuert*:

Mit 16 % besteuert werden:

- Kauf und Verkauf von *Sachgütern* wie Maschinen, PKW, BGA, Elektrogeräte, Möbel, Roh-/Hilfs-/Betriebsstoffe, Büromaterial
- *Leistungen*, z.B. Reparaturen, Wartung, Werbung, Beratung
- die meisten *Getränke* und wenige Luxuslebensmittel

Mit 7 % besteuert werden:

- *Pflanzen* und Blumen, Leitungswasser, *Lebensmittel* (nicht aber das fertige Gericht im Restaurant!)
- Bücher, Zeitschriften, Zeitungen und andere *Druckerzeugnisse*
- *Leistungen der Theater*, Kinos, Konzerte oder Museen, Heil- und Schwimmbäder

---

Steuerfrei sind:

- *Ausfuhr* von Lieferungen und Leistungen[1]
- Lieferungen und Leistungen *für soziale Einrichtungen* (z.B. Altenheime)
- die nichtgewerbliche *Vermietung und Verpachtung*
- der Kauf/Verkauf von *Gebäuden*[2]
- *Geld- und Kapitalumsätze* (z.B. Kreditzinsen)[2]
- *Versicherungsleistungen*[2]
- Leistungen von *Behörden* (z.B. Grundbuch- oder HR-Eintrag)

☞ **Ü 8, Ü 9, Ü 10**

---

[1] Innerhalb der EU gelten derzeit Sonderregelungen. Steuerfrei ist jedenfalls die Ausfuhr in ein Land außerhalb der EU.

[2] In Deutschland gilt die Regel, daß nicht umsatzbesteuert wird, was bereits einer anderen Verkehrsteuer unterliegt (z.B. Grunderwerb-, Versicherung-, Lotterie- oder Kfz-Steuer).

1.3 Umsatzsteuer beim Eigenverbrauch

Unter dem Jahr wollen Sie als Geschäftsinhaber von etwas leben, weshalb Sie bei Bedarf Geld von den Geschäftskonten entnehmen (vgl. Kap. B 5). Daneben sind auch **steuerpflichtige Privatentnahmen** möglich:

- Die private **Entnahme** betrieblicher Gegenstände (z.b. PKW, Lebensmittel oder fertige Produkte).
- Die private **Nutzung** betrieblicher Einrichtungen (z.b. PKW).
- Die **Inanspruchnahme** betrieblicher Leistungen (z.b. Reparatur am Privathaus durch den Betriebsschlosser; Freunde übernachten kostenlos im eigenen Hotel).

Solche Privatentnahmen werden per Beleg dokumentiert und unterliegen der Umsatzsteuer, und zwar i.d.R. 16 %. Wenn Sie als Inhaber Lebensmittel (im Handel) oder Speisen (im Restaurant) entnehmen, fallen lediglich 7 % USt an.

Diese Privatentnahmen stellen ebenfalls einen betrieblichen Umsatz dar (das Unternehm_en_ verkauft an die Privatperson des Unternehm_ers_); zur besseren Unterscheidung wird auf das spezielle Ertragskonto **Eigenverbrauch** gebucht.

Beispiel: Der Inhaber läßt in seinem Privathaus Räume renovieren. Der Wert der Leistung beträgt 2.000 DM.

Buchung: **Privatentnahmen** .... 2.320 ◄———— brutto
an **Eigenverbrauch** .... 2.000 ◄——— netto
an **Umsatzsteuer** .... 320 ◄——— Steuer

Wenn Sie z.B. den Geschäftswagen auch privat nutzen (Wert 2.000 DM), lautet die Buchung genauso.

☞ *Das klingt ziemlich einfach. Stimmt dieser Buchungssatz immer?*

◢ Ja, allerdings sind evtl. noch weitere Buchungen nötig:

Beispiel: Der Inhaber entnimmt dem Betrieb einen alten PKW für seine Tochter; Wert: 6.000 DM.

Buchung: **Privatentnahmen** **6.960**
an **Eigenverbrauch von Anlagen**[1] **6.000**
an **Umsatzsteuer** **960**

Bis dahin ist die Buchung unverändert. Ohne eine weitere Buchung würde der PKW aber *immer noch* beim Fuhrpark mit aufgeführt.

Beispiel: Der entnommene PKW stand zu dem Zeitpunkt noch mit 5.000 DM in den Büchern. Der Buchwert wird herausgebucht:

Buchung: **Eigenverbrauch von Anlagen** **6.000**
an **Fuhrpark** **5.000**
an **Ertrag aus Anlagenabgang** **1.000**

Damit ist das Fuhrparkkonto aufgelöst, der Ertrag aus dem „Verkauf" wurde gebucht.

☞ *Wieso wird die Entnahme mit 6.000 DM angesetzt, obwohl der Buchwert nur 5.000 DM beträgt?*

◢ Unabhängig vom Buchwert (der durch die Abschreibungen entstanden ist) wird für die Entnahme der **Marktwert** zugrundegelegt, um den *Inhaber als Endverbraucher* nicht besser zu stellen als jede andere Privatperson.

☞ *Wenn das EV-Konto letztlich eh weggekürzt wird, könnte ich doch gleich „Privatentnahmen an Fuhrpark und USt" buchen, oder?*

◢ Theoretisch ja; die Grundlage für die Besteuerung (6.000 DM netto) muß aber auf *einem* Konto erscheinen – deshalb die etwas umständliche Vorgehensweise.

---

[1] Zur Unterscheidung zum anderen EV wird dieses spezielle Konto benutzt, das mit der 2. Buchung wieder aufgelöst wird.

2   Buchungen in der Beschaffung und im Absatz[1]

Worum geht's? Heute sind die Buchungen an der Reihe, die sich aus den vielfältigen Beziehungen zu *Lieferanten* und *Kunden* ergeben:

Ein Händler kauft regelmäßig Waren, ein Industriebetrieb bezieht oft täglich Rohstoffe. **Ein- und Verkauf** dieser Güter zählen daher zu den *häufigsten Buchungen.* Schauen wir uns zunächst spezielle Buchungen im *Beschaffungsbereich eines Händlers* an.[2]

2.1   Bezugskosten

Vorweg: Die Lieferung von Waren kann auf *zweierlei Art* gebucht werden – entweder als *Mehrung* des *Aktiv*kontos Waren*vorrat* oder direkt als *Aufwand* (Konto Warenaufwand; vgl. S. 62).

Beispiel: Ein Händler bezieht Waren auf Ziel, Wert 3.000 DM.

Buchung: **Warenvorrat** **3.000**
          Vorsteuer **480**
          an **Verbindlichkeiten a. LL** **3.480**

Stattdessen können die Waren auch als Aufwand gebucht werden:

Buchung: **Warenaufwand** **3.000**
          Vorsteuer **480**
          an **Verbindlichkeiten a. LL** **3.480**

Sie sehen, kaum ein Unterschied. Erst bei der Buchung des Verbrauchs und des Schlußbestandes gibt es wieder unterschiedliche Buchungen, die letztlich zum gleichen Ergebnis führen.[3]
Wir buchen zukünftig direkt auf das Konto „Warenaufwand".

---

[1] Die nachfolgenden Ausführungen gelten für Waren und Stoffe. Die Anschaffung von Anlagevermögen wird in Kap. C 8 behandelt.

[2] Typische Buchungen der Industrie finden Sie in Kap. C 2.5.

[3] Vgl. ausführlich in Kap. C 3.

Nachdem das geklärt ist, kommen wir nun zu den **Bezugskosten**. Dazu zählen:

- **Rollgeld und Fracht**
- **Transportversicherung**
- **Zusätzliche Verpackung**

Diese Bezugskosten *erhöhen den Warenwert* und unterliegen der Umsatzsteuer.[1]

Zur besseren Unterscheidung werden die Bezugskosten nicht auf dem dazugehörigen Warenkonto (z.B. Warenaufwand) gebucht, sondern auf dem *Unterkonto*[2] **Bezugskosten für Waren**.

Beispiel: Sie erhalten Waren im Wert von 4.000 DM. Den anliefernden Spediteur bezahlen Sie bar, netto 200 DM.

BS ①: **Warenaufwand**.................................   **4.000**
         Vorsteuer.........................   **640**
         an **Verbindlichkeiten a. LL**........................   **4.640**

BS ②: **Bezugskosten für Waren**...............   **200**
         Vorsteuer..........................   **32**
         an **Kasse**...   **232**

Falls die Bezugskosten vom Lieferanten gesondert in Rechnung gestellt werden, lautet die Buchung statt dessen:

Buchung:**Warenaufwand**...............................   **4.000**
         Bezugskosten für Waren...............   **200**
         Vorsteuer...........................   **672**
         an **Verbindlichkeiten a. LL**........................   **4.872**

---

[1] Achtung, Ausnahmefall: werden Bezugskosten *vom Lieferanten* für Ware zu 7 % in Rechnung gestellt, so werden sie ebenfalls mit 7 % besteuert.

[2] Bei Bedarf wird für jede Warengruppe ein gesondertes Unterkonto "Bezugskosten" eingerichtet. Gleiches gilt für verschiedene Stoffe.

Sämtliche Unterkonten Bezugskosten werden spätestens zum Ende des Geschäftsjahres *über die zugehörigen Warenkonten abgeschlossen*. Aus Gründen der Kostenkontrolle empfiehlt sich eine *monatliche* Saldierung.

BS ③: **Warenaufwand**...........................   **200**
         an **Bezugskosten für Waren**....................   **200**

Damit ist das *Unterkonto aufgelöst*, die *Werterhöhung der Waren* durch die Bezugskosten wurde *gebucht*. Der Warenaufwand weist nun aus, wieviel Sie insgesamt für die Waren bezahlt haben – im Beispiel sind das 4.200 DM:

S	Warenaufwand	H	S	Bezugskosten für Waren	H
①	4.000	Saldo: 4.200	②	200	③ 200
③	200				

F *Ist das nicht ziemlich umständlich - man könnte die Bezugskosten doch auch direkt als Warenaufwand buchen?*

A Eigentlich ja – letztlich geschieht dies ja auch. Der Grund dafür, sie zunächst auf dem Unterkonto zu erfassen, liegt in der Kontrolle der angefallenen Kosten.

2.2   Rücksendungen

Im Einkauf: Möglicherweise stellen Sie bei der Warenprüfung fest, daß ein Teil der Ware falsch geliefert wurde. In einem solchen Fall kommt es zu einer Rücksendung an den Lieferanten.

Beispiel: Sie erhielten Waren im Wert von 8.000 DM. Wegen einer Falschlieferung senden Sie Waren im Wert von 1.000 DM wieder zurück.

Was passiert? Durch die Rücksendung haben Sie tatsächlich weniger Waren bezogen als zunächst gebucht. Die Vorsteuer ist ebenfalls zu hoch ausgewiesen und muß korrigiert werden. Ihre Verbindlickeiten nehmen durch die Rücksendung wieder ab.

BS ②:	Verbindlichkeiten a. LL	1.160	
	an **Warenaufwand**		**1.000**
	an **Vorsteuer**		**160**

Haben Sie's gemerkt? Die Konten wurden auf der *jeweils anderen Seite* angesprochen als beim Einkauf.

S	**Warenaufwand**	H	S	**Verbindlichkeiten**	H
①	8.000	② 1.000 ← →	② 1.160	①	9.280
		Saldo: 7.000	Saldo: 8.120		

S	**Vorsteuer**	H
①	1.280	② 160 ←
		Saldo: 1.120

Auf diese Weise ergibt sich auf dem Warenkonto der tatsächliche Bestand von 7.000 DM. Die Vorsteuer weist so die korrekte Forderung ans FA von 1.120 DM (= 16 % von 7.000 DM) aus, die Verbindlichkeiten zeigen die verbleibende Schuld über 8.120 DM.

Durch die Ansprache der Konten auf der jeweils anderen Seite wird die ursprüngliche Buchung korrigiert – frei nach dem Motto:

Bei **Rücksendungen**, Stornierungen und allen Korrekturbuchungen gilt der **ursprüngliche Buchungssatz – *nur spiegelverkehrt!***

Dies gilt im **Verkauf** gleichermaßen:

Beispiel: Ihr Kunde sendet Ware (netto 600 DM) aus einer Lieferung (netto 5.000 DM) zurück.

BS ②:	Umsatzerlöse	600	
	Umsatzsteuer	96	
	an **Forderungen a. LL**		696

Unterm Strich bleiben verkaufte Waren im Wert von 4.400 DM; dies wird beim Saldieren der betroffenen Konten deutlich:

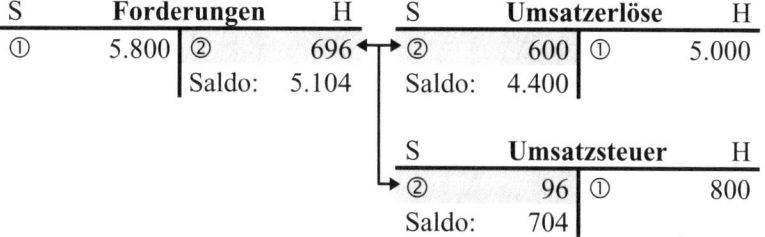

2.3   Preisnachlässe

Verkäufer gewähren eine Vielzahl von Preisnachlässen:

Art des Preisnachlasses	Zeitpunkt
• Sofortrabatte	*beim* Kauf/Verkauf
• Preisminderungen wegen Mängelrügen	*nach* dem (Ver-)Kauf
• Skonti	Begleichen der ER/AR
• Boni	noch später

Wir nehmen die einzelnen Nachlässe der Reihe nach unter die Lupe.

2.3.1 Sofortrabatte

Sofortrabatte werden *sofort bei Rechnungsstellung* gewährt. Sie werden in der Buchhaltung *nicht gesondert erfaßt*, da dort direkt der verminderte Nettowert gebucht wird. Dies gilt sowohl im Ein- als auch Verkaufsbereich. Beispiele dafür sind:

- **Mengenrabatte** (für Großabnehmer)
- **Wiederverkäuferrabatte** (z.B. für Großhändler)
- **Treuerabatte** (für häufige Großkunden)
- **Sonderrabatte** (für Großkunden, bei Jubiläumsverkäufen o.ä.)

2.3.2 Preisminderungen aufgrund von Mängelrügen

In der Praxis kommt es immer wieder zu *nachträglichen* Preisminderungen aufgrund von Mängelrügen. Beispielsweise haben Sie Waren über 2.000 DM netto bezogen. Bei der Prüfung stellen Sie fest, daß ein Teil davon beschädigt ist; der Lieferant gewährt Ihnen daher 10 % Nachlaß. Auch diese Buchung stellt eine *Korrekturbuchung* dar, d.h. prinzipiell wird der ursprüngliche Buchungssatz *spiegelverkehrt* angesprochen. Zur besseren Übersicht wird **im Einkauf** allerdings nicht auf das Nettokonto (Warenaufwand) gebucht, sondern auf dessen *Unterkonto* **Nachlässe für Waren**.

BS ②:	**Verbindlichkeiten a. LL**	232	
	an **Nachlässe für Waren**		200
	an **Vorsteuer**		32

Als Unterkonto werden die Nachlässe **am Monatsende** über das Konto Warenaufwand abgeschlossen.[1]

BS ③:	**Nachlässe für Waren** an **Warenaufwand** ...	200

Der Saldo des Kontos Warenaufwand weist dann den tatsächlichen wertmäßigen Zugang über 1.800 DM aus:

S	Warenaufwand	H	S	Nachlässe für Waren	H
①	2.000	③ 200	③ 200	②	200
		Saldo: 1.800			

S	Vorsteuer	H	S	Verbindlichkeiten	H
①	320	② 32	② 232	①	2.320
		Saldo: 288	Saldo: 2.088		

Diese Buchungstechnik heißt „**Nettomethode**", weil die Korrekturen *netto* gebucht werden, d.h., die *USt wurde sofort berichtigt.*

---

[1] Wurde der Bezug auf das Aktivkonto Warenbestand gebucht, so wird dessen Unterkonto darüber abgeschlossen.

Stattdessen ist auch die **Bruttobuchung** möglich, bei der die Korrekturen zunächst *brutto* erfaßt werden. Wenn *am Monatsende* das Unterkonto aufgelöst wird, muß dann allerdings noch die *Umsatzsteuer herausgerechnet* werden. Die Buchungen lauten dann:

BS ②: **Verbindlichkeiten a. LL** **232**
        an **Nachlässe für Waren (brutto)** **232**

BS ③: **Nachlässe für Waren (brutto)** **232**
        an **Warenaufwand** **200**
        an **Vorsteuer** **32**

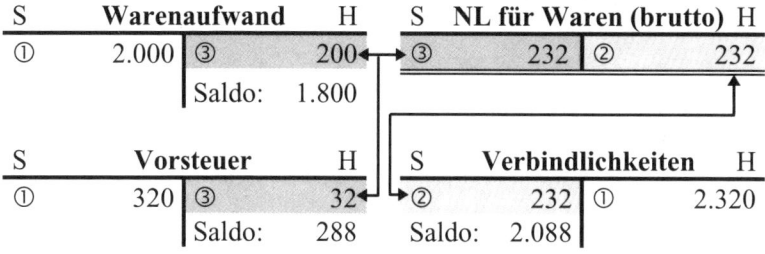

S	Warenaufwand	H		S	NL für Waren (brutto)	H
①	2.000	③	200	③	232	②	232
		Saldo:	1.800				

S	Vorsteuer	H		S	Verbindlichkeiten	H
①	320	③	32	②	232	①	2.320
		Saldo:	288	Saldo:	2.088		

Vergleichen Sie die Konten mit dem Hauptbuch von S. 74! Sie sehen: letztlich weisen alle Konten die gleichen Salden aus.

Auch **im Verkauf** kann es zu Mängelrügen und damit verbundenen Preisminderungen kommen; dort gilt das eben Beschriebene analog: Der ursprüngliche Umsatz wird korrigiert; dazu wird das Unterkonto **Erlösberichtigungen** angelegt.

Beispiel: ① Sie verkauften Waren auf Ziel, Wert 10.000 DM.
        ② Ihr Kunde reklamiert nun minderwertige Ware, so daß
        Sie ihm 20 % Nachlaß gewähren.

BS②: **Erlösberichtigungen** **2.000**
       Umsatzsteuer **320**
       an **Forderungen a. LL** **2.320**

Das *Unterkonto* Erlösberichtigungen wird *am Monatsende* über Umsatzerlöse abgeschlossen.

BS ③:	Umsatzerlöse....................................	**2.000**	
	an **Erlösberichtigungen**..............................		**2.000**

Der *Saldo* der Umsatzerlöse *zeigt den tatsächlichen Wert* der Verkäufe – im Beispiel 8.000 DM zzgl. 16 % USt = 1.280 DM ergibt die Restforderung von 9.280 DM:

S	Erlösberichtigungen	H	S	Umsatzerlöse	H
②	2.000	③ 2.000	③	2.000	① 10.000
			Saldo:	8.000	

S	Forderungen	H	S	Umsatzsteuer	H
①	11.600	② 2.320	②	320	① 1.600
		Saldo: 9.280	Saldo:	1.280	

F *Gibt es im Verkaufsbereich wiederum die Möglichkeit, die Nachlässe entweder netto oder brutto zu buchen?*

A Genau, die Nettobuchung haben Sie eben kennengelernt – jetzt schauen wir uns die **Bruttobuchung** an:

Dabei nehmen Sie die Berichtigungsbuchung *zunächst brutto* vor:

BS ②:	**Erlösberichtigungen (brutto)**	**2.320**	
	an **Forderungen a. LL**		**2.320**

Am Monatsende werden die Erlösberichtigungen aufgelöst, der darin enthaltene Steueranteil geht auf das Konto USt, der Nettowert wird über Umsatzerlöse abgeschlossen:

BS ③:	**Umsatzerlöse**....................................	**2.000**	
	Umsatzsteuer	**320**	
	an **Erlösberichtigungen (brutto)**..............		**2.320**

S	Erlösberichtig. (brutto)	H		S	Umsatzerlöse		H
②	2.320	③ 2.320	→	③	2.000	①	10.000
				Saldo:	8.000		

S	Forderungen	H		S	Umsatzsteuer		H
①	11.600	② 2.320	→	③	320	①	1.600
	Saldo: 9.280			Saldo:	1.280		

F *Ich finde die Nettobuchung einfacher – da wird alles sofort korrigiert. Wozu gibt's denn überhaupt die Bruttomethode?*

A Stellen Sie sich vor, Sie haben im Monat 20 solcher Korrekturen für bestimmte Waren; dann müßten Sie jedesmal die USt korrigieren und buchen. Bei der Bruttomethode nehmen Sie sämtliche Bruttobeträge des Kontos und buchen ein *einziges* Mal die gesamte USt heraus.

F *O.k., das sehe ich ein. Und wie sieht's heutzutage aus, wo doch in der Praxis EDV-Programme eingesetzt werden?*

A Gute Frage. Die Bruttomethode ist eine deutliche Erleichterung bei manueller Buchung, bei EDV-Buchhaltung werden die Steuerbeträge i.d.R. sofort berichtigt (Nettomethode).

F *Aha. Und warum werden die Nachlaßkonten monatlich abgeschlossen?*

A Ganz einfach: weil die Zahllast monatlich ermittelt wird. Daher müssen auch alle Konten, die damit in Zusammenhang stehen, zum Monatsende abgeschlossen werden.

F *Eine letzte Frage: Bei der Bruttomethode muß aus dem Gesamtbetrag die Steuer herausgerechnet werden. Nehme ich dann 16 % vom Bruttobetrag?*

A Nein, das wäre falsch. Die Steuer beträgt 16 % von 116 % brutto: Sie müssen die Steuer daher so berechnen:

$$\frac{\text{Bruttonachlaß bzw. Bruttoerlösberichtigung}}{116} \cdot 16$$

Im Falle des ermäßigten Steuersatzes lautet die Formel natürlich:[1]

Bruttonachlaß bzw. Bruttoerlösberichtigung   . 7
107

Na, qualmt Ihnen ordentlich der Kopf? Entspannen Sie sich eine Weile – dann kommen wir zu einer Variation der eben genannten Buchungen.

Ü 11

2.3.3 Skonti

Ein Verkäufer kann dafür Skonto gewähren, daß sein Kunde die fällige Rechnung *innerhalb einer bestimmten Zeit* begleicht. Auf diese Möglichkeit wird üblicherweise auf der Rechnung hingewiesen, z.B. mit dem Text „zahlbar innerhalb von 10 Tagen mit 2 % Skonto oder in 30 Tagen netto[2] Kasse".

Skonto ist damit ebenfalls ein **nachträglicher Nachlaß**, falls der Kunde ihn in Anspruch nimmt. Wie ein Nachlaß aufgrund einer Mängelrüge mindert ein Skonto den ursprünglichen Warenwert und es muß die Steuer berichtigt werden. *Zusätzlich* findet jetzt allerdings eine *Bezahlung* statt (meist eine Überweisung).

Beispiel: Sie bezogen Waren auf Ziel (Wert 5.000 DM); nach acht Tagen überweisen Sie unter Abzug von 2 % Skonto.

Der Nettoskonto beträgt 2 % von 5.000 DM = 100 DM; zzgl. 16 % Steuer (= 16 DM) ergibt 116 DM Bruttoskonto.

---

[1] Beide Formeln werden auch benutzt, um bei sog. *Kleinstbetragsrechnungen* (bis 200 DM brutto) die Steuer herauszurechnen, falls sie nicht gesondert aufgeführt wurde. Bei höheren Rechnungen werden immer der Nettowert, die Steuer und der Gesamtbetrag (brutto) genannt; vgl. hierzu die Rechnungen auf S. 64.

[2] „Netto" bedeutet hierbei „ohne Skontoabzug".

BS ②:	**Verbindlichkeiten a. LL**	**5.800**
	an **Nachlässe für Waren**	**100**
	an **Vorsteuer**	**16**
	an **Bank**	**5.684**

Vergleichen Sie diese Buchung mit der von S. 74: Sie haben dieselben Konten angesprochen und zusätzlich das Konto Bank – den Skonto dürfen Sie schließlich nur deshalb ansetzen, weil Sie bezahlen!

Daß die Nachlässe *am Monatsende* über Warenaufwand abgeschlossen werden, kennen Sie bereits:

BS ③:	**Nachlässe für Waren** an **Warenaufwand** ...	**100**

S	**Warenaufwand**	H	S	**Nachlässe für Waren**	H
①	5.000	③ 100◄ ►③	100	②	100
	Saldo:	4.900			

S	**Bank**	H
AB	...	② 5.684

S	**Vorsteuer**	H
①	800	② 16◄
	Saldo:	784

S	**Verbindlichkeiten**	H
	② 5.800	① 5.800

Insgesamt haben Sie 116 DM weniger gezahlt. Vergleichen Sie die Werte des Hauptbuches mit der folgenden **Tabelle zur Skontoberechnung** – nehmen Sie dazu ruhig einen Taschenrechner zur Hand und versuchen Sie, die Berechnung nachzuvollziehen.

Nettowert	5.000	– (2 % =)	100	Nettoskonto	=	4.900
+ Vorsteuer	800	– (2 % =)	16	Steuerbericht.	=	784
= Rechn.betrag	5.800	– (2 % =)	116	Bruttoskonto	=	5.684

Die *grauen* Felder kennzeichnen die Beträge, die in Ihrer Buchhaltung auftauchen: 100 DM sind der Nettoskonto auf dem Nachlaßkonto, um 16 DM wird die Steuer korrigiert, so daß Sie insgesamt nur 5.684 DM überweisen.

Wie Sie den Skonto berechnen? Zwei Wege stellen wir Ihnen vor:

① Sie nehmen 2 % auf den Bruttobetrag (Konto Verbindlichkeiten) und erhalten den Bruttoskonto. Von diesen 116 % errechnen Sie 100 % Nettoskonto und 16 % Steuerkorrektur. Beides zusammen mindert den Zahlungsbetrag.

② Oder Sie legen zunächst den Nettowert der Waren zugrunde und ermitteln davon 2 % (= Nettoskonto). Darauf schlagen Sie 16 % Steuer auf und Sie erhalten den Bruttoskonto. Anschließend gilt: Verbindlichkeiten – Bruttoskonto = Überweisungsbetrag.

☞ Tip: Wir empfehlen Ihnen Version ②, die ist für Sie wohl etwas übersichtlicher.

F   *Das ist doch gar nicht so schwer, zumal die Buchungen ähnlich denen beim Nachlaß wegen einer Mängelrüge sind. Gibt es hier auch die Möglichkeit einer Bruttobuchung?*

A   Ja, die gibt's – und sie führt natürlich zum gleichen Ergebnis. Auf eine Darstellung soll hier aber verzichtet werden.

F   *Ich wette, Skonto kommt auch im Verkaufsbereich vor!*

A   Genau. Dort sehen die Buchungen so aus:

Beispiel: Sie hatten einen Warenverkauf auf Ziel (Wert: 6.000 DM). Innerhalb der Skontofrist überweist der Kunde und behält daher – wie vereinbart – 3 % Skonto ein.

BS②:	Erlösberichtigungen......................	225	
	Umsatzsteuer..................................	36	
	Bank...	8.439	
	an **Forderungen a. LL**......................		8.700

Auch hier soll Ihnen eine Tabelle die Beträge verdeutlichen:

Nettowert	7.500	– (3 % =)	225	Nettoskonto	= 7.275
+Umsatzsteuer	1.200	– (3 % =)	36	Steuerbericht.	= 1.164
=Rechn.betrag	8.700	– (3 % =)	261	Bruttoskonto	= 8.439

S	Erlösberichtigungen	H		S	Umsatzerlöse	H
②	225	③ 225	→	③	225 ①	7.500
				Saldo:	7.275	

S	Forderungen	H
①	8.700	② 8.700 →

S	Umsatzsteuer	H
	② 36	① 1.200
Saldo:	1.164	

S	Bank	H
②	8.439	

Das war ein harter Brocken, gelt? Deshalb schauen wir uns die
Buchungen des Kapitels 2.3 noch einmal im Zusammenhang an:

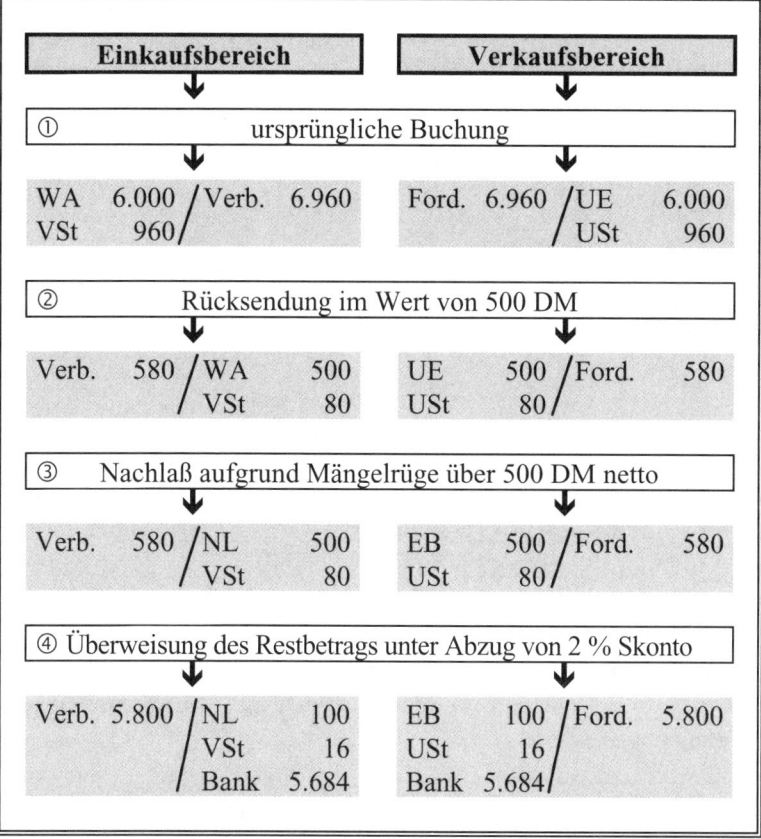

Sie merken bestimmt, daß die einzelnen Buchungen eine *logische Kette* bilden: Von Buchung zu Buchung *ändert* sich jeweils *genau ein Aspekt*, nämlich:

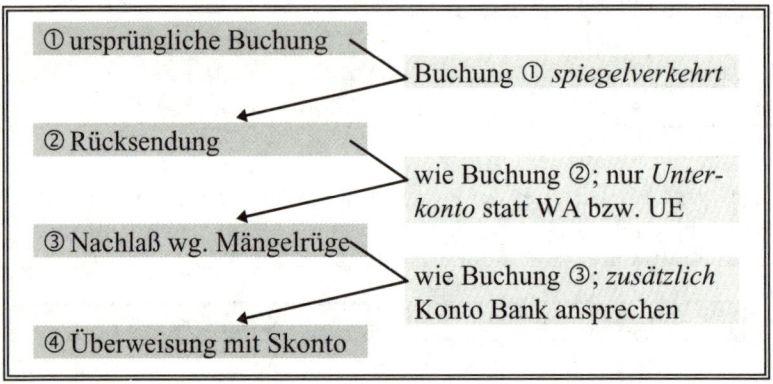

2.3.4 Boni

Ein Bonus (*Umsatzrückvergütung*) wird vom Lieferanten gewährt,[1] wenn innerhalb eines Jahres eine vereinbarte Gesamt-Bestellmenge erreicht wird. Die Buchung erfolgt üblicherweise wie bei Mängelrügen.[2]

Beispiel: Ihr Lieferant gewährt Ihnen einen Bonus (netto) von 2.000 DM. Sie haben noch eine (höhere) Rechnung offen.

Buchung: **Verbindlichkeiten a. LL** **2.320**
         an **Nachlässe für Waren** **2.000**
         an **Vorsteuer** 320

Sind im Einkaufsbereich *keine Rechnungen* des Lieferanten *mehr offen*, so wird statt auf Verbindlichkeiten auf „**Forderungen an Lieferer**" gebucht.

---

[1] Der GVF wird durch eine *Gutschriftsanzeige* als Beleg ausgelöst.

[2] Vgl. S. 74.

Beispiel: Ihr Lieferant gewährt Ihnen den gleichen Bonus, allerdings haben Sie keine Rechnung mehr offen.

Buchung: **Forderungen an Lieferer** **2.320**
    an **Nachlässe für Waren** **2.000**
    an **Vorsteuer** **320**

Analog dazu würde im Verkaufsbereich auf ein spezielles Konto Verbindlichkeiten an Kunden gebucht werden.[1]

2.4 Ausgangsfrachten

Dem Verkäufer z.B. von einer Spedition in Rechnung gestellte Transportkosten (zum Kunden) werden auf dem Aufwandskonto **Ausgangsfrachten** (bzw. „Frachten und Fremdlager") erfaßt.

Beispiel: Für den Transport zum Kunden trifft die ER von der Spedition ein, netto 1.200 DM.

Buchung: **Ausgangsfrachten** **1.200**
    Vorsteuer **192**
    an **Verbindlichkeiten a. LL** **1.392**

☞   *Gilt diese Buchung auch, wenn ich mir die Transportkosten vom Kunden erstatten lassen?*

✍   Ja – schließlich müssen Sie die Spedition bezahlen. Falls Sie dem Kunden die Transportkosten weiterberechnen, erhöhen sie den Wert der Umsatzerlöse in der AR.

Beispiel: Sie verkaufen Ihrem Kunden Waren auf Ziel (20.000 DM netto). Außerdem berechnen Sie ihm Transportkosten in Höhe von 1.200 DM netto (s.o.). Der Gesamtwert beträgt somit 21.200 DM.

---

[1] Wird der Bonus für *unterschiedliche* Waren gewährt, wird im Einkaufsbereich der Nettobonus über „erhaltene Boni" (Ertrag) bzw. im Verkaufsbereich über „gewährte Boni" (Aufwand) gebucht.

Buchung: **Forderungen a. LL**.......................... **24.592**
        an **Umsatzerlöse (für Waren)** **21.200**
        an **Umsatzsteuer**... **3.392**

Weiterberechnete Transportkosten erhöhen also den Wert des Umsatzes. Sie sind ebenfalls mit 7 % zu versteuern, falls Sie Waren zum ermäßigten Steuersatz verkaufen.

Sie kennen nun alle wichtigen Buchungen, die im Rahmen der Beschaffung und beim Absatz vorkommen.[1]

☞ Tip: Falls Sie einmal auf einen Geschäftsvorfall stoßen, der hier nicht beschrieben wurde, beginnen Sie stets mit dem „Anstrich" und überlegen Sie, um was es sich handelt. Hierzu ein Beispiel zur Probe:

Beispiel: Sie erhalten die Monatsabrechnung des für Sie tätigen Handelsvertreters. Seine Nettoprovision beläuft sich demnach auf 3.000 DM.

Wie buchen Sie? Lesen Sie an dieser Stelle nicht weiter, sondern versuchen Sie, die betroffenen Konten zu nennen!

Richtig, einerseits stellt für Sie diese Rechnung mit ihrem Bruttobetrag eine Verbindlichkeit dar, dem gegenüber ist die Steuer zu buchen (für uns Vorsteuer) – fehlt noch das 3. Konto: Sie haben bestimmt vermutet, daß es sich dabei um einen Aufwand handelt, z.B. könnte das Konto „Provisionsaufwand" heißen.
Um sicher zu gehen, schauen Sie am besten im Kontenrahmen nach: Wo? In der Klasse 6 natürlich. Und tatsächlich: Konto 6112 heißt „Vertriebsprovisionen". Damit heißt der komplette Buchungssatz? Eben! Im Zweifelsfall schauen Sie in der Fußnote[2] unten nach.
Und jetzt noch ein Wort zur Steuer:

---

[1] Weitere Buchungen aus der Beziehung zu Lieferanten und Kunden finden Sie in Kap. C 4 – Zahlungsverkehr.
[2] Vertriebsprovisionen 3.000 + VSt 480 / Verbindlicktn. a. LL 3.480.

Auf den Konten **Vorsteuer** und **Umsatzsteuer** werden erfaßt:

S	Vorsteuer	H	S	Umsatzsteuer	H
alle VSt-Beträge aufgrund von ER	**alle Berichtigungen** aufgrund von: • Rücksendungen an Lieferer • Preisnachlässe von Lieferern • Liefererskonti • Erhaltene Boni		**alle Berichtigungen** aufgrund von: • Rücksendungen von Kunden • Preisnachlässe an Kunden • Kundenskonti • Gewährte Boni	**alle USt-Beträge** aufgrund von AR	

Erst *nachdem* alle Berichtigungen gebucht wurden (vor allem auf brutto geführte Konten achten), kann *zum Monatsende* die *Zahllast* bzw. der *VSt-Überhang* ermittelt werden.

☞ **Ü 12**

2.5   Branchenspezifische Besonderheiten

Je nachdem, welcher Kontenrahmen für Sie maßgeblich ist, gibt es gewisse Abweichungen zu den vorliegenden Darstellungen. Diese beschränken sich aber in erster Linie auf 4 Aspekte:

1. Evtl. wird ein Zugang von Stoffen oder Waren zunächst als **Bestandsmehrung** auf dem betreffenden **Vorratskonto** gebucht (z.B. Rohstoffe, Hilfsstoffe, Fremdbauteile und Handelswaren in der Industrie, oder Küchenvorrat bzw. Kellervorrat in der Gastronomie).[1]

---

[1] Daraus ergeben sich Abweichungen bei der Verbrauchs- und Inventurbuchung; vgl. Kap. C 3.1.

2. Für **Berichtigungen** werden z.B. in der Industrie oder im Groß-
   und Außenhandel *ebenfalls Unterkonten* eingerichtet, weil sie der
   Übersichtlichkeit und Wirtschaftlichkeitskontrolle dienen. In der
   Gastronomie beispielsweise sind sie von untergeordneter Be-
   deutung. Korrekturen werden dort direkt auf den Vorrats- bzw.
   Umsatzkonten gebucht.

3. Die **Kontenbezeichnung** kann leicht abweichen, z.B. heißt es
   im Handel „Waren" bzw. „Frachten und Fremdlager", wo die
   Industrie statt dessen die Bezeichnungen „Handelswaren" bzw.
   „Ausgangsfrachten" verwendet.

4. In den einzelnen Kontenrahmen sind die **Konten** verschieden
   tief **untergliedert**, so werden z.B. in der Industrie für die einzelnen Stoffe Konten eingerichtet, im Handel dafür für die verschiedenen Warengruppen – im Groß- und Außenhandel bilden
   die Warenkonten sogar eine eigene Kontenklasse.

3   Buchungen in der Produktion[1]
3.1   Verbrauch von Stoffen und Waren

Wenn Sie die Stromrechnung erhalten (bzw. vom Bankkonto abgebucht wird), haben sie den Strom längst *verbraucht*. Sie buchen
deshalb:

Buchung: **Betriebsstoffaufwand[2]** 4.000
         Vorsteuer.............................. 640
         an **Verbindlichkeiten a. LL (bzw. Bank)** 4.640

Anders sähe es aus, wenn Sie z.B. Heizöl geliefert bekommen. In
diesem Fall buchen Sie den Nettowert zunächst als Zugang auf
Ihrem Vorratskonto Betriebsstoffe.

---

[1] Die klassische Produktion als Bereich der Sachgüterherstellung ist
z.B. in der Industrie zu finden. Für den Handel liegt hier dem Begriff
„Produktion" eine erweiterte Definition zugrunde, nämlich die Erstellung einer Dienstleistung.

[2] Kann auch auf Stromkosten, Energiekosten o.ä. gebucht werden.

BS ①:	**Betriebsstoffvorrat**	**4.000**
	Vorsteuer	**640**
	an **Verbindlichkeiten a. LL**	**4.640**

Am Jahresende ermitteln Sie per Inventur den Schlußbestand (von z.B. 500 DM):

| BS ②: | **SBK** .... | **500** |
| | an **Betriebsstoffvorrat** .... | **500** |

Damit ergibt sich auf dem Bestandskonto ein Saldo in Höhe des Verbrauchs von 3.500 DM:

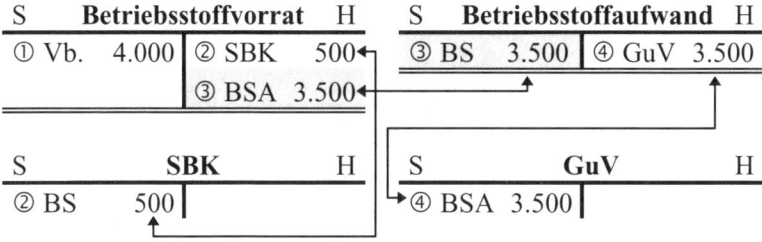

Schließlich muß der Verbrauch noch gebucht werden:

| BS ③: | **Betriebsstoffaufwand** .... | **3.500** |
| | an **Betriebsstoffvorrat** .... | **3.500** |

Die hier beschriebene Methodik gilt immer, wenn Sie den Einkauf der Vorräte zunächst auf dem betreffenden Bestandskonto und den *Verbrauch erst mit der Inventur* erfassen, z.B. auch bei Hilfsstoffen in der Industrie oder Gewürzen in der Gastronomie. Bei dieser **Inventurmethode** gilt die Gleichung:

$$\text{AB} + \text{Zugänge} - \text{SB} = \text{Verbrauch}$$

Statt dessen können Sie bei geeigneten Gütern auch *jeden* einzelnen *Verbrauch buchen*; Sie dokumentieren diesen durch einen

Waren- bzw. Materialentnahmeschein. Die obige Buchung Nr. ③
findet dann mehrmals statt, zum Schluß wird der Inventurbestand
ermittelt (BS ②).Im Beispiel wären dann auf dem Bestandskonto
Betriebsstoffvorrat die Buchungen ② und ③ in umgekehrter Reihenfolge erfolgt.

Für diese Fortschreibungs- oder **Skontrationsmethode** gilt:

AB + Zugänge – (jeder) Verbrauch = SB

Die gezeigten Darstellungen gelten generell für alle Branchen.
Alles klar? Dann wenden wir uns jetzt speziell dem **Handel** zu;
dort stoßen Sie auf drei unterschiedliche *Warenkonten*:

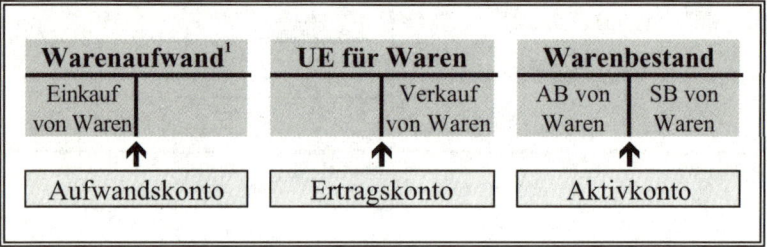

Anders als eben wird hier jeder Einkauf von Waren *sofort als Warenaufwand* gebucht (wie Sie das schon kennen), und zwar zum
Einkaufspreis. Die Umsatzerlöse erfassen jeden Verkauf zum Ver-
kaufspreis. In der GuV stehen sich nach dem Kontenabschluß
Mitteleinsatz und erzielter Erlös gegenüber.

Beispiel: Im letzten Jahr kauften Sie 400 Fahrräder eines bestimmten Modells für je 250 DM netto. Sie verkauften
die 400 Räder für je 400 DM netto.

S	GuV	H
Warenaufwand:	Umsatzerlös:	
400 · 250 DM = **100.000 DM**	400 · 400 DM = **160.000 DM**	

---

[1] Im Groß- und Außenhandel „Wareneingang" genannt.

Der Saldo von 60.000 DM ergibt *nicht* den Gewinn, da Sie davon noch weitere Kosten decken müssen (z.b. Personalkosten, Büromaterial, Steuern, Versicherungen usw.).

Diese Größe nennt man **Rohgewinn**. Der Rohgewinn in DM zum Wareneinsatz ins Verhältnis gesetzt, ergibt den **Rohaufschlag** (in %); im Beispiel:

$$\frac{\text{Rohgewinn}}{\text{Wareneinsatz}} = \frac{60.000\ \text{DM}}{100.000\ \text{DM}} = 60\%$$

☞ *Jetzt bin ich etwas verwirrt. Daß Strom oder Wasser direkt als Aufwand gebucht werden, sehe ich ein – warum aber Waren? Die sind doch zunächst in meinem Lager und mehren deshalb mein Vermögen!*

▲ Das ist eigentlich richtig, ist aber eine branchenspezifische Besonderheit. Außerdem, wie Sie bei der Gegenüberstellung der Inventur- und der Skontrationsmethode sahen, führen beide Techniken zum gleichen Ergebnis: Entweder der Verbrauch wird nach Abzug des Schlußbestandes ermittelt, oder der Schlußbestand ergibt sich nach Abzug jedes Verbrauchs.

☞ *Gut. Noch eine Frage zum Rohgewinn. Gibt es da eine Kennzahl, die mir anzeigt, wieviel DM ich vom Umsatzerlös für Waren aufgewendet habe?*

▲ Ja, das nennt man die **Wareneinsatzquote**. Sie wird so berechnet:

$$\frac{\text{Wareneinsatz}}{\text{Umsatzerlös}} = \frac{100.000\ \text{DM}}{160.000\ \text{DM}} = 62{,}5\%$$

Bei der hier vorgestellten Buchung gingen wir davon aus, daß die *Stückzahlen* der eingekauften und der verkauften Waren **identisch** waren; das wird i.d.R. aber nicht der Fall sein: Im einen Jahr *kaufen Sie mehr ein, als verkauft wird*, im anderen Jahr ist es umgekehrt. Solchen Fällen wenden wir uns im folgenden Kapitel zu.

3.2 Mehr- und Minderbestände

Zu einem Mehrbestand kommt es, wenn in einem *Jahr weniger verkauft als eingekauft* wurde; in anderen Worten:

SB > AB oder **Einkaufsmenge > Verkaufsmenge**

Beispiel: Sie haben im vergangen Jahr 400 Fahrräder à 250 DM gekauft, davon aber nur 300 für je 400 DM verkauft.

Um den **Rohgewinn** zu ermitteln, müssen sich in der GuV die Umsatzerlöse und der Warenaufwand auf die *gleiche* Stückzahl (hier: 300 Fahrräder) beziehen. Dazu dient eine solche Rechnung:

Vorgang	Stück je Stückpreis	DM
Wareneinkäufe	400 Fahrräder à 250 DM =	100.000 DM
− Bestandsmehrung	100 Fahrräder à 250 DM =	25.000 DM
= Wareneinsatz	300 Fahrräder à 250 DM =	75.000 DM
Umsatzerlöse	300 Fahrräder à 400 DM =	120.000 DM
= Rohgewinn	300 Fahrräder à 150 DM =	45.000 DM

Wir schauen uns die Situation im Zusammenhang an:

① Zielkauf von 400 Fahrrädern, netto 100.000 DM

BS ①: **Warenaufwand** **100.000**
         Vorsteuer **16.000**
         an **Verbindlichkeiten a. LL** **116.000**

② Verkauf von 300 Fahrrädern, netto 120.000 DM[1]

BS ②: **Kasse** **139.200**
         an **Umsatzerlöse** **120.000**
         an **Umsatzsteuer** **19.200**

---

[1] Alle Verkäufe sind hier wegen der besseren Übersicht zu *einem* summarischen Verkauf zusammengefaßt.

③ SB lt. Inventur, 100 Fahrräder = 25.000 DM

BS ③: **SBK an Warenvorrat** **25.000**

④ Bestandsmehrung: 100 Fahrräder = 25.000 DM. Grund: im Moment wären noch 400 Fahrräder als Warenaufwand gebucht; das ist zuviel, da nur 300 verkauft wurden. Die restlichen 100 stellen eine **Bestandsmehrung** dar und werden auf das Warenvorratskonto gebucht.

BS ④: **Warenvorrat an Warenaufwand** **25.000**

⑤ Kontenabschluß „Warenaufwand" = Einsatz von 75.000 DM

BS ⑤: **GuV an Warenaufwand** **75.000**

⑥ Kontenabschluß „Umsatzerlöse" = Ertrag von 120.000 DM

BS ⑥: **Umsatzerlöse an GuV** **120.000**

Das Hauptbuch zeigt die betroffenen Konten:

S	Warenaufwand	H		S	Umsatzerlöse f. Waren	H
①Vb. 100.000	④WV 25.000			⑥GuV 120.000	②Ka. 120.000	
	⑤GuV 75.000					

S	Warenvorrat	H
④WA 25.000	③SBK 25.000	

S	SBK	H		S	GuV	H
③WV 25.000				⑤WA 75.000	⑥UE 120.000	

Was ist geschehen? Aufgrund der Inventur wurde auf dem Konto Warenvorrat der SB = 25.000 DM gebucht (BS ③). Um das Konto im Soll auszugleichen, werden diese 25.000 DM vom Warenaufwand „angefordert" (BS ④). Dort steht als Saldo der tatsächliche *Wareneinsatz* in Höhe von 75.000 DM.

Anschließend wurden die Erfolgskonten abgeschlossen (⑤ und ⑥).

In einem der folgenden Jahre kann es auch zu **Minderbeständen** kommen, d.h., daß *mehr verkauft* wurde *als eingekauft*; oder kurz:

SB < AB oder Einkaufsmenge < Verkaufsmenge

Beispiel: Sie haben im Folgejahr 400 Fahrräder à 250 DM gekauft, aber insgesamt 460 Stück für je 400 DM verkauft.

Auch hier zunächst eine Tabelle, die den **Rohgewinn** ermittelt:

Vorgang	Stück je Stückpreis	DM
Wareneinkäufe	400 Fahrräder à 250 DM =	100.000 DM
+ Bestandsminderung	60 Fahrräder à 250 DM =	15.000 DM
= Wareneinsatz	460 Fahrräder à 250 DM =	115.000 DM
Umsatzerlöse	460 Fahrräder à 400 DM =	184.000 DM
= Rohgewinn	460 Fahrräder à 150 DM =	69.000 DM

Die einzelnen GVF lauten (Die Fälle ① und ② sind eh klar):

③ Da Sie 60 Fahrräder mehr verkauft als eingekauft haben, stammen diese offensichtlich aus dem Lagerbestand (von vorher 100 Stück). Die Inventur ergibt deshalb:
SB lt. Inventur, 40 Fahrräder = 10.000 DM.

BS ③: **SBK** an **Warenvorrat** **10.000**

④ Bestandsminderung: 60 Fahrräder = 15.000 DM; Grund: im Moment wären noch 400 Fahrräder als Warenaufwand gebucht; das ist zu wenig, da insgesamt 460 verkauft wurden.
Die zusätzlichen 60 haben Sie dem Lager entnommen; sie stellen eine **Bestandsminderung** dar und werden auf dem Warenvorratskonto ausgebucht.

BS ④: **Warenaufwand** an **Warenvorrat** **15.000**

⑤ Kontenabschluß „Warenaufwand":
Insgesamt ergibt sich ein Wareneinsatz von 115.000 DM, zusammengesetzt aus den Einkäufen des Jahres (100.000 DM) und der Entnahme aus dem Lager (15.000 DM)

BS ⑤: GuV an Warenaufwand **115.000**

⑥ Kontenabschluß „Umsatzerlöse" = Ertrag von 184.000 DM

BS ⑥: Umsatzerlöse an GuV **184.000**

Die Konten sehen wie folgt aus:

S	Warenaufwand	H	S	Umsatzerlöse f. Waren	H
①Vb. 100.000	⑤GuV 115.000		⑥GuV 184.000	②Ka. 184.000	
④WV 15.000					

S	Warenvorrat	H
AB 25.000	③SBK 10.000	
	④WA 15.000	

S	SBK	H	S	GuV	H
③WV 10.000			⑤WA 115.000	⑥UE 184.000	

Der wesentliche *Unterschied zur* Bestands*mehrung* besteht im Fall der Buchung Nr. ④. Die Kernbuchungen gegenübergestellt zeigen:

SB > AB = Bestands*mehrung*:	**Warenvorrat an Warenaufwand**
SB < AB = Bestands*minderung*:	**Warenaufwand an Warenvorrat**

Auf dem Konto Warenaufwand ergibt sich dabei:

- **Wareneinkäufe – Best.erhöhung   = tatsächl. Wareneinsatz**
- **Wareneinkäufe + Best.minderung = tatsächl. Wareneinsatz**

✏ **Ü 13**

3.3   Branchenspezifische Besonderheiten

In der **Industrie** können Einkauf, Verkauf und Verbrauch z.B. von Rohstoffen genauso gebucht werden, wie Sie es bereits kennen. Dies macht vor allem dann Sinn, wenn die Lieferung *direkt in die Produktion einmündet* („Just-in-Time") oder wenn der Industriebetrieb auf seinem Firmengelände Kommissionslager des Lieferanten unterhält.

Beispiel: Eine Möbelfabrik erhält eine Lieferung Holz im Wert von 20.000 DM, per Inventur wird ein SB von 5.000 DM ermittelt; der Verbrauch beträgt somit 15.000 DM.

BS ①: **Rohstoffaufwand** **20.000**
         Vorsteuer.. **3.200**
         an **Verbindlichkeiten a. LL**...................... **23.200**

BS ②: **SBK** an **Rohstoffvorrat** **5.000**

BS ③: **Rohstoffvorrat** an **Rohstoffaufwand**.......... **5.000**

BS ④: **GuV** an **Rohstoffaufwand** **15.000**

Rohstoffe im Wert von 5.000 DM wurden nicht verbraucht; der *Saldo* auf dem Konto Rohstoffaufwand gibt den tatsächlichen *Verbrauch* von Rohstoffen wieder (= 15.000 DM).

Wurde der Einkauf *statt dessen* zunächst über das *Aktiv*konto Rohstoffvorrat gebucht, ergeben sich die folgenden Buchungen:

BS ①: **Rohstoffvorrat** **20.000**
         Vorsteuer.. **3.200**
         an **Verbindlichkeiten a. LL**...................... **23.200**

BS ②: **SBK** an **Rohstoffvorrat** **5.000**

BS ③: **Rohstoffaufwand** an **Rohstoffvorrat**........... **15.000**

BS ④: **GuV** an **Rohstoffaufwand** **15.000**

Wieso sind beim BS ③ einmal 5.000 DM, das andere Mal 15.000 DM gebucht? Ist das nicht falsch?

Nein. Im ersten Fall hatten wir zunächst 20.000 DM als Aufwand gebucht und müssen diesen Wert nun um 5.000 DM korrigieren. Im 2. Fall war noch kein Verbrauch gebucht – erst jetzt wird der gesamte Verbrauch (15.000 DM) erfaßt.

O.k., und welche Version ist vorzuziehen?

Das hängt letztlich von den betrieblichen Gegebenheiten ab. Die 2. Version zeigt allerdings deutlicher den **Güterstrom** bei der Leistungserstellung:

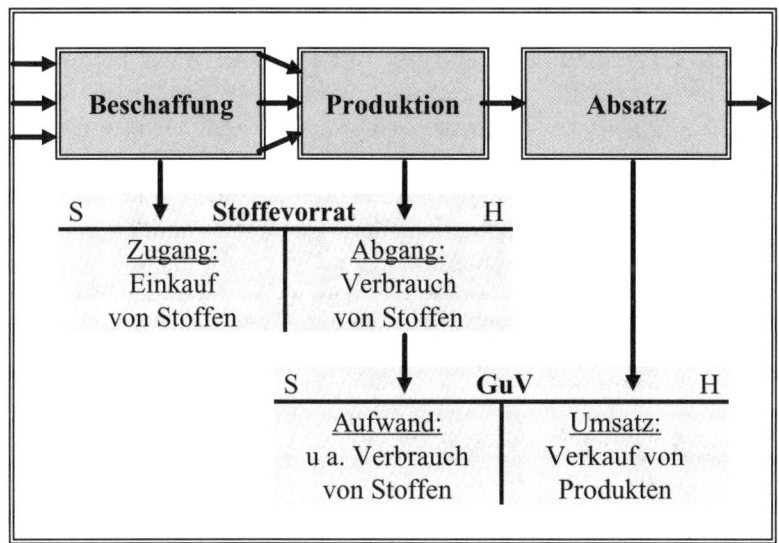

Im Industriebetrieb gibt's also Stoffevorräte und Stoffeaufwand. Was zählt denn eigentlich alles dazu?

Machen wir es am Beispiel eines Autoherstellers fest: Er kauft **Rohstoffe** (z.B. Bleche) ein, **Hilfsstoffe** (z.B. Schrauben), **Betriebsstoffe** (z.B. Strom), **Fremdbauteile** (z.B.

Reifen oder Lichtmaschine) sowie **Handelswaren** (z.B. Autoradio als wahlweises Zubehör).

F *Das sind dann alle Vorräte?*

A Nein, Sie werden gleich zwei weitere kennenlernen, nämlich **Unfertige** und **Fertigerzeugnisse**.

F *Im Industriebetrieb gibt's doch sicher auch Mehr- und Minderbestände, oder?*

A Ja, nur werden sie etwas anders gebucht als im Handel:

Im Gegensatz zum Handel werden **in der Industrie**[1] viele stoffliche Produktionsfaktoren miteinander kombiniert, *um daraus neue Produkte herzustellen*. Sind diese Vorräte einmal in den Produktionsprozeß eingeflossen, sind sie in ihrer ursprünglichen Form nicht mehr vorhanden: Wurde der Leistungsprozeß beendet, ist als Ergebnis *ein neues Produkt* (Fertigerzeugnis) entstanden, im anderen Fall ein unfertiges Erzeugnis. Bei diesen beiden Vorratskonten kann es deshalb zu **Bestandsveränderungen** kommen; dabei gilt für **Mehrbestände** die Gleichung:

SB > AB oder **hergestellte Menge > Verkaufsmenge**

bzw. für **Minderbestände**:

SB < AB oder **hergestellte Menge < Verkaufsmenge**

Beispiel: Diese Daten eines Industriebetriebs liegen vor:
AB Unfertigen Erzeugnisse (Unf.E) = 20.000 DM
SB Unfertige Erzeugnisse = 32.000 DM
AB Fertigerzeugnisse (FE) = 50.000 DM
SB Fertigerzeugnisse = 45.000 DM.

---

[1] Der nachfolgende Sachverhalt gilt auch für die Gastronomie, wo z.B. im alten Jahr eine Torte für eine Hochzeit am folgenden 2. Jan. hergestellt wird: Im alten Jahr gäbe es dadurch einen Mehr- im neuen Jahr einen Minderbestand.

Sie erkennen sofort, daß im Falle der Unf.E eine Bestands*erhöhung* um 12.000 DM, bei den FE eine *Minderung* um 5.000 DM vorliegt. *Insgesamt* haben die Bestände um 7.000 DM *zugenommen*.

Und so wird gebucht:

① Buchung des SB der Unf.E = 32.000 DM.

BS ①: **SBK an Unfertige Erzeugnisse** **32.000**

② Buchung des SB der FE = 45.000 DM.

BS ②: **SBK an Fertigerzeugnisse** **45.000**

③ Buchen des *Mehr*bestands an Unf.E = 12.000 DM; die Gegenbuchung erfolgt über das Konto **Bestandsveränderungen** (BV).

BS ③: **Unfertige Erzeugnisse** **12.000**
         an **Bestandsveränderungen** **12.000**

④ Buchen des *Minder*bestands an FE = 5.000 DM; auch hier erfolgt die Gegenbuchung über „Bestandsveränderungen".
Das ist ein *spezielles Erfolgskonto*, das im *Soll Aufwands-*, im *Haben Ertragscharakter* hat. Bestandsminderungen stehen deshalb im Soll, weil Fertigerzeugnisse *verbraucht* wurden.

BS ④: **Bestandsveränderungen** **5.000**
         an **Fertigerzeugnisse** **5.000**

⑤ Abschluß des Kontos BV mit einem Saldo von 7.000 DM (insgesamt eine Mehrung) über GuV

BS ⑤: **Bestandsveränderungen an GuV** **7.000**

Schauen wir uns die Konten an:

S	Fertigerzeugnisse	H
AB	50.000	②SBK 45.000
		④BV 5.000

S	Unfertige Erzeugnisse	H
AB	20.000	①SBK 32.000
③BV	12.000	

S	Bestandsveränderungen	H
④FE	5.000	③Unf.E 12.000
⑤GuV	7.000	

S	SBK	H
①Unf.E 32.000		
②FE 45.000		

S	GuV	H
...		⑤BV 7.000

F *Fertigerzeugnis – ist das ein von uns hergestelltes Produkt, das ich genau so verkaufen könnte?*

A Ja, genau.

F *Was wäre denn z.B. ein unfertiges Erzeugnis?*

A Im Automobilbereich z.B. eine zusammengeschweißte Karosserie, in einer Möbelfabrik ein Schrank, bei dem die Beschläge fehlen, oder bei einem Computer z.B., wenn die Endkontrolle noch nicht durchgeführt wurde.

F *Wieso stellt der Mehrbestand einen Ertrag dar?*

A Dieses Ertragskonto weist aus, daß der betriebliche Leistungsprozeß *ein neues Produkt erstellt* hat – unabhängig davon, ob es auch verkauft wurde. Zu den betrieblichen Leistungen zählen die Absatzleistung (z.B. Umsatzerlöse) und die Lagerleistung (Mehrbestände).

F *Gut. Und der Minderbestand gilt als Aufwand?*

A Ja, weil Sie Erzeugnisse *verbraucht* haben. In der GuV stehen sich dann die Bestandsveränderungen im Soll und die damit erzielten Umsatzerlöse im Haben gegenüber.

✏ **Ü 14**

☞ Legen Sie bei Aufgaben dieses **Vorgehensraster** zugrunde:

---

1. Zunächst buchen Sie alle GVF der Periode.

2. Schließen Sie dann die folgenden Konten ab:

- Privatkonten: **- Eigenkapital / Privatentnahmen**
                             - Privateinlagen / Eigenkapital

- Unterkonten, z.b.:   **- Stoffe(aufwand) / Bezugskosten**
                             - Nachlässe / Stoffe(aufwand)
                             - Umsatzerlöse / Erlösberichtig.

- Verbrauch buchen: **- Stoffaufwand / Stoffevorrat**

- Bestandsveränderungen in der Industrie:
  - bei Bestandserhöhung: **- (Un)Fertige Erzeugnisse / BV**
  - bei Bestandminderung: **- BV / (Un)Fertige Erzeugnisse**

- Buchung der Bestandsveränderungen im Handel:
  - bei Bestandserhöhung: **- Warenvorrat / Warenaufwand**
  - bei Bestandsminderung: **- Warenaufwand / Warenvorrat**

- Umsatz- und Vorsteuer: **- Umsatzsteuer / Vorsteuer**

3. Daran schließen sich die Abschlußbuchungen an:

- Erfolgskonten GuV: **- GuV / Aufwandskonten**
                             - Erfolgskonten / GuV

- GuV über EK: - bei Gewinn: **- GuV / Eigenkapital**
               - bei Verlust: **- Eigenkapital / GuV**

- Bestandskonten über SBK: **- SBK / Aktivkonten**
                             - Passivkonten / SBK

So, das war ein ziemliches Stück Arbeit, gelt? Sie kennen jetzt die branchentypischen Buchungen im Einkauf, im Verkauf und in der Produktion.

Damit wird's Zeit für etwas völlig Anderes; wir widmen uns nun den Buchungen im Zahlungsverkehr – und die sind viel einfacher; gönnen Sie sich erst mal eine Verschnaufpause, dann geht's weiter.

4   Buchungen im Zahlungsverkehr

Ihre Vertragsgestaltung kann bezüglich der Zahlung vielfältige For-
men annehmen: Vorauskasse, Anzahlung, Zahlung gegen Ware oder
im Nachhinein beziehen sich auf den Zeitpunkt der Zahlung. Außerdem kann eine Zahlung z.B. durch Wechsel gesichert werden.

Wie ein roter Faden zieht sich durchs gesamte Kapitel die Tatsa-
che, daß die vorgestellten Zahlungsmöglichkeiten sowohl im *Ein-
kaufs-* als auch im *Verkaufsbereich* denkbar sind. Prinzipiell sind
beide Buchungen dabei *zueinander genau gegenläufig.*

4.1   Anzahlungen

Anzahlungen spielen gerade bei größeren Lieferungen eine wesentliche Rolle: Als Lieferant haben Sie dadurch eine **Vorfinan-
zierung** und zudem einen Teilbetrag bereits sicher erhalten.

- Anzahlungen, die Sie von Ihrem Kunden erhalten, werden als
  Erhaltene Anzahlungen auf Bestellungen[1] erfaßt; sie stellen
  eine Schuld auf Warenlieferung dar (Passivkonto).
- Anzahlungen, die Sie an Ihren Lieferanten leisten, werden als
  spezielle Forderung auf 2 Aktivkonten erfaßt: **Geleistete Anzahlungen auf AV**, wenn Sie z.B. eine Maschine bestellen,
  bzw. **Geleistete Anzahlungen auf Vorräte.**[2]

Schauen wir uns zunächst die Anzahlungen im **Einkaufsbereich** an:

Beispiel: Sie bestellen bei Ihrem Großhändler Waren im Wert von
          30.000 DM. Lt. Vertrag sind 20 % als Anzahlung fällig.[3]

---

[1] In manchen Kontenrahmen auch „Kundenanzahlungen" genannt.

[2] Vgl. hierzu die Darstellung auf S. 55.

[3] Da in Deutschland Anzahlungen steuerpflichtig sind, ist der Nettowert und die darauf anfallende Umsatzsteuer auszuweisen.

① Sie überweisen den Anzahlungsbetrag: 20 % = 6.000 DM netto zzgl. 960 DM USt = 6.960 DM.

BS ①:	Geleist. Anzahlungen a. Vorräte....	6.000	
	Vorsteuer...................................	960	
	an Bank....................................		6.960

② Sie erhalten die Waren und die Rechnung; darin ist Ihre restliche Verbindlichkeit von 24.000 DM netto zzgl. USt ausgewiesen.

BS ②:	Warenaufwand......................	30.000	
	Vorsteuer............................	3.840	
	an Geleist. Anzahlungen a. Vorräte...........		6.000
	an Verbindlichkeiten a. LL......................		27.840

Sie haben also einerseits den Warenaufwand in voller Höhe gebucht sowie die Vorsteuer, die auf die restliche Nettoschuld anfällt, nämlich $24.000 \text{ DM} \cdot 16 \% = 3.848 \text{ DM}$. Das Konto „Geleistete Anzahlungen" wurde aufgelöst; die Verbindlichkeit weist die restliche Schuld brutto aus.

③ Abschließend überweisen Sie den Restbetrag.[1]

BS ③:	Verbindlichkeiten a. LL	27.840	
	an Bank....................................		27.840

Sehen Sie, das war gar nicht so schwer. Bestimmt fällt es Ihnen jetzt leicht, die Buchungen bei einer *erhaltenen* Anzahlung zu nennen! Für den **Verkaufsbereich** stellen wir uns die gleiche Situation aus Sicht Ihres Lieferanten vor:

BS ①:	Bank.....................................	6.960	
	an Erhalt. Anzahlungen a. Bestell.............		6.000
	an Umsatzsteuer............................		960

---

[1] Falls Sie unter Abzug von Skonto bezahlen, darf sich dieser natürlich nur auf die Restschuld von 27.840 DM berechnen.

BS ②:	Erhalt. Anzahlungen a. Bestell......	6.000	
	Forderungen a. LL........................	27.840	
	an **Umsatzerlöse**...		30.000
	an **Umsatzsteuer**...		3.840

BS ③:	**Bank**...	27.840	
	an **Forderungen a. LL**......................		27.840

Eine Variation dieser Buchungen ergibt sich, wenn *mehrere* **Teilzahlungen** vereinbart sind: dann wiederholt sich der BS ① mehrmals; im BS ② werden dann die Forderungen und die USt entsprechend niedriger ausgewiesen.

F   *Was passiert, wenn eine Anzahlung für eine Lieferung im nächsten Jahr erfolgt?*

A   Die obigen Buchungen bleiben unverändert. Zum 31. Dez. müssen Sie die Anzahlungen natürlich über SBK abschließen und die Konten zum 1. Januar wieder eröffnen. Wie das geht, ist Ihnen bestimmt klar:

- **SBK** an **Geleistete Anzahlungen** (Aktivkonto) bzw.
- **Erhaltene Anzahlungen** an **SBK** (Passivkonto)

4.2   Provisionen

Für Provisionen gilt ebenfalls, daß sie sowohl im Einkaufs- als auch im Verkaufsbereich anfallen können: Sie sind grundsätzlich[1] *USt-pflichtig* und stellen als Vertriebsprovision[2] einen Aufwand dar, als erhaltene Provision einen Ertrag.

Sehen Sie mal im Kontenrahmen nach: Sie finden dort **Sonstige Umsatzerlöse** (z.B. Provisionen) und **Vertriebsprovisionen**.

---

[1] Ausnahme ist z.B. die Vermittlung von Versicherungen; diese ist steuerfrei.

[2] Vertriebsprovisionen haben Sie bereits auf S. 84 kennengelernt.

Beispiel: Sie erhalten von Ihrem Großhändler eine Provision für die Vermittlung eines neuen Kunden über 2.000 DM netto.

Buchung: **Bank**.. **2.320**
an **Sonstige Umsatzerlöse**...................... **2.000**
an **Umsatzsteuer**...................................... **320**

Falls die Provision an eine bestimmte Umsatzhöhe gebunden ist, bemißt sich die *Nettoprovision* nach dem *Bruttoumsatz*! Wie bitte? Ja, genau: die Provision wird vom Bruttoumsatz berechnet, anschließend wird auf die Provision USt aufgeschlagen. Ein solcher Fall entsteht beispielsweise, wenn Ihre Kunden per Kreditkarte bezahlen.

Beispiel: Einer Ihrer Kunden kauft Waren im Wert von 2.000 DM per Kreditkarte. Das Kreditkarteninstitut berechnet Ihnen für seinen Service 4 % auf den Bruttoumsatz und überweist Ihnen den Restbetrag.

① Der Kunde bezahlt die gekauften Waren per Kreditkarte: 2.000 DM + 320 DM USt = 2.320 DM brutto.

BS ①: **Forderungen a. LL**...................... **2.320**
an **Umsatzerlöse**............................ **2.000**
an **Umsatzsteuer**............................ **320**

② Sie erhalten die Abrechnung des Kreditkarteninstituts: 4 % auf 2.320 DM = 92,80 DM Nettoprovision; darauf 16 % (= 14,85 DM) ergibt die Bruttoprovision von 107,65 DM.

Um diesen Betrag mindert sich die Gutschrift auf Ihrem Bankkonto – Sie bekommen demnach nur 2.212,35 DM überwiesen.

BS ②: **Vertriebsprovisionen**.............. **92,80**
Vorsteuer................................ **14,85**
Bank...................................... **2.212,35**
an **Forderungen a. LL**.................... **2.320,00**

In der Praxis gibt es Abweichungen zur genannten Vorgehensweise: Beispielsweise müßten Sie nicht über das Konto Forderungen a. LL zwischenbuchen; statt dessen könnten Sie beide Buchungen zusammenfassen, da Sie *zeitnah* buchen. Dann hieße es direkt:

Buchung: **Vertriebsprovisionen** **92,80**
          Vorsteuer.................   **14,85**
          Bank...................   **2.212,35**
          an **Umsatzerlöse**.............................   **2.000,00**
          an **Umsatzsteuer**.............................   **320,00**

Branchenspezifisch gibt es vor allem bei der Kontenbezeichnung Abweichungen: Im **Reisebüro** z.B. sind Provisionserträge naturgemäß stärker untergliedert, da Sie dort die wichtigste Ertragsquelle sind. In der **Hotellerie und Gastronomie** werden Provisionen z.B. auch an Reisebüros für die Vermittlung von Gästen bezahlt.

4.3   Schecks

Zahlungen per Scheck gehören zum Alltag Ihres Betriebes: Sie stellen eigene Schecks aus oder nehmen Kundenschecks an.

Für **eigene Schecks**, die Sie Ihrem Lieferanten zur Zahlung geben, wird *kein eigenes Konto* eingerichtet. Sie werden erst gebucht, wenn die Bank Sie mit dem Scheckbetrag belastet.

Beispiel: Zur Begleichung Ihrer Schuld über 1.200 DM gaben Sie Ihrem Lieferanten einen Scheck. Sie buchen aufgrund des Bankkontoauszugs.

Buchung: **Verbindlichkeiten a. LL** **1.200**
          an **Bank**.......................   **1.200**

Kundenschecks könnten ebenfalls erst gebucht werden, wenn die Bankgutschrift erfolgt:

Buchung: **Bank** an **Forderungen a. LL**

Statt dessen können Sie auf dem Konto (erhaltene) **Schecks** zwischenbuchen. Begleicht der Kunde die Forderung per Scheck, buchen Sie zunächst:

Buchung: **Schecks an Forderungen a. LL**

Nach der Gutschrift lösen Sie das vorübergehend eingerichtete Konto „Schecks" wieder auf:

Buchung: **Bank an Schecks**

👉 **Ü 15**

4.4 Wechsel
4.4.1 Besitz- und Schuldwechsel

Verkaufen Sie Ihrem Kunden eine Lieferung auf Ziel, können Sie Ihre *Forderung durch einen Wechsel absichern*. In diesem Fall ziehen Sie auf Ihren Kunden einen Wechsel, d.h. Sie stellen den Wechsel aus und schicken ihn dem Kunden. Dieser akzeptiert ihn, indem er unterschreibt, und schickt ihn zurück. Für Sie ist das ein **Besitzwechsel** (Aktivkonto), also eine *wechselmäßig verbriefte Forderung*.

Aus Sicht des Kunden handelt es sich um eine *Wechelschuld*, die deshalb auf dem Passivkonto **Schuldwechsel** gebucht wird. Da mit dem Wechsel ein Kredit verbunden ist – z.B. muß der Kunde erst bei Vorlage des Wechsels in drei Monaten zahlen –, wird dem Wechselschuldner *Wechselzins* berechnet, der sog. **Diskont**, und zwar mit Hilfe der Zinsformel:

$$\frac{\textbf{Wechselbetrag} \cdot \textbf{Diskontsatz} \cdot \textbf{Tage}}{\textbf{100} \cdot \textbf{360}} = \frac{\textbf{K} \cdot \textbf{p} \cdot \textbf{t}}{\textbf{100} \cdot \textbf{360}}$$

Für den Wechselschuldner stellt der Diskont einen Aufwand dar, für den Wechselgläubiger einen Ertrag. Dazu sind die Konten **Diskontaufwand** bzw. **Diskontertrag** vorgesehen.[1]

Üblicherweise wird der Diskont *gesondert* in Rechnung gestellt.

Beispiel: Sie verkaufen Ihrem Kunden Waren (netto 6.000 DM); Ihr Kunde bittet Sie um Wechselziehung und akzeptiert den Wechsel. Für die Laufzeit von 90 Tagen berechnen Sie 8 % Diskont.

Zum besseren Vergleich schauen wir uns die Buchungen bei Ihrem Kunden gleich mit an:

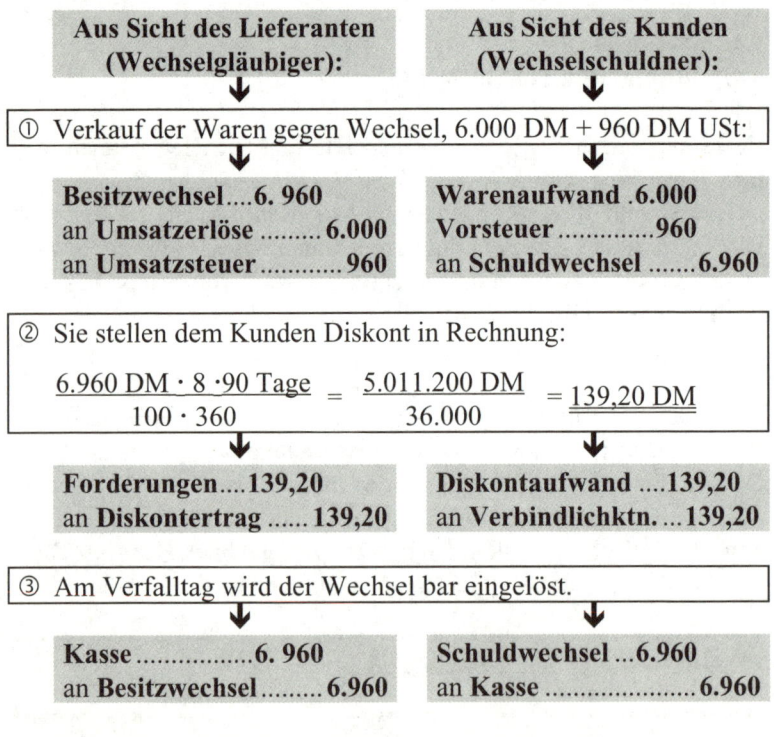

Aus Sicht des Lieferanten (Wechselgläubiger):	Aus Sicht des Kunden (Wechselschuldner):
① Verkauf der Waren gegen Wechsel, 6.000 DM + 960 DM USt:	
Besitzwechsel....6. 960 an **Umsatzerlöse** .... 6.000 an **Umsatzsteuer** 960	**Warenaufwand** .6.000 **Vorsteuer** .... 960 an **Schuldwechsel** 6.960
② Sie stellen dem Kunden Diskont in Rechnung: $$\frac{6.960\ DM \cdot 8 \cdot 90\ Tage}{100 \cdot 360} = \frac{5.011.200\ DM}{36.000} = \underline{139,20\ DM}$$	
Forderungen....139,20 an **Diskontertrag** 139,20	**Diskontaufwand** ....139,20 an **Verbindlichktn.** ...139,20
③ Am Verfalltag wird der Wechsel bar eingelöst.	
Kasse ....6. 960 an **Besitzwechsel** 6.960	**Schuldwechsel** ...6.960 an **Kasse** 6.960

---

[1] Je nach Kontenrahmen wird ggf. auf Zinsaufwand bzw. Zinsertrag oder auf Zinsähnl. Aufwand bzw. Zinsähnl. Ertrag gebucht.

F *Das ist gar nicht so schwer – aus Lieferanten- und Kundensicht sind die Buchungen eigentlich wieder gerade* spiegelverkehrt, *oder?*

A Genau: Wenn es bei Ihnen z.b. „Kasse an (Besitz)Wechsel" heißt, lautet die Buchung beim Kunden „(Schuld) Wechsel an Kasse".

F *Woher erfahre ich, wie hoch der Diskontzins sein muß, den ich dem Kunden berechne?*

A Sie bestimmen Ihre Diskonthöhe selbst. Letztlich orientieren Sie sich am Diskontsatz der Bundesbank bzw. an dem Diskont, den Ihre Hausbank berechnet.[1]

F *Wir hatten neulich einen Kunden, bei dem der Wechsel nicht im Vornherein vereinbart war – der Wechsel wurde erst nachträglich auf ihn gezogen. Geht das?*

A Auch das ist möglich. Beim normalen Zielkauf könnte der Kunde z.b. zum Fälligkeitstermin der Rechnung feststellen, daß er Zahlungsschwierigkeiten hat und Sie deshalb um Wechselziehung bitten.

F *Aha. Und wie funktioniert das?*

A In diesem Fall buchen Sie zunächst den Ziel(ver)kauf, später dann wird die Forderung a.LL durch die Wechselforderung ersetzt (bzw. die Verbindlichkeit a. LL durch eine Wechselschuld). Die Buchungen lauten dann:

Besitzwechsel an **Forderungen a. LL** (Aktivtausch) bzw.
Verbindlichk. a.LL an **Schuldwechsel** (Passivtausch)

F *Das war's schon?*

A Fast: es gibt noch einen Unterschied: Wenn die Wechselzahlung nicht von vornherein vereinbart war, wird der Dis-

---

[1] vgl. hierzu das folgende Kapitel.

kont als *nachträgliche Entgeltsmehrung* angesehen und ist daher *steuerpflichtig*. Unser BS ② würde daher lauten:

Forderungen....**161,47**	**Disk.aufwand** ..**139,20**
an **Diskontertrag** **139,20**	**Vorsteuer** **22,27**
an **Umsatzsteuer** **22,27**	an **Verbindlichktn.** ...**161,47**

4.4.2 Verwendungsmöglichkeiten des Wechsels

Was können Sie nun mit einem Besitzwechsel anfangen? Sehen Sie:

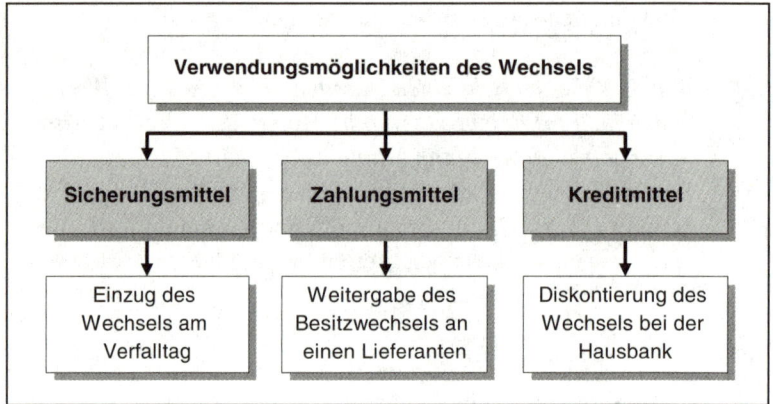

- Daß der Wechsel ein **Sicherungsmittel** ist, haben Sie bereits in den vorangegangenen Buchungen festgestellt – bis zum Verfalltag haben Sie eine bessere Sicherheit, daß Ihr Kunde zahlen wird. In aller Regel werden Sie den Wechsel aber nicht bar einlösen, sondern Ihre Bank mit dem *Einzug* des Wechsels (dem sog. **Inkasso**) beauftragen.

Beispiel: Rechtzeitig vor Verfall geben Sie Ihrer Bank einen Besitzwechsel über 5.000 DM zum Inkasso. Die Bank berechnet dafür 15 DM Inkassospesen (USt-frei), die für Sie einen Aufwand darstellen; sie werden auf dem Konto **Nebenkosten des Geldverkehrs** erfaßt:

> Buchung: **Bank**................................. **4.985**
> **Nebenkosten d. GV**................... **15**
> an **Besitzwechsel**................................. **5.000**

Durch die *Inkassospesen* hat sich folglich der Gutschriftsbetrag auf Ihrem Bankkonto verringert.

> • Sie können den Wechsel auch als **Zahlungsmittel** verwenden, indem Sie z.B. Ihren Lieferanten damit bezahlen. Das hat den Vorteil, daß Sie sich sofort *finanziert* haben. Natürlich wird der Lieferant nun Ihnen Diskont in Rechnung stellen.

Beispiel: ① Zum Ausgleich einer Verbindlichkeit über 4.200 DM geben Sie Ihrem Lieferanten einen Ihrer Besitzwechsel über die gleiche Summe.
② Ihr Lieferant berechnet für 60 Tage 7 % Diskont.[1]

> BS ①: **Verbindlichkeiten a.LL**................. **4.200**
> an **Besitzwechsel**................................. **4.200**
>
> BS ②: **Diskontaufwand**......................... **49**
> an **Verbindlichkeiten a. LL**................... **49**

> • Schließlich ist der Wechsel ein **Kreditmittel**, wenn Sie ihn bei Ihrer Hausbank diskontieren. Das bedeutet, daß die Bank den Wechsel *ankauft*; sie berechnet dafür *Spesen und Diskont*. Beide mindern den Gutschriftsbetrag auf Ihrem Bankkonto.

Beispiel: Da Sie dringend flüssige Mittel benötigen, diskontieren Sie einen Ihrer Besitzwechsel über 8.000 DM bei Ihrer Bank. Diese berechnet Ihnen 16 DM Spesen sowie 8 % Diskont für die Restlaufzeit von 27 Tagen (= 48 DM).

---

[1] Da dieses Wechselgeschäft *nachträglich* vereinbart wurde, würde eigentlich noch USt anfallen; sie sei hier unberücksichtigt.

Buchung: **Bank**... **7.936**
        Diskontaufwand **48**
        Nebenkosten d. GV....................... **16**
        an **Besitzwechsel**.. **8.000**

Soviel zum Thema Wechsel. Es gibt da zwar noch ein paar Sonderfälle, wenn Sie z.b. einen Schuldwechsel verlängern oder einer Ihrer Besitzwechsel zu Protest geht („geplatzter Wechsel") – die wollen wir hier aber außen vor lassen. Die wichtigsten Buchungen im Zusammenhang mit einem Wechsel kennen Sie jetzt jedenfalls.

Als nächstes wartet schon die *Lohnbuchhaltung* auf uns.

✏ **Ü 16**

5   Personalkosten
5.1   Lohn und Gehalt

Sie kennen das: Ein Arbeitnehmer erhält für seine Arbeitsleistung ein gewisses Entgelt (z.B. lt. Tarif), was er aber ausgezahlt bekommt, ist deutlich weniger. Der Grund: als Arbeitgeber sind Sie gesetzlich verpflichtet, vom *Bruttolohn bzw. Bruttogehalt* gewisse **Abzüge** vorzunehmen, und zwar z.B. für *Lohn- und Kirchensteuer* einerseits und für *Sozialversicherung* andererseits. Was danach übrigbleibt, ist der *Nettolohn.*[1]

Die vom Arbeitgeber einbehaltenen **Steuern** werden im Folgemonat an das Finanzamt abgeführt. Bis dahin stellen sie eine spezielle Verbindlichkeit dar: **Sonstige Verbindlichkeiten gegenüber dem Finanzamt** bzw. kurz „FA-Verbindlichkeiten".

Die Höhe dieser Steuern hängt vom Familienstand und der Kinderzahl ab und wird in der Lohnsteuertabelle abgelesen.

---

[1] Nachfolgend wird nicht mehr zwischen Lohn (für Arbeiter) und Gehalt (für Angestellte) unterschieden, sondern „Lohn" als Oberbegriff benutzt.

Die **Sozialversicherungsbeiträge**[1] teilen sich Arbeitgeber und Arbeitnehmer *zu gleichen Teilen*. Der Anteil des Arbeitnehmers wird vom Bruttolohn einbehalten und im Folgemonat an die zuständige Krankenkasse abgeführt. Gebucht wird deshalb auf dem Passivkonto **Verbindlichkeiten gegenüber Sozialversicherern** oder kurz „SV-Verbindlichkeiten".

Wir wollen an dieser Stelle weder alle Details aufführen, noch die exakten Abzüge ermitteln (was sich Jahr für Jahr ändert), sondern einen Einblick in die anfallenden Buchungen erlangen.

Beispiel: Ein Arbeiter erhält 3.000 DM Lohn brutto. Gemäß der Lohnabrechnung werden davon 450 DM an Steuern einbehalten sowie 600 DM Arbeitnehmeranteil zur Sozialversicherung.[2] Der Nettolohn wird überwiesen.

BS ①: **Löhne**.............................. **3.000**
        an **FA-Verbindlichkeiten** **450**
        an **SV-Verbindlichkeiten**............ **600**
        an **Bank**............................ **1.950**

Der **Bruttolohn** stellt also für den Betrieb einen *Aufwand* dar und wird daher im Soll gebucht. Dem gegenüber werden im Haben sämtliche Abzüge sowie der Auszahlungsbetrag gebucht. Außerdem muß der Arbeitgeber die andere Hälfte (nochmals 600 DM) der Sozialversicherungsbeiträge zahlen (stellt ebenfalls Aufwand dar). Es kommt daher bei Lohnbuchungen *immer* zu einem 2. Buchungssatz:

---

[1] In Deutschland: Kranken-, Pflege-, Renten und Arbeitslosenversicherung. Deren Höhen werden vom Gesetzgeber festgelegt; Ausnahme: die Krankenversicherungbeiträge werden von der jeweiligen Krankenkasse bestimmt.
Die Beiträge zur Berufsgenossenschaft werden vom Arbeitgeber alleine getragen und stellen für diesen zusätzlichen Aufwand dar (siehe Kontenrahmen, Klasse 6).

[2] Die nachfolgenden Buchungen beziehen sich auf BS ①. Die Abzüge in diesem Kapitel sind nur ungefähre Näherungswerte.

BS ②: AG-Anteil zur SV   600
         an SV-Verbindlichkeiten   600

Begleicht der Arbeitgeber im *Folgemonat*[1] seine Schulden beim FA und bei der Krankenkasse, so bucht er:

BS ③: SV-Verbindlichkeiten 1.200
         FA-Verbindlichkeiten   450
         an Bank 1.650

Jetzt kennen Sie bereits die wichtigste Buchung im Personalbereich. Es gibt natürlich Variationen, vor allem bzgl. der Kontenbezeichnung: Einmal wird auf „Löhne" oder Gehälter" gebucht, woanders in beiden Fällen auf „Personalkosten".

Werden z.B. Urlaubs- oder Weihnachtsgelder[2] gezahlt, so erhöhen diese einfach nur das Bruttoentgelt des Monats, in manchen Branchen wird statt dessen ein zusätzliches Konto im Soll angesprochen. **Steuer und Sozialversicherung richten sich** jedenfalls **nach dem** *gesamten* **Bruttoentgelt**.

Die obige Buchung kann durch weitere Abzüge ergänzt werden. Bewohnt der Arbeiter z.B. eine Werkswohnung, für die monatlich 700 DM einbehalten werden, so lautet die 1. Buchung nunmehr:

BS ①: Löhne 3.000
         an FA-Verbindlichkeiten   450
         an SV-Verbindlichkeiten   600
         an Mieterträge   700
         an Bank 1.250

Sie sehen: der Auszahlungsbetrag hat sich um 700 DM gemindert, dafür wurde im Haben das Konto Mieterträge angesprochen.

---

[1] Als Passiva werden FA- und SV-Verbindlichkeiten zum Jahresende über SBK abgeschlossen und im Folgejahr neu eröffnet.

[2] s. S. 114.

5.2 Vorschüsse

Vorschüsse an Arbeitnehmer stellen für Sie als Arbeitgeber kurz-fristige Forderungen dar. Bei der Auszahlung[1] werden diese als **Forderungen an Mitarbeiter** erfaßt. Mit der nächsten Lohnab-rechnung verrechnen Sie den Vorschuß, so daß sich in dieser Höhe der Auszahlungsbetrag mindert (siehe vorher).

Beispiel: ① Ein Mitarbeiter erhält 400 DM Vorschuß bar.
② Am Monatsende wird der Vorschuß verrechnet.

BS ①: **Forderungen an Mitarbeiter**......... **400**
an **Kasse**.. **400**

BS ②: **Löhne**.. **3.000**
an **FA-Verbindlichkeiten**......................... **450**
an **SV-Verbindlichkeiten**......................... **600**
an **Forderungen an Mitarbeiter**............... **400**
an **Bank**.. **1.550**

Die weiteren Buchungen bleiben unverändert.

5.3 Sachleistungen

Als Arbeitgeber gewähren Sie Ihren Mitarbeitern **Sachleistungen**; Beispiele dafür sind z.b. verbilligte Waren, Stellung eines Ge-schäftswagens für Privatzwecke oder vertraglich vereinbarte Kost und Logis im Gastronomiegewerbe o.ä.

Sachleistungen werden normalerweise umsatzbesteuert. Außerdem *erhöhen* Sie das *Brutto*entgelt und unterliegen damit der *Steuer- und Sozialversicherungspflicht.*

Es gibt dazu unterschiedliche Ergänzungen und Variationen der grundsätzlichen Lohnbuchung, die Ihnen schon bekannt ist.

---

[1] Weiterer Fall: Darlehen, die Sie an Mitarbeiter vergeben.

5.4   Sondervergütungen

Sondervergütungen können lohnsteuer*pflichtig* oder lohnsteuer*frei* sein. Zu den lohnsteuerpflichtigen Sondervergütungen zählen z.B. **Urlaubs- und Weihnachtsgeld**. Sie erhöhen das Bruttoentgelt und unterliegen damit der Steuer- und Sozialversicherungspflicht.

Beispiel: Ihr Arbeiter bekommt zusätzlich zu seinem Bruttolohn von 3.000 DM den Urlaubslohn in Höhe von 1.000 DM.

Buchung: **Löhne**... **3.000**
Sonstige Lohnkosten **1.000**
an **FA-Verbindlichkeiten** 650
an **SV-Verbindlichkeiten**............................ 800
an **Bank**... 2.550

Wenn Sie diese Buchung mit der von S. 111 vergleichen, merken Sie, daß durch das Urlaubsgeld auch die Abzüge erhöht wurden.

Übrigens könnten Sie die ersten beiden Beträge (3.000 DM und 1.000 DM) auf *ein gemeinsames Konto „Löhne"* buchen, anstatt in Löhne und sonstige Lohnkosten zu unterscheiden.

5.5   Vermögenswirksame Leistungen

Dieser Sonderfall wird Sie nun nicht mehr verblüffen: Gewähren Sie als Arbeitgeber Ihren Mitarbeitern vermögenswirksame Leistungen, so *erhöhen* diese das *Bruttoentgelt* – was insoweit gebucht wird wie im Beispiel der Sondervergütung. Außerdem behalten Sie die monatliche Sparleistung ein und führen sie z.B. im Folgemonat an die zuständige Bausparkasse ab; bis dahin werden sie als **Verbindlichkeiten aus vermögenswirksamen Leistungen** zwischengebucht. Auch das kennen Sie bereits: natürlich mindert sich der Auszahlungsbetrag entsprechend.

Beispiel: Ihr Arbeiter erhält neben seinem Lohn von 3.000 DM
von Ihnen einen Zuschuß von 39 DM zu seiner monatli-
chen Sparleistung von 78 DM.

BS ①: **Löhne**.................................. **3.000**
        Sonstige Lohnkosten **39**
        an **FA-Verbindlichkeiten** **457**
        an **SV-Verbindlichkeiten**......................... **608**
        an **Verbindlichkeiten aus vwL**...................   **78**
        an **Bank**....................................... **1.896**

Achtung: Falls der Arbeitgeber die gesamte Sparleistung trägt, stehen zwar im Soll *und* im Haben z.b. 78 DM. Trotzdem kann auf
die Beträge nicht verzichtet werden, da sie im Soll u.a. versteuert
werden müssen, im Haben dagegen Teil des Nettolohns sind.

☞ *Sämtliche Abzüge stehen also im Haben und mindern den
    Auszahlungsbetrag?*

⚑ Genau: das ist neben den Abzügen, die ans Finanzamt flie-
    ßen, vor allem der Arbeitnehmeranteil zur Sozialversiche-
    rung. Außerdem könnten es einbehaltene Miete, verrechnete
    Vorschüsse und Sachleistungen, vermögenswirksame Lei-
    stungen, Abzüge aufgrund von Lohnpfändung u.ä. sein.

☞ *O.k., und im Soll steht immer das Bruttoentgelt?*

⚑ Ja. Im Soll wird alles gebucht, was der Steuer- und Sozial-
    versicherungspflicht unterliegt.

☞ *Und wie war das noch mit der Berufsgenossenschaft – wie
    wird die gebucht?*

⚑ Das hat mit der reinen Lohnbuchung nichts zu tun, da Sie
    die Beiträge als Arbeitgeber alleine tragen. Wenn Sie sie ab-
    führen, buchen Sie:

Beiträge zur Berufsgenossenschaft an Bank

6.2   Personensteuern (Privatsteuern)

Diese Steuern betreffen nicht das Unternehm_en_, sondern die *Person*
des Unternehm_ers_. Sie stellen keinen Aufwand dar und mindern damit
nicht den Gewinn, sondern *werden aus jenem bezahlt.*
Zu unterscheiden ist hierzu die **Rechtsform** des Unternehmens:

- Bei **Einzelunternehmungen** und **Personengesellschaften**
(OHG, KG) sind die *einzelnen Gesellschafter* steuerpflichtig.
Als Privatpersonen zahlen sie z.b. Einkommen- und Kirchensteuer. Sofern diese Zahlungen über die Geschäftskonten
laufen, handelt es sich hierbei um **Privatentnahmen**.

- **Kapitalgesellschaften** (GmbH, AG) unterliegen als *juristische*
Personen statt dessen der *Körperschaftsteuer*. Sie wird auf dem
Konto **Steuern vom Einkommen und Ertrag** erfaßt. Gleiches
gilt für die Gewerbeertragsteuer.

Natürliche Personen zahlen Einkommensteuer, juristische
Personen (= Körperschaften) Körperschaftsteuer. Beide werden
aus dem Gewinn bezahlt.

6.3   Aktivierungspflichtige Steuern

Eine völlig andere Art stellen aktivierungspflichtige Steuern dar:
sie fallen mit der Anschaffung eines Anlagegutes an und *erhöhen
dessen Wert*; damit werden sie auf einem Aktivkonto ausgewiesen,
d.h. aktiviert. Dazu zählt die Grunderwerbsteuer[1] (sowie Zölle).

Beispiel: Sie kaufen ein Grundstück für 500.000 DM. Deshalb
überweisen Sie dazu 17.500 DM Grunderwerbsteuer.

Buchung: **Grundstücke** **17.500**
          an **Bank**.. **17.500**

---

[1] In Deutschland beträgt sie derzeit 3,5 % des Kaufpreises.

6.4   Steuern als durchlaufende Posten

Diese Gruppe kennen Sie bereits: sie betreffen weder das Unternehmen noch die Person des Unternehmers, stellen damit auch keinen Aufwand dar. Das Unternehmen ist lediglich verpflichtet, diese Steuern einzubehalten und an das Finanzamt abzuführen. Insofern durchfließen sie das Unternehmen. Dazu gehören die Vorsteuer, die Umsatzsteuer (bzw. die Zahllast) und die vom Arbeitnehmer einbehaltene Lohn- und Kirchensteuer.

6.5   Steuernachzahlungen und -rückerstattungen

Betriebsteuern sollen in dem Jahr gebucht werden, für das sie anfallen, um den Erfolg periodengenau zu ermitteln. Kommt es in einem späteren Jahr zu einer Steuernachzahlung für eine Vorperiode, so wird diese nun nicht als Betriebsteuer erfaßt, sondern als **periodenfremder Aufwand**.

Beispiel: Nach einem Bescheid des Finanzamtes müssen Sie fürs Vorjahr 4.000 DM Gewerbesteuer nachzahlen.

Buchung: **Periodenfremder Aufwand**............   **4.000**
           an **Bank**...   **4.000**

Umgekehrt kann es zu einer Rückerstattung kommen. Diese stellt einen **periodenfremden Ertrag** dar. Falls die Rückerstattung einen Gesellschafter betrifft, wird natürlich auf **Privateinlagen** gebucht.

Beispiel: Ihr Finanzamt erstattet Ihnen für im Vorjahr zuviel gezahlte Gewerbesteuer 1.500 DM per Bank zurück.

Buchung: **Bank**...................................   **1.500**
           an **Periodenfremder Ertrag** **1.500**

F   *Und wie sieht's mit Säumniszuschlägen aus?*
A   Die werden auf dem jeweiligen Steuerkonto gebucht.

7 Versicherungen

Versicherungen schützen das Unternehmen, den Inhaber und dessen Mitarbeiter vor speziellen Risiken. Ähnlich wie bei den Steuern unterscheiden wir:

> - **Versicherungen als betrieblicher Aufwand**
> - **Private Versicherungen des Inhabers**
> - **Versicherungen als durchlaufende Posten**

Entsprechend werden die Versicherungen auf unterschiedlichen Konten erfaßt:

Wesen	Art der Versicherung	Konto
durchlfd. Posten	• AN-Anteil zur SV	• SV-Verbindlichkeiten
betrieblicher Aufwand	• AG-Anteil zur SV • Unfallversicherung • alle anderen, z.b. Betriebshaftpflicht, Rechtsschutz, Kfz- und Gebäudeversich.	• AG-Anteil zur SV • Beiträge zur BG • Versicherungs- beiträge
Privatentnahme des Inhabers	• alle private Versich. des Unternehmers	• Privatkonto

Die Buchungen im Zusammenhang mit Lohnzahlungen kennen Sie schon. Überweist der Inhaber seine *private* Versicherungsprämie, so liegt eine Privatentnahme vor:

Buchung: **Privat an Bank**

Wird eine *betriebliche* Versicherung überwiesen oder abgebucht, lautet der Buchungssatz:

Buchung: **Versicherungsbeiträge an Bank**

 **Ü 18**

8   Buchungen im Sachanlagenbereich

Sie wissen, was zu den Sachanlagen zählt: vor allem Grundstücke, Gebäude, Technische Anlagen und Maschinen, Fuhrpark und BGA. Dazu gibt es eine Reihe von speziellen Buchungen, die wir jetzt unter die Lupe nehmen.

8.1   Anschaffung von Sachanlagen

Wie bei der Anschaffung von Waren fallen auch beim Kauf von Anlagegütern zusätzliche Kosten an, die den Wert des Gutes erhöhen. Zu diesen **Anschaffungsnebenkosten**[1] zählen z.B. beim Kauf von

• Fahrzeugen:	• Überführungskosten • Zulassungskosten • Nummernschild • Sonderlackierung
• TA + Maschinen und BGA:	• Transportkosten • Montagekosten • Fundamentierungskosten • Anschlußkosten für Gas o.ä.
• Grundstücken und Bauten:	• Maklergebühren • Beurkundungskosten • Grunderwerbsteuer • Vermessungskosten • Erschließungskosten

Die genannten Kosten fallen *einmalig* an und sind notwendig, um das Gut in einen betriebsbereiten Zustand zu versetzen. Sie dürfen auch nachträglich anfallen.
Nicht zu den Anschaffungsnebenkosten zählen z.B. die Kfz-Steuer oder die Versicherung eines PKW.

---

[1] Sie entsprechen den Bezugskosten bei Stoffen und Waren.

Während die Anschaffungsnebenkosten den Wert des Gutes erhöhen, senken die sog. **Anschaffungskostenminderungen** diesen. Dazu zählen insbesondere Sofortrabatte, Skonti und Nachlässe aufgrund einer Mängelrüge. Sie erinnern sich? Diese Nachlässe wurden beim Kauf von Waren auf einem *Unterkonto* erfaßt. Bei *Anlagegütern* wird statt dessen das *Anlagekonto direkt* im Haben angesprochen.

Insgesamt werden die **Anschaffungskosten** nach folgendem Raster ermittelt:

Anschaffungspreis (d.h. Listenpreis – Sofortrabatte)
+ **Anschaffungsnebenkosten** (z.b. Zulassungskosten; s.o.)
– **Anschaffungskostenminderungen** (div. Nachlässe)
= **Anschaffungskosten**

Beispiel: Wir verdeutlichen uns den Zusammenhang anhand des Kaufs eines Fahrzeugs. Dadurch fallen folgende GVF an:

① Sie kaufen einen PKW, der zum 44.000 DM Listenpreis angeboten wird. Der Händler gewährt Ihnen 4.000 DM Sonderrabatt:

BS ①: **Fuhrpark**............................ **40.000**
          Vorsteuer........................... **6.400**
          an **Verbindlichkeiten a.LL**...................... **46.400**

② Nummernschilder (50 DM netto) und Zulassungskosten (50 DM ohne USt) bezahlen Sie bar:

BS ②: **Fuhrpark**............................ **100**
          Vorsteuer........................... **8**
          an **Kasse**............................ **108**

③ Sie bezahlen die Händlerrechnung rechtzeitig unter Abzug von 2 % Skonto. Sie ermitteln einen Nettoskonto von 800 DM + 16 % USt (= 128 DM) = Bruttoskonto von 928 DM.

BS ③:	Verbindlichkeiten a.LL	**46.400**
	an **Fuhrpark**	**800**
	an **Vorsteuer**	**128**
	an **Bank**	**45.472**

④ ER über Firmenlogo auf dem PKW, netto 1.000 DM (Diese Rechnung zahlen Sie später ohne Abzug von Skonto):

BS ④:	**Fuhrpark**	**1.000**
	Vorsteuer	**160**
	an **Verbindlichkeiten a. LL**	**1.160**

Alles klar? Dann schauen wir uns die Beträge noch mal in einer Tabelle an:

Listenpreis	44.000 DM
− Sofortrabatt	4.000 DM
= **Anschaffungspreis**	40.000 DM
+ Anschaffungsnebenkosten I (Zulassung + Nummernschild)	100 DM
+ Anschaffungsnebenkosten II (Firmenlogo)	1.000 DM
− Anschaff.kostenminderungen (Skonto)	800 DM
= **Anschaffungskosten** (= Saldo Fpk.-Konto)	40.300 DM

Zur Verdeutlichung sehen Sie die Buchungen nun im Hauptbuch (die Pfeile zeigen die Bezahlung unter Skontoabzug; BS ③):

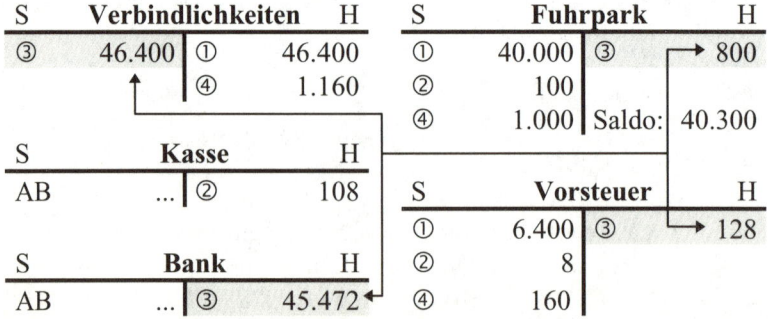

Die so ermittelten Anschaffungskosten eines Anlagegutes sind die *Bemessungsgrundlage* für die Abschreibung.[1]

8.2   Eigene Herstellung von Anlagegütern

Anlagegüter, die ein Unternehmen nutzt, müssen *nicht gekauft* sein – sie könnten auch *selbst erstellt* werden. Beispiel dafür wäre, wenn ein Autohersteller einen PKW für seinen Vorstand produziert oder ein Computerhersteller PCs für die eigenen Büros. Auch im Großhandel oder anderen Branchen kommt dieser Fall vor: wenn z.b. die Betriebsschlosserei ein Regal fürs Lager anfertigt.

Auch hier sind mehrere Produktionsfaktoren in das Gut geflossen und wurden als Aufwand bereits im Soll gebucht. Andererseits stellt das fertige Anlagegut einen Ertrag[2] dar (wenn es auch nicht verkauft wird); dieser wird als **aktivierte Eigenleistung** erfaßt.

Die Buchung lautet dabei grundsätzlich:

Anlagenkonto an **Aktivierte Eigenleistung**

Bewertet wird das Gut mit den *Herstellungskosten*, wie das auch bei unfertigen und Fertigerzeugnissen geschieht. Diese bilden die Bemessungsgrundlage für die Abschreibungen in den folgenden Jahren.

Wenn Sie **werterhöhende Reparaturen** selbst durchführen, fällt die gleiche Buchung an. Beispielsweise bauen Sie den Dachstuhl Ihres Geschäftshauses mit dem eigenen Personal aus.

Im Gegensatz dazu stehen **werterhaltende Reparaturen**, wenn Sie z.B. Ihr Kfz überholen lassen oder die Inspektion durchführen. Dann wird direkt auf einem Aufwandskonto gebucht, z.B. so:

---

[1] Vgl. zur Abschreibung Kap. D 2.

[2] Vgl. S. 98.

Buchung: **Fremdinstandhaltung** **1.100**
        Vorsteuer............................ 176
        an **Verbindlichkeiten a. LL**......................... **1.276**

8.3   Anlagen im Bau

Von „Anlagen im Bau" spricht man, wenn Sie z.B. eine neue Lagerhalle bauen lassen. Dazu wird nicht sofort auf „Gebäude" gebucht, sondern alle eingehenden Rechnungen *bis zur Fertigstellung* auf dem Konto **Anlagen im Bau** gesondert gesammelt.

Beispiel: Für Ihre Lagerhalle trifft die Rechnung der Baufirma für
         den Rohbau ein, netto 40.000 DM:

Buchung: **Anlagen im Bau** **40.000**
        Vorsteuer... **6.400**
        an **Verbindlichkeiten a. LL**......................... **46.400**

So buchen Sie jede einzelne Eingangsrechnung. Erst mit der Fertigstellung wird das Konto „Anlagen im Bau" aufgelöst und der Gesamtbetrag umgebucht.

Beispiel: Insgesamt gingen für die Lagerhalle Rechnungen über
         160.000 DM netto ein. Sie buchen nunmehr um:

Buchung: **Geschäftsbauten** **160.000**
        an **Anlagen im Bau** **160.000**

F   *Das ist leicht: Anstatt direkt auf dem Konto Gebäude zu buchen, werden alle Eingangsrechnungen auf „Anlagen im Bau" erfaßt. Ich wette, das geschieht wieder 'mal aus Gründen der Übersichtlichkeit!*

A   So ist es.

8.4 Verkauf und Entnahme von Anlagegütern

Wenn Sie ein **Anlagegut verkaufen**, muß sein Buchwert zu diesem Zeitpunkt ermittelt werden.[1] Selten werden Sie das Gut genau zu diesem Wert verkaufen; liegt Ihr Verkaufserlös *über* dem *Buchwert*, so haben Sie einen *Ertrag* erzielt, liegt der Verkaufserlös *darunter*, handelt es sich um einen *Verlust*. Zunächst wird der Erlös nicht als Minderung auf dem Fuhrparkkonto, sondern als **Erlös aus Anlagenabgang** erfaßt.

Beispiel: Ein PKW mit einem Buchwert von 5.000 DM wird von Ihnen für 6.000 DM netto verkauft:

BS ①: **Forderungen a. LL**.................... **6.960**
      an **Erlöse aus Anlagenabgängen**................. **6.000**
      an **Umsatzsteuer**....................... **960**

Außerdem müssen Sie die beiden Konten „Fuhrpark" und „Erlöse aus Anlagenabgang" auflösen und den *Erfolg buchen*.

BS ②: **Erlöse aus Anlagenabgängen**......... **6.000**
      an **Fuhrpark**...................... **5.000**
      an **Ertrag aus Anlagenabgang**................ **1.000**

Sie sehen: das vorübergehend nötige Konto „Erlöse aus Anlagenabgängen" wurde aufgelöst, außerdem das Fuhrparkkonto um den Buchwert (hier: 5.000 DM) gemindert. Per Saldo ergibt sich ein Ertrag aus Anlagenabgang von 1.000 DM.

 Das ist doch ziemlich umständlich! Muß das so sein?

 Ja. In der Literatur finden Sie gelegentlich eine abweichende Handhabung, das Umsatzsteuerrecht verlangt allerdings die oben dargestellte Version: zunächst den Nettoverkaufspreis als Erlös erfassen, dann das Konto auflösen und (hoffentlich!) einen Ertrag buchen.

---

[1] Vgl. hierzu die Darstellung der Abschreibung in Kap. D 2.

Genauso besteht die Möglichkeit, daß Sie mit dem Verkauf einen Verlust erzielen, wenn nämlich gilt: **Verkaufserlös < Buchwert**.

Beispiel: Den PKW mit einem Buchwert von 5.000 DM verkaufen Sie statt dessen an einen Kunden für 4.200 DM netto.

Was geschieht? Ihnen ist klar, daß Sie einen Verlust von 800 DM erzielt haben. Wie gehen Sie vor? Auch hier wird zunächst der Nettowert des Verkaufs auf **Erlös aus Anlagenabgang** gebucht:

BS ①: **Forderungen a. LL**.......................... **4.872**
          an **Erlöse aus Anlagenabgängen**................. **4.200**
          an **Umsatzsteuer**.. **672**

Erst wenn Sie dieses Konto (und das Fuhrparkkonto) auflösen, ergibt sich als Differenz ein **Verlust aus Anlagenabgang**:

BS ②: **Erlöse aus Anlagenabgängen** **4.200**
          Verlust aus Anlagenabgang........... **800**
          an **Fuhrpark**.................................... **5.000**

Wird ein **Anlagegut in Zahlung gegeben**, so müssen Sie den Bruttoverkaufspreis und den Bruttoeinkaufspreis miteinander verrechnen. Es bietet sich an, wenn Sie diesen Geschäftsvorfall aufteilen und 2 Buchungen vornehmen.

Beispiel: Sie kauften einen PKW für netto 40.000 DM. Sie geben dazu einen alten PKW für 8.000 DM in Zahlung, der noch mit 5.000 DM in den Büchern steht.

① Sie buchen den Zugang des neuen PKW:

BS ①: **Fuhrpark**................................... **40.000**
          Vorsteuer................................ **6.400**
          an **Verbindlichkeiten a. LL**...................... **46.400**

② Sie buchen die Inzahlunggabe für netto 8.000 DM:

BS ②: Verbindlichkeiten a. LL 9.280
           an Erlös aus Anlagenabgängen 8.000
           an Umsatzsteuer.............................. 1.280

③ Zum Abschluß ermitteln Sie den Erfolg, indem Sie den alten
PKW auf dem Fuhrparkkonto ausbuchen und das Erlöskonto
auflösen – also wie gehabt:

BS ③: Erlöse aus Anlagenabgängen 8.000
           an Fuhrpark................................ 5.000
           an Ertrag aus Anlagenabgang................. 3.000

Alles klar? Zu guter Letzt noch ein Sonderfall: die **Privatentnahme**
von Anlagegütern durch den Inhaber. Dabei wird – wie Sie bereits
wissen – ebenfalls auf einem Ertragskonto gegengebucht, nämlich auf
Eigenverbrauch. Evtl. kann hier ein besonderes Konto eingerichtet
werden, z.B. **Eigenverbrauch von Anlagen**.

Beispiel: Sie entnehmen dem Betriebsvermögen einen PKW, der
          einen Buchwert von 6.000 DM hat. Der Zeitwert beläuft
          sich auf 8.000 DM.[1]

BS ①: Privatentnahmen...................... 9.280
           an Eigenverbrauch von Anlagen................. 8.000
           an Umsatzsteuer.............................. 1.280

Auch hier ist eine 2. Buchung nötig: Die Konten Eigenverbrauch
und Fuhrpark werden aufgelöst, per Saldo ergibt sich dabei i.d.R.
ein Ertrag aus Anlagenabgang.

BS ②: Eigenverbrauch von Anlagen......... 8.000
           an Fuhrpark................................ 5.000
           an Ertrag aus Anlagenabgang................. 3.000

☞ **Ü 19**

---

[1] Sie müssen den Zeitwert ansetzen – wie wenn Sie an einen Kunden
verkaufen. Im Zweifelsfall wird der Zeitwert per Gutachten ermittelt.

9   Übungen zum Kapitel C

So, wieder wird es Zeit für ein paar Übungsaufgaben. Ein Stapel
Papier besorgt und etwas zum Schreiben gezückt – und schon kann's
losgehen!

Ü 8   Nehmen Sie die GVF der Übung 3 und entscheiden Sie
jeweils, ob die Umsatzsteuer (bzw. Vorsteuer) berücksichtigt werden muß. Falls ja, nennen Sie den BS.

Ü 9   Entscheiden Sie, ob die nachfolgenden Güter mit dem allgemeinen oder dem ermäßigten Steuersatz besteuert werden, oder ob sie USt-frei sind.

① Einkauf von Lebensmitteln.
② Kauf eines Computers.
③ Verkauf von Getränken.
④ Aufnahme eines Darlehens.
⑤ Überweisung der Miete.
⑥ Bankbelastung mit der Versicherungsprämie.
⑦ ER für Zeitschriftenabonnement.
⑧ ER für Anzeige in der Zeitung.
⑨ ER der Kfz-Werkstatt für Reparaturen.

Ü 10   Nehmen Sie die Fälle der Übung 9 und bilden Sie die BS.

Ü 11   Wie lauten die Buchungssätze?

① Zielkauf von Waren.
② Der anliefernde Spediteur (zu Fall ①) wird bar bezahlt.
③ Abschluß des Kontos „Bezugskosten" am Monatsende.
④ Rücksendung falsch gelieferter Ware an den Lieferanten.
⑤ Zielverkauf von Waren.
⑥ Lieferant gewährt uns einen Nachlaß wegen Mängelrüge.
⑦ Ihr Kunde schickt beschädigte Waren zurück.
⑧ Sie gewähren dem Kunden einen Nachlaß wegen Mängelrüge.
⑨ Monatsabschluß des Unterkontos „Nachlässe für Waren".
⑩ Abschluß des Unterkontos „Erlösberichtigungen".

Ü 12 | Entscheiden Sie, ob die BS richtig sind oder nicht. Nennen Sie auch den zugrundeliegenden Geschäftsvorfall.

① Verbindlichkeiten **an** Warenaufwand + VSt
② Verbindlichkeiten **an** Nachlässe + VSt + Bank
③ Forderungen an Lieferer **an** Nachlässe für Waren + Vorsteuer
④ Ausgangsfrachten **an** Verbindlichkeiten + VSt
⑤ VSt **an** USt
⑥ SBK **an** VSt
⑦ GuV **an** Ausgangsfrachten
⑧ Erlösberichtigungen **an** GuV
⑨ Nachlässe für Waren **an** Warenvorrat
⑩ Bezugskosten für Waren **an** Warenaufwand

Ü 13 | Wie lauten die Buchungen?

① Buchen des Inventurbestandes von Heizöl.
② Der Heizölverbrauch wird gebucht.
③ Buchen des Inventurbestandes an Waren.
④ Dabei ergibt sich ein Mehrbestand.
⑤ Statt dessen wird ein Minderbestand ermittelt.

Ü 14 | Wie lauten die GVF zu den folgenden Buchungssätzen?

① Rohstoffvorrat + VSt **an** Verbindlichkeiten a. LL
② Verbindlichkeiten a. LL **an** Nachlässe für Rohstoffe + VSt
③ Verbindlichkeiten a. LL **an** Nachlässe für RS + VSt + Bank
④ SBK **an** Rohstoffvorrat
⑤ Rohstoffaufwand **an** Rohstoffvorrat
⑥ GuV **an** Rohstoffaufwand
⑦ SBK **an** Fertigerzeugnisse
⑧ Bestandsveränderungen **an** Fertigerzeugnisse
⑨ GuV **an** Bestandsveränderungen
⑩ Bestandsveränderungen **an** GuV

Ü 15 Wie lauten die Buchungssätze?

① Wir leisten eine Anzahlung für eine Warenlieferung (per Bank).
② Später erhalten wir die ER (zu Fall ①).
③ Wir überweisen den Restbetrag unter Skontoabzug.
④ Unser Kunde gibt uns als Anzahlung einen Scheck.
⑤ Unser Händler überweist uns eine Vermittlungsprovision.
⑥ Warenverkauf; der Kunde bezahlt per Kreditkarte.
⑦ Wir bezahlen unsere ER per Scheck.
⑧ Unser Rohstofflieferant sendet uns als Bonus einen Scheck zu.
⑨ Unser Kunde leistet eine Vorauszahlung per Scheck.

Ü 16 Welche GVF liegen zugrunde?

① Warenaufwand + VSt **an** Schuldwechsel
② Forderungen **an** Diskontertrag
③ Schuldwechsel **an** Kasse
④ Besitzwechsel **an** Forderungen a. LL
⑤ Geleistete Anzahlungen + VSt **an** Schuldwechsel
⑥ Geleistete Anzahlungen + VSt **an** Besitzwechsel
⑦ Bank + Nebenkosten des Geldverkehrs **an** Besitzwechsel
⑧ Bank + Nebenk. des GV + Diskontaufwand **an** Besitzwechsel
⑨ Diskontaufwand **an** Verbindlichkeiten
⑩ BGA + VSt **an** Besitzwechsel + Bank

Ü 17 Überlegen Sie sich die Antworten zu den folgenden Fragen! Im Zweifelsfall schauen Sie auf S. 110 ff nach.

① Wodurch unterscheiden sich Brutto- und Nettolohn?
② Was gehört alles zur Sozialversicherung? Wer trägt sie jeweils und in welcher Höhe? Wie werden sie gebucht?
③ Wieso ist „FA-Verbindlichkeiten" ein Passivkonto? Wie wird es wann angesprochen?
④ Welche zusätzliche Buchung fällt mit einer Gehaltsbuchung zwangsläufig an?

⑤ Wodurch kann der Auszahlungsbetrag gekürzt werden? Nennen Sie Beispiele!

⑥ Buchen Sie: Sie geben einem Arbeiter einen Barvorschuß.

⑦ Wie werden Urlaubsgelder behandelt?

Ü 18 | Wie lauten die Buchungen? |

① Sie überweisen die Grundsteuer.

② Sie überweisen die Grunderwerbsteuer.

③ Sie leisten eine Gewerbesteuer-Nachzahlung fürs Vorjahr.

④ Bankgutschrift für im Vorjahr zuviel bezahlte Steuern: Einkommensteuer und Gewerbesteuer.

⑤ Sie überweisen einen Säumniszuschlag für verspätet bezahlte Körperschaftsteuer.

⑥ Sie bezahlen die im Vormonat einbehaltenen Lohn- und Kirchensteuern per Scheck.

⑦ Der Inhaber überweist seine Einkommensteuer.

⑧ Die Versicherungsprämie fürs Geschäftsgebäude wird überwiesen.

⑨ Sie erhaltene eine Bankgutschrift für Beitragsrückvergütung der Autoversicherung (für den Geschäftswagen).

Ü 19 | Vom GVF zum BS! |

① Sie erhalten einen Sofortrabatt auf Ihren neuen PKW (Zielkauf).

② Sie bezahlen den PKW unter Skontoabzug.

③ ER der Lackiererei für Werbeschriftzug.

④ Der Dachausbau des Geschäftsgebäudes ist abgeschlossen; Sie haben die Arbeiten mit Betriebspersonal ausgeführt.

⑤ Wie Fall ④, die Arbeit wurde nun durch Fremdfirmen erbracht.

⑥ Sie verkaufen einen PKW über Buchwert (2 Buchungen!).

⑦ Wie buchen Sie, wenn Sie für private Zwecke einen PKW aus dem Geschäftsvermögen entnehmen?

⑧ Zu Fall ⑥: Wie lautet die 2. Buchung, wenn Sie das Auto *unter* Buchwert verkaufen?

⑨ Inzahlunggabe eines alten PKW beim Kauf eines neuen.

D   Buchungen im Rahmen des Jahresabschlusses

Vorneweg: Wir stellen zunächst in Kürze den theoretischen
Hintergrund der Jahresabschlußarbeiten vor. Wenn Sie das
weniger interessiert, gehen Sie direkt zum Kap. 2 auf S. 134 vor.

1   Grundlagen der Jahresabschlußarbeiten

Als Kaufmann müssen Sie *zum Ende eines Geschäftsjahres* einen
Jahresabschluß erstellen. Aha, und woraus besteht der? Das hängt
ab von der **Rechtsform** Ihres Unternehmens:

Bestandteile des Jahresabschlusses	Einzeluntern. + Pers.gesellsch.	Kapital- gesellschaften
Jahresbilanz	✗	✗
Gewinn- und Verlustrechnung	✗	✗
Anhang	–	✗
zusätzlich Lagebericht	–	✗

Sie sehen, daß Einzelunternehmungen und Personengesellschaften
weniger erstellen müssen.[1] Schauen wir uns kurz an, woraus so ein
Jahresabschluß denn nun bestehen kann:

- Die **Jahresbilanz** weist das gesamte *Vermögen* und die *Schulden* zum Bilanzstichtag aus.

- Die **Gewinn- und Verlustrechnung** stellt alle *Aufwendungen* und *Erträge* des Geschäftsjahres dar und verdeutlicht so die Quellen des Erfolgs.

- Der **Anhang** *erläutert einzelne Posten* der Bilanz und der GuV, z.B. gibt er Auskunft über Bewertungsmethoden.

- Der **Lagebericht** vermittelt einen Eindruck von der Entwicklung des Unternehmens; er ist auch *zukunftsgerichtet.*

---

[1] Zu den Inhalten und Veröffentlichungspflichten der Kapitalgesellschaften vgl. Kap. D 6.2.2.

Insgesamt soll der Jahresabschluß über die Vermögens- und Schuldenlage sowie den Erfolg des Unternehmens Auskunft geben. Dazu gibt's wieder mal ein paar **Grundsätze**, die Sie beachten müssen:

- Das **Prinzip der periodengerechten Abgrenzung** verlangt, daß alle Aufwendungen und Erträge, die zum Abschlußjahr gehören, auch erfaßt werden – und sonst keine.
- Das **Prinzip der Vollständigkeit und Richtigkeit** besagt, daß *alle* Posten mit den korrekten Werten aufgeführt werden.
- Das **Prinzip der Klarheit und Übersichtlichkeit** verlangt u.a., daß die Bilanz und die GuV klar gegliedert sind und daß die Posten eindeutige Bezeichnungen haben.
- Das **Einzelbewertungsprinzip** bedeutet, daß grundsätzlich jeder Vermögens- und Schuldenposten einzeln bewertet wird.
- Das **kaufmännische Vorsichtsprinzip** muß beachtet werden, d.h., daß Vermögen und Schulden *tendentiell negativ* angesetzt werden; für Vermögen bedeutet dies einen eher zu niedrigen Wertansatz (*Niederstwertprinzip*), für Schulden einen eher zu hohen (*Höchstwertprinzip*).

Auf deren Grundlage müssen Sie zum Jahresende bestimmte **Abschlußarbeiten** durchführen. Dazu zählen insbesondere:

- **Inventur** und die **Bewertung** von Vermögen und Schulden:
  - Bewertung des Anlagevermögens
  - Bewertung der Vorräte
  - Bewertung der Forderungen
  - Bewertung der Verbindlichkeiten (des Fremdkapitals)
- **Periodengerechte Abgrenzung** von Aufwendungen und Erträgen
- Erstellen einer **Betriebsübersicht** als Vorbereitung für den JA
- Erstellen einer korrekt gegliederten **Jahresbilanz** und einer **Gewinn- und Verlustrechnung**

Die einzelnen *Jahresabschlußarbeiten* schauen wir uns der Reihe nach an. Als erstes sind die berüchtigten Abschreibungen dran!

2   Abschreibung des Anlagevermögens
2.1   Abschreibung auf Sachanlagen

Sie kennen das: Sie kaufen einen fabrikneuen PKW; wenn Sie ihn wieder verkaufen, bekommen Sie deutlich weniger Geld dafür, selbst wenn Sie keinen Meter damit gefahren sind. Der Grund: der PKW gilt jetzt als „Gebrauchter" und ist deshalb **im Wert gesunken**.
Oder stellen Sie sich den Kauf eines neuen PC vor: Schon nach kurzer Zeit wird ein ähnliches Modell für weniger Geld angeboten, weil es mittlerweile leistungsfähigere Modelle gibt.

Hintergrund: Anlagegüter, also z.B. Gebäude, Maschinen, Fuhrpark und BGA, fließen als *Produktionsfaktoren* in den Prozeß der betrieblichen *Leistungserstellung* ein.[1] Natürlich verbrauchen sie sich dabei nicht auf einmal (wie z.B. Vorräte), sondern *verlieren nach und nach an Wert*. In der Buchhaltung wird dieser **Wertverlust** als **Abschreibung**[2] (= Aufwand) gebucht.

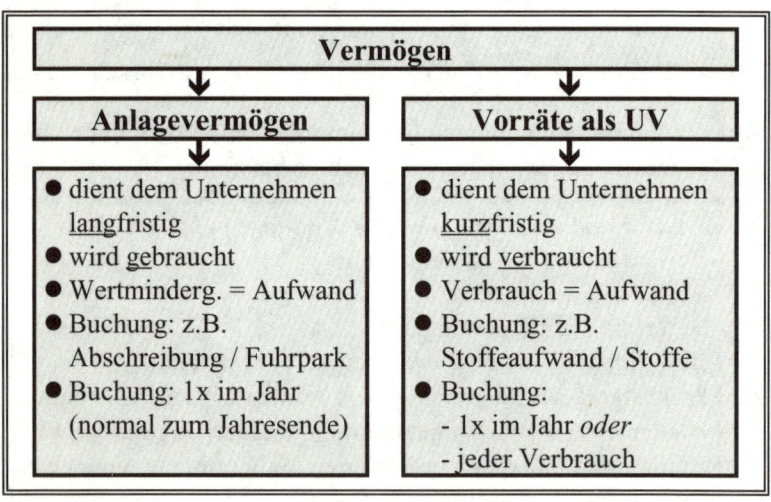

Vermögen	
Anlagevermögen	**Vorräte als UV**

● dient dem Unternehmen langfristig
● wird gebraucht
● Wertminderg. = Aufwand
● Buchung: z.B.
  Abschreibung / Fuhrpark
● Buchung: 1x im Jahr
  (normal zum Jahresende)
	● dient dem Unternehmen kurzfristig
	● wird verbraucht
	● Verbrauch = Aufwand
	● Buchung: z.B.
	  Stoffeaufwand / Stoffe
	● Buchung:
	  - 1x im Jahr *oder*
	  - jeder Verbrauch

---

[1] Vgl. Grafik auf S. 39.

[2] Vollständig heißt das Konto „Abschreibungen auf Sachanlagen" im Unterschied zu anderen Abschreibungen (z.B. auf Vorräte oder auf Forderungen).

Sie sehen: Sowohl das Anlagevermögen als auch die Vorräte (als Umlaufvermögen) fließen als Input von Produktionsfaktoren in den betrieblichen Leistungsprozeß ein – allerdings werden sie unterschiedlich gebucht.

Zurück zum Anlagevermögen: Für die **Wertminderung** gibt es unterschiedliche Gründe, beispielsweise:

* **Nutzung** (Gebrauch oder Verschleiß; Beispiel: die Maschine oder der PKW werden genutzt)
* **Wirtschaftliche Ursachen** (technischer Fortschritt oder Modewechsel; Beispiel: durch Preisverfall oder aufgrund eines neuen Prozessors verliert ein älteres PC-Modell an Wert)
* **Außergewöhnliche Ereignisse** (Brand, Unfall oder Katastrophen; Beispiel: durch einen Brand wird ein Kühlschrank zerstört oder aufgrund eines Unfalles zählt ein PKW künftig als Unfallwagen und ist damit weniger wert)

Ausgehend von dem Gedanken, daß Güter einem Unternehmen *längerfristig* zur Verfügung stehen (und damit Jahr für Jahr an Wert verlieren), dürfen diese **planmäßig abgeschrieben** werden. Das gilt für:

* **Bewegliche Anlagegüter** (Beispiel: Maschinen oder Fuhrpark)
* **Gebäude** als unbewegliches AV[1]
* **Immaterielle Anlagegüter** (z.B. Software, Patente oder Lizenzen)

Aufgrund **außergewöhnlicher Ereignisse** dürfen die vorgenannten Güter sowie Grundstücke und Finanzanlagen auch **außerplanmäßig** abgeschrieben werden. Außerdem gibt es weitere **Abschreibungs-Sonderfälle**. Dazu später mehr.

---

[1] Achtung! Grundstücke verzehren sich i.d.R. nicht in ihrem Wert und dürfen deshalb nicht planmäßig abgeschrieben werden.

Nehmen wir zunächst die gewöhnliche Wertminderung von Sachanlagen aufgrund betrieblicher Nutzung unter die Lupe.

Beispiel: Im Januar kauften Sie einen PKW für 40.000 DM netto. Zum 31. Dez. ist er noch 30.000 DM wert. Die Wertminderung von 10.000 DM schreiben Sie ab.

BS ①: **Abschreibungen** an **Fuhrpark** **10.000**

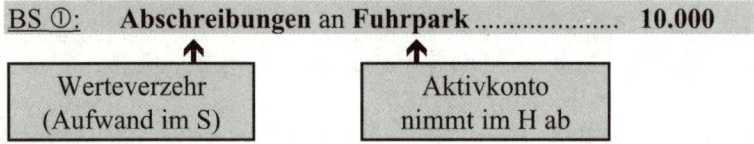

Werteverzehr (Aufwand im S)	Aktivkonto nimmt im H ab

Die Wertminderung wird *zweifach* gebucht: Einerseits stellt sie eine **Minderung der Aktiva** (im Haben) dar, andererseits einen Aufwand (**Werteverzehr** = Input von Produktionsfaktoren), der natürlich im Soll gebucht wird.

Die Abschlußbuchungen lauten:

BS ②: **GuV** an **Abschreibungen** **10.000**

BS ③: **SBK** an **Fuhrpark** **30.000**

Damit sehen die betroffenen Konten im Hauptbuch so aus:

S	Fuhrpark	H	S	Abschreibungen	H
...	40.000	①Abs. 10.000	①Fpk. 10.000	②GuV 10.000	
		③SBK 30.000			
	40.000	40.000			

S	SBK	H	S	GuV	H
③Fpk. 30.000			②Abs. 10.000		

Sie sehen: die Schlußbilanz weist den Fuhrparkbestand mit dem neuen Wert von 30.000 DM aus, gleichzeitig sinkt der Gewinn (und damit das Eigenkapital) um 10.000 DM. Insgesamt liegt damit eine Aktiv-Passiv-Minderung um 10.000 DM vor.

☞ *Wird vom Netto- oder vom Bruttowert abgeschrieben?*

◢ Es wird immer *vom Nettowert* abgeschrieben. Die bei der Anschaffung des AV angefallene Vorsteuer stellt schließlich einen durchlaufenden Posten dar, der bereits vom Finanzamt zurückerstattet wurde.

☞ *Unser Buchhalter sprach neulich von Abschreibungen, benutzte aber den Begriff „AfA". Was ist das?*

◢ AfA ist die Abkürzung für den steuerrechtlichen Begriff „Absetzung für Abnutzung", während „Abschreibung" der handelsrechtliche Begriff ist. Beide meinen dasselbe und werden im vorliegenden Buch synonym verwendet.

☞ *Was darf ich alles planmäßig abschreiben?*

◢ Sämtliche bewegliche Anlagegüter (Maschinen, Technische Anlagen, BGA sowie Fuhrpark), Gebäude und Immaterielles AV (Software, Patente u.ä.)

☞ *Kann ich ein Grundstück planmäßig abschreiben?*

◢ Grundsätzlich nein, es sei denn, das Grundstück wird abgebaut (z.B. im Bergbau, Kiesgrube o.ä.; dort spricht man dann von AfS = Absetzung für Substanzverringerung). *Außer*planmäßig kann allerdings jedes Grundstück abgeschrieben werden, wenn dafür Gründe vorliegen.

☞ *Wann schreibe ich ab?*

◢ Die jährliche Wertminderung wird *zum Bilanzstichtag* gebucht. Wird ein Anlagegut während des Jahres verkauft oder entnommen, wird es zu diesem Zeitpunkt abgeschrieben.

☞ *Ein Bekannter hat mir was von „linearer" und von „degressiver" Abschreibung erzählt. Gibt's das?*

◢ Ja, es gibt verschiedene Methoden. Davon sprechen wir im nächsten Kapitel.

2.1.1 Methoden der planmäßigen Abschreibung

Das *Handelsrecht* erlaubt eine ganze Reihe von Abschreibungsmethoden, wovon allerdings nur wenige auch nach *Steuerrecht* zulässig sind. Diese werden wir uns deshalb genauer anschauen:

> - **Lineare Abschreibung**
> - **Degressive Abschreibung**
> - **Leistungsabschreibung**

Vorab eine Übersicht über Anlagegüter und deren mögliche Abschreibungsmethoden:

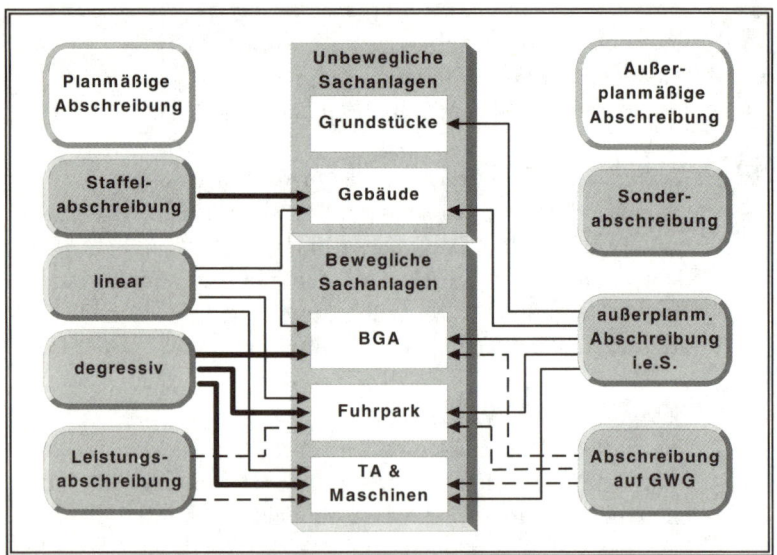

Die lineare Abschreibung:
Diese Methode ist grundsätzlich **für jedes Gut anwendbar**, das planmäßig abgeschrieben werden darf. Man geht davon aus, daß sich die (Ab-)Nutzung des Gutes **gleichmäßig** über einen bestimmten Zeitraum hinweg vollzieht; diesen nennt man die *„Nutzungsdauer"*.

Die lineare Abschreibung verteilt nun die Anschaffungskosten eines Gutes gleichmäßig (= linear) auf die Jahre der Nutzung.

Als **Formel** wird dies so ausgedrückt:

$$\textbf{Linearer AfA-Betrag in DM/Jahr} = \frac{\textbf{Anschaffungskosten}}{\textbf{Nutzungsdauer}}$$

Statt dessen liest man auch oft die Angabe des linearen **AfA-Satzes**. Das ist im Grunde nichts anderes, nur wird dabei nicht direkt der DM-Betrag ermittelt, sondern angegeben, wieviel Prozent von den Anschaffungskosten pro Jahr abgeschrieben werden.

Die **Formel** lautet:

$$\textbf{Linearer AfA-Satz} = \frac{\textbf{100 \%}}{\textbf{Nutzungsdauer}}$$

Beispiel: Sie kauften einen PKW für netto 40.000 DM. Die Nutzungsdauer beträgt 4 Jahre.
Der lineare AfA-Betrag pro Jahr beträgt somit...
40.000 DM : 4 Jahre = 10.000 DM.
Der lineare AfA-Satz beträgt 100 % : 4 Jahre = 25 % (pro Jahr). 25 % von 40.000 DM = ebenfalls 10.000 DM.

Sie sehen, in beiden Fällen kommt man zum gleichen Ergebnis.[1]

Jahr	AfA-Betrag	Buchwert
Anschaffung	--	40.000
Ende 1. Jahr	(40.000 · 25 % =) 10.000	30.000
Ende 2. Jahr	(40.000 · 25 % =) 10.000	20.000
Ende 3. Jahr	(40.000 · 25 % =) 10.000	10.000
Ende 4. Jahr	(40.000 · 25 % =) 10.000	0

---

[1] Die Buchung lautet in beiden Fällen gleich; sie wurde bereits auf S. 136 vorgestellt.

F *Woher erfahre ich die Nutzungsdauer eines Anlagegutes?*

A In sog. **AfA-Tabellen** ist die Nutzungsdauer der unterschiedlichsten Anlagegütern aufgelistet. Dabei geht man von betriebsgewöhnlicher Nutzung aus. Falls Sie der Meinung sind, daß Ihre Güter einer stärkeren Beanspruchung unterworfen sind, reden Sie mit Ihrem Steuerberater. Evtl. kann mit Ihrem Finanzamt eine abweichende Nutzungsdauer vereinbart werden.

Beispiele aus der **AfA-Tabelle** bei betriebsgewöhnlicher Nutzung:

Anlagegut	Nutzungsdauer in Jahren	linearer AfA-Satz
Geschäftsgebäude	10 - 25	4 - 10 %
Büroeinrichtungen	10	10 %
Büromaschinen	4 - 5	20 - 25 %
LKW, Bus, PKW	4 - 5	20 - 25 %
Maschinen	5 - 10	10 - 20 %
Ladeneinrichtungen	8	12 %
Elektro-Kleingeräte	3	33 %

F *O.k., nun habe ich eine Maschine für 80.000 DM netto gekauft und schaue in der AFA-Tabelle nach. Dort steht für diese spezielle Maschine eine Nutzungsdauer von 5 Jahren bzw. ein AfA-Satz von 20 %. Schreibe ich sie dann jedes Jahr mit 16.000 DM ab?*

A Genau.

F *Was passiert, wenn ich die Maschine während des Jahres kaufe, z.B. im April; darf ich sie dann im ersten Jahr auch mit 16.000 DM abschreiben?*

A Sie können Sie nur für die Zeit abschreiben, in der sie zum wirtschaftlichen Eigentum Ihres Unternehmens zählt. Im Beispiel wären das die Monate April bis Dezember, also 9 von 12 Monaten. Deshalb dürften Sie sie im Jahr der Anschaffung auch nur zu 9/12 abschreiben (= 12.000 DM).[1]

F *Aha. Aber das ist doch ziemlich viel Rechnerei. Geht das nicht einfacher?*

A Doch. Der Gesetzgeber erlaubt im Jahr der Anschaffung, daß bei Anschaffung in der *1.* Jahreshälfte der *volle* Jahresbetrag, bei Anschaffung in der *2.* Jahreshälfte der *halbe* Jahresbetrag abgeschrieben werden darf. Diese sog. **Vereinfachungsregel** gilt aber nur für bewegliches AV. Gebäude müssen daher immer *zeitanteilig* (= monatsgenau) abgeschrieben werden.

F *Gilt diese Vereinfachungsregel auch, wenn ich die Maschine nach 3 Jahren am 20. Juni verkaufe?*

A Nein. Scheidet das Gut aus, darf nur **zeitanteilig** abgeschrieben werden, und zwar für die ganzen Monate der Nutzung. Im Beispiel wären das fürs laufende Jahr die Monate Januar bis Mai.

F *Was passiert, wenn ich die Maschine am Ende der Nutzungsdauer komplett abgeschrieben habe und sie noch weiter benutze? In meiner Bilanz taucht sie doch dann nicht mehr auf.*

A Eigentlich haben Sie recht. Deshalb wird im letzten Jahr *eine* DM weniger abgeschrieben. Mit diesem sog. **Erinnerungswert** wird sie weiterhin geführt.

F *Nun haben wir die ganze Zeit über gekaufte Anlagegüter gesprochen. Wie sieht's damit aus, wenn meine Möbelfabrik z.B. einen Schreibtisch selbst herstellt, der anschließend im Personalbüro genutzt wird?*

A Den dürfen Sie selbstverständlich auch abschreiben. Für solche Sachanlagen werden statt der Anschaffungs- die **Herstellungskosten** zugrunde gelegt. Diese werden mit Hilfe der Kostenrechnung ermittelt.

---

[1] Im 2. bis 5. Jahr schreiben Sie dann jeweils 16.000 DM ab, im darauffolgenden Jahr die restlichen 4.000 DM.

F *Und wenn ich eine Anlage lease? Kann ich die auch abschreiben?*

A Grundsätzlich nein; die Anlage wird beim Leasinggeber bilanziert und abgeschrieben – allerdings gilt auch hier: keine Regel ohne Ausnahme!

Die degressive Abschreibung:
Diese Methode gilt für jedes **bewegliche** Anlagegut, also nicht für Gebäude. Jedes Jahr wird *ein bestimmter Prozentsatz* abgeschrieben – im ersten Jahr von den Anschaffungs- oder Herstellungskosten, in den Folgejahren vom **Buchwert** (= Restwert). Damit nehmen die Abschreibungsbeträge im Gegensatz zur linearen AfA von Jahr zu Jahr ab (= degressiv). Der Prozentsatz beträgt **max. 30 %** bzw. das **Dreifache des linearen AfA-Satzes** – was von beiden *niedriger* ist, wird angesetzt.

Beispiel: Sie hatten die Maschine mit einer Nutzungsdauer von 5 Jahren für 80.000 DM gekauft. Linear würden Sie sie deshalb mit 20 % abschreiben. Die degressive AfA wäre damit 30 % bzw. (3 · 20 % =) 60 %; der kleinere Prozentsatz wird genommen, damit schreiben Sie die Maschine wie folgt ab:

Jahr	AfA-Betrag		Buchwert
Anschaffung	--		80.000
Ende 1. Jahr	(80.000· 30 % =)	24.000	56.000
Ende 2. Jahr	(56.000· 30 % =)	16.800	39.200
Ende 3. Jahr	(39.200· 30 % =)	11.760	27.440
Ende 4. Jahr	(27.440· 30 % =)	8.232	19.208
Ende 5. Jahr	(19.208· 30 % =)	5.762	13.446

F *In der AfA-Tabelle lese ich, daß der AfA-Satz für LKW-Anhänger 17 % beträgt. Das Dreifache davon ergibt 51 %. Ich darf ihn also nur mit 30 % abschreiben?*

A Richtig, da der kleinere Wert von beiden zählt (hier 30 % statt 51 %). Damit wird eine zu hohe Abschreibung vermieden.

F *Trotzdem ist die degressive Abschreibung zu Beginn der Nutzungsdauer viel höher. Was bringt mir das?*

A Abschreibung ist ein Aufwand. Je höher die AfA, desto niedriger ist der ausgewiesene Gewinn und damit die gewinnabhängigen Steuern.

F *Gut, das verstehe ich. Hat die degressive AfA für mich weitere Vorteile?*

A Ja. Die Abschreibungsbeträge sinken von Jahr zu Jahr, gleichzeitig nehmen die Kosten für Wartung und Reparaturen im Laufe der Zeit zu. Beide Kosten addiert ergeben eine ungefähr gleichbleibende Kostenbelastung.

F *Wenn ich die Tabelle von S. 142 anschaue, stelle ich fest, daß ich mit der degressiven AfA nie auf den Wert Null komme. Das ist doch ungünstig, oder?*

A Stimmt, hier liegt ein **Nachteil** der degressiven AfA.[1] Während Sie die Maschine linear nach 5 Jahren komplett abgeschrieben hätten, weist sie bei der degressiven AfA dann noch einen Buchwert von 13.446 DM aus. Deshalb dürfen Sie zu einem beliebigen Zeitpunkt von der degressiven zur linearen AfA **überwechseln**. Wir schauen uns das anhand der Maschine mal genauer an:

Jahr	Degressive AfA AfA-Betrag	Buch-wert	AfA-Betrag bei Wechsel von der degr. zur linearen AfA ab diesem Jahr
Anschaffung	--	80.000	--
Ende 1. Jahr	**24.000**	56.000	--
Ende 2. Jahr	**16.800**	39.200	(56.000 : 4 =) 14.000
Ende 3. Jahr	11.760	27.440	(39.200 : 3 =) **13.067**
Ende 4. Jahr	8.232	19.208	(27.440 : 2 =) **13.720**
Ende 5. Jahr	5.762	13.446	(19.208 : 1 =) **19.208**

---

[1] Ein weiterer Nachteil liegt darin, daß Sie zusätzlich zur degressiven AfA *nicht außerplanmäßig* abschreiben dürfen (vgl. Kap. D 2.2). Sie müßten dazu erst zur linearen AfA überwechseln.

Die *fettgedruckten* Beträge zeigen an, mit welcher Methode im jeweiligen Jahr höher abgeschrieben wird. Beispiel 2. Jahr: Bei fortgesetzter degressiver AfA werden (56.000 · 30 % =) 16.800 DM abgeschrieben, bei einem Wechsel zur linearen AfA wären es nur (56.000 : 4 Jahre Rest-ND =) 14.000 DM.
Der Wechsel zur linearen AfA würde demnach im 3. Jahr erfolgen.

☞ *Wenn ich also immer maximal abschreiben will, muß ich jedes Jahr errechnen, welche AfA-Methode für mich günstiger ist, oder?*

◀ Genau. Im Vergleich legen Sie bei der linearen AfA aber nicht die Anschaffungskosten zugrunde, sondern müssen die Formel etwas abwandeln:

$$\text{Linearer AfA-Betrag in DM/Jahr} = \frac{\text{Restwert}}{\text{Rest-Nutzungsdauer}}$$

☞ *Verstanden. Das ist aber viel Rechenaufwand. Geht das nicht einfacher?*

◀ Doch. Sie können den optimalen Zeitpunkt für einen Wechsel zur linearen AfA auch mit Hilfe dieser **Formel** berechnen (das *aufgerundete* Ergebnis zeigt das Jahr an, in dem gewechselt wird):

$$\text{Nutzungsdauer} + 1 - \frac{100\ \%}{\text{degr. AfA-Satz}}$$

Im Beispiel ergäbe das: 5 + 1 - (100 % : 30 %) = 6 - 3,3 = 2,7 ☞ 3; Ab dem 3. Jahr sollte also zur linearen AfA gewechselt werden, um immer maximal abzuschreiben.

Es geht sogar **noch einfacher**: Bei einem degr. AfA-Satz von 30 % (d.h. bei einer Nutzungsdauer von max. 10 Jahren) ist der optimale Zeitpunkt für den Methodenwechsel *immer im drittletzten Jahr.*
Wieso? Linear würde dann mit 33,3 % (Restwert : 3 Jahre) abgeschrieben werden, also mehr als bei der degressiven AfA.

☞ *Ich darf also zu einem beliebigen Zeitpunkt von der degressiven zur linearen AfA wechseln. Geht das auch umgekehrt?*

◢ Nein, das ist verboten.

☞ *Die ganze Zeit sprachen wir davon, daß es günstig ist, immer höchstmöglich abzuschreiben. Gibt es auch Gründe, die für eher niedrige Abschreibungsbeträge sprechen?*

◢ Ja, die gibt es. Beispielsweise, weil Sie zu Beginn ihrer Geschäftstätigkeit ihre Aufwendungen und die Erträge ungefähr in der Waage halten wollen. Möglicherweise wollen Sie Verluste niedrig oder die Gewinne gleichmäßig ausweisen. Beides könnte im Interesse Ihrer Kreditgeber oder neuer Gesellschafter sein.

Die Leistungsabschreibung:
Diese Methode berücksichtigt die Nutzungsdauer *nicht*. Statt dessen geht sie von der *geschätzten* **Gesamtleistung** des Anlagegutes aus. Damit kann in Jahren hoher Beanspruchung viel, bei niedriger Beanspruchung wenig abgeschrieben werden.

Die **Formel** lautet:

Abschreibungsbetrag je Leistungseinheit in DM	**=**	**Anschaffungskosten** / **geschätzte Gesamtleistung**

Beispiel: Sie kauften einen PKW für netto 60.000 DM. Seine Gesamtleistung wird auf 150 000 km geschätzt. Im ersten Jahr fahren Sie damit 58 000 km.

Der Abschreibungsbetrag wird ermittelt:
60.000 DM : 150 000 km = 0,40 DM/km;
AfA-Betrag im 1. Jahr: 58 000 km · 0,40 DM/km = 23.200 DM.

Bedingung: Sie müssen die Leistung *nachweisen*, z.B. mittels Kilometerzähler und Fahrtenbuch.

F *Dann kann ich also theoretisch ein Fahrzeug in 1-2 Jahren abschreiben, wenn ich in dieser Zeit die geschätzte Gesamtleistung fahre?*

A Genau.

F *Und wer sagt mir jetzt, welches Gut ich wie abschreibe?*

A Das können Sie frei entscheiden, sofern für dieses Gut mehrere Methoden zur Auswahl stehen. Sie könnten beispielsweise einen PKW linear, den nächsten degressiv und einen 3. mittels Leistungs-AfA abschreiben.

☞ **Ü 20**

2.1.2 Geringwertige Wirtschaftsgüter

Stellen Sie sich vor, Sie kaufen 10 Büroregale für je 399 DM netto auf Ziel. Laut AfA-Tabelle beträgt ihre ND 10 Jahre. Theoretisch müßten Sie jedes Regal linear jährlich mit 39,90 DM (bzw. degressiv) abschreiben. Das wäre viel Arbeitsaufwand. Deshalb erlaubt der Gesetzgeber hier eine **Vereinfachung**.

Geringwertige Wirtschaftsgüter (**GWG**) haben einen Nettowert von **max. 800,00 DM**. Sofern sie *selbständig nutzbar* sind, dürfen Sie sie im Jahr der Anschaffung bzw. Herstellung **voll abschreiben**.

Beim Kauf buchen Sie zunächst:

BS ①: **GWG** **3.990,00**
         Vorsteuer   638,40
         an **Verbindlichkeiten** 4.628,40

Zum 31. Dez. erfolgt eine Vollabschreibung der GWG:

         Abschreibungen an **GWG** **3.990.00**

Falls Ihr Kontenrahmen ein *spezielles* Abschreibungskonto für GWG vorsieht, lautet der Buchungssatz statt dessen:

Abschreibungen auf GWG an GWG **3.990**

In beiden Fällen sind die Regale im Jahr der Anschaffung **voll abgeschrieben**. Da Sie sie aber nach wie vor benutzen, müssen Sie alle GWG in einem gesonderten *Bestandsverzeichnis* aufführen.

☛   *Moment mal! Ich habe doch 3.990 DM für die Regale bezahlt, also viel mehr als 800 DM. Wieso gelten die dann als GWG?*

◢   Sie dürfen nicht den Gesamtwert nehmen, sondern die Anschaffungskosten *von jedem einzelnen Anlagegut* – und der liegt mit je 399 DM deutlich unter der Grenze von 800 DM.

GWG bis 100 DM netto dürfen bei der Anschaffung sofort als Aufwand gebucht werden, z.B. über das Aufwandskonto „Büromaterial".

Beispiel: Sie kauften am 03. Mai 5 Taschenrechner und Aktenordner für zusammen 300 DM netto gegen bar. Jedes einzelne Gut ist weniger als 100 DM wert.

Buchung: **Büromaterial**............................ **300**
              Vorsteuer................................. **48**
              an **Kasse**................................... **348**

☛   *Die Grenzen von 800 DM bzw. 100 DM, gelten die auch für kleinere Kaufleute oder Selbständige, die nicht Vorsteuerabzugsberechtigt sind?*

◢   Im Prinzip ja, allerdings setzen Sie in diesen Fällen den Bruttobetrag an. Beim Kauf von GWG gilt dann der Höchstbetrag von 928 DM bzw. von 116 DM (bei 16% USt). Bei 7% USt wären es 856 DM bzw. 107 DM.

F *Vorhin hieß es, GWG müssen **selbständig nutzbar** sein. Was bedeutet das?*

A Im Einzelfall ist dies nicht immer leicht abzugrenzen. Selbständig nutzbar sind z.B. Taschenrechner, Rechen- und Schreibmaschinen, Telefone, Regale, Bohrmaschinen, Kühlschränke oder eine Kaffeemaschine.

F *Und was ist **nicht selbständig nutzbar?***

A Beispielsweise Monitor, Tastatur oder Laufwerk eines PC. Diese erhöhen den Wert des Computers. Oder beim PKW zählen das Autoradio, das Autotelefon, die Anhängerkupplung oder der Dachgepäckträger als nicht selbständig nutzbar. Auch sie erhöhen den Wert des PKW.[1]

Beispiel: Einer Ihrer PKW wird noch 3 Jahre linear abgeschrieben. Sein Buchwert zum 01. Jan. betrug 30.000 DM. Am 29. März lassen Sie eine Anhängerkupplung und ein Autoradio einbauen, zusammen 2.400 DM netto.

Buchung: **Fuhrpark**... **2.400**
              Vorsteuer... **384**
              an **Verbindlichkeiten**............................... **2.784**

Damit steigt der Wert des PKW auf 32.400 DM. Da er linear abgeschrieben wird, müssen Sie ihn in den restlichen 3 Jahren mit jeweils 10.800 DM abschreiben.[2] Zum 31. Dez. lautet daher die...

Buchung: **Abschreibungen** an **Fuhrpark**.................... **10.800**

2.2   Die außerplanmäßige Abschreibung

Das Problem: Wenn Sie im Frühjahr in der Zeitung lesen, daß ein Hochwasser Schäden in Millionenhöhe angerichtet hat, so ist das ein Grund für eine **außerplanmäßige Abschreibung**: Aufgrund

---

[1] Vgl. Kap. C 8.1.

[2] Formel: Restwert : Restnutzungsdauer = 32.400 : 3 = 10.800 DM.

von *außergewöhnlichen Ereignissen* sinkt der Wert Ihres Anlagevermögens, u.a. auch durch Unfälle oder Brand. Es können *sämtliche* Anlagegüter betroffen sein – dieses Mal sogar Grundstücke!

Beispiel: Sie hatten ein Grundstück für 300.000 DM erworben. Mit diesem Wert führten Sie es die ganze Zeit in der Bilanz. In einem Jahr wird festgestellt, daß der Boden kontaminiert ist; der Wert sinkt deshalb auf 100.000 DM.

Buchung: **Außerplanmäßige AfA an Grundstücke.. 200.000**

In Ihrer Schlußbilanz führen Sie das Grundstück dann mit 100.000 DM. Diese Vorgehensweise entspricht dem *Niederstwertprinzip*.

Falls der Schaden irgendwann später behoben wird, wird das Anlagegut wieder mit seinem neuen Wert angesetzt[1] – wobei die ursprünglichen Anschaffungs- oder Herstellungskosten nicht überschritten werden dürfen!

Als Umkehrschluß zu den Abschreibungen wird hierzu das Ertragskonto **Zuschreibungen** im Haben angesprochen.

Beispiel: In einem Folgejahr wird der Boden des Grundstücks entseucht; sein Wert steigt wieder auf die früheren 300.00 DM.

Buchung: **Grundstücke an Zuschreibungen............. 200.000**

☛ *Wenn das Grundstück aber mittlerweile z.B. 1 Mio. DM wert ist, muß ich dann nicht diesen höheren Wert ansetzen?*

▲ Nein, Sie dürfen es mit höchstens 300.000 DM führen. Nach dem *Niederstwertprinzip* dürfen die ursprünglichen Anschaffungs- oder Herstellungskosten nicht überschritten werden. Ein weiteres Prinzip spielt hier eine Rolle: Im Vergleich zum Marktwert läge ein *nichtrealisierter Gewinn* in Höhe von 700.000 DM vor – und nichtrealisierte Gewinne dürfen *nicht ausgewiesen* werden. Erst wenn Sie das Grundstück

---

[1] Man nennt das „Wertaufholung".

für diesen höheren Preis verkaufen (d.h. realisieren), weisen Sie einen Ertrag aus.

☞ *Welches AV kann ich noch außerplanmäßig abschreiben?*

◢ Auch immaterielle Anlagegüter oder Finanzanlagen.

2.3   Die indirekte Abschreibung auf Sachanlagen

Bisher haben Sie Methoden der **direkten Abschreibung** kennengelernt: Die Anlagekonten wurden im Haben angesprochen und die Wertminderung damit direkt ausgewiesen.
Statt dessen ist in allen Fällen auch die **indirekte Abschreibung** möglich. Dabei bleiben die Anschaffungs- bzw. Herstellungskosten eines Gutes die ganze Zeit im Soll des Anlagekontos stehen.

Was ändert sich dadurch? Die Abschreibung stellt natürlich nach wie vor einen Aufwand dar (im Soll); im Haben wird nun nicht mehr das Anlagekonto angesprochen, sondern ein spezielles Konto **Wertberichtigungen auf Sachanlagen** (= WB auf Sachanlagen).

Beispiel: Nehmen wir als Beispiel den Fall von S. 136: Kauf eines PKW für 40.000 DM netto, der zum 31. Dez. einen Wert von 30.000 DM hat (Wertminderung = 10.000 DM).

BS ①: **Abschreibungen an WB auf Sachanlagen .. 10.000**

Aha, werden Sie sagen; und wie sieht dann das Hauptbuch aus? So:

S	Fuhrpark	H		S	Abschreibungen	H
...	40.000	③SBK 40.000		①WB	10.000	②GuV 10.000

S	WB auf Sachanlagen	H
④SBK 10.000	①Abs. 10.000	

S	SBK	H		S	GuV	H
③Fpk. 40.000	④WB 10.000			②Abs. 10.000		

Wie Sie sehen, wurden die Konten abgeschlossen:

BS ②:　GuV an Abschreibungen.............................. **10.000**

BS ③:　SBK an Fuhrpark.................................... **40.000**

BS ④:　WB auf Sachanlagen an SBK.................... **10.000**

Dadurch weist das Konto SBK im Soll die ursprünglichen Anschaffungskosten mit 40.000 DM aus; da dieser Wert zu hoch ist, wird er im Haben durch die Wertberichtigungen – wie der Name schon sagt – um 10.000 DM korrigiert. Damit ergibt sich im SBK per Saldo der aktuelle Wert von 30.000 DM.

Übrigens: Wertberichtigungen sind zwar Passiva, zählen aber *nicht* zum Fremdkapital, da sie reine **Korrekturposten** sind (Sie werden noch andere Wertberichtigungen kennenlernen!)[1].

Alle Buchungen im Zusammenhang mit der Abschreibung können Sie indirekt vornehmen. Für *Kapitalgesellschaften* gilt allerdings, daß in der veröffentlichten Bilanz der direkte Wert ausgewiesen wird, also Anlagebestand abzügl. der Wertberichtigungen.

F *Und welchen Vorteil hat dann die indirekte Abschreibung?*
A Nun, nehmen Sie z.B. an, Ihr Fuhrparkbestand weist bei der direkten Abschreibung einen Betrag von 60.000 DM aus. Rein von den Zahlen her wissen Sie nicht, ob es sich dabei um *einen* (relativ neuen) PKW handelt, oder um 5 ältere, die schon zum großen Teil abgeschrieben sind. Mit Hilfe der indirekten Methode weisen Sie aber den Anschaffungswert aus und sehen deutlich, daß dieser z.B. 240.000 DM betrug. Die indirekte Abschreibung ist also transparenter.

F *Und wenn ich das Anlagegut komplett abgeschrieben habe?*

---

[1] Vgl. die Abschreibungen auf Forderungen ab Kapitel D 3.2.3.

▲ Dann weisen Anlagekonto und Wertberichtigungen den gleichen Betrag aus. Auf den Erinnerungswert wird dann verzichtet, da das Gut sowieso auf dem Anlagekonto geführt wird – im letzten Jahr wird also *nicht* eine DM weniger abgeschrieben.

☞ *Und wenn ich das Anlagegut verkaufe?*

▲ Dann müssen Sie auch das Konto „Wertberichtigungen" auflösen:

Beispiel: Nehmen wir hierzu das Beispiel von S. 125:
Sie verkaufen einen PKW mit einem Buchwert von 5.000 DM für 6.000 DM netto; bei Anschaffungskosten von (angenommen) 25.000 DM haben Sie bislang 20.000 DM abgeschrieben (Konto WB).

Zunächst ein Blick ins Hauptbuch:

S	Fuhrpark	H		S	WB auf Sachanlagen	H
AB	25.000				AB	20.000

Wie buchen Sie? Beim Verkauf selbst und bei der Erfolgsermittlung unverändert:

BS ①:	**Forderungen a. LL**............................	**6.960**
	an **Erlöse aus Anlagenabgängen**.................	**6.000**
	an **Umsatzsteuer**..	**960**

BS ②:	**Erlöse aus Anlagenabgängen**.........	**6.000**
	an **Fuhrpark**...	**5.000**
	an **Ertrag aus Anlagenabgang**...................	**1.000**

Das Konto Fuhrpark wird beim Ansprechen mit 5.000 DM (BS ②) jetzt nicht aufgelöst, sondern erfaßt nur den Vermögensabgang:

S	Fuhrpark	H		S	WB auf Sachanlagen	H
AB	25.000	②	5.000		AB	20.000

Jetzt müssen Sie noch die Wertberichtigungen (20.000 DM) und das Fuhrparkkonto auflösen (Restbestand: ebenfalls 20.000 DM):

BS ③: **WB auf Sachanlagen** an **Fuhrpark** **20.000**

Dieser 3. Buchungssatz ist die einzige Änderung, die sich im Beispielfall ergibt.

Und jetzt haben Sie sich wirklich eine Pause verdient – Sie kennen nun alle wesentlichen Buchungen, die mit der Abschreibung auf Sachanlagen anfallen.

☛ *Sie betonen das Wort* Sachanlagen. *Kann ich immaterielle Anlagen ebenfalls abschreiben?*

◀ Ja, z.B. Patente, Software oder eine käuflich erworbene Kundenkartei; oder wenn Sie z.B. als Verlag einem anderen einen Zeitschriftentitel abkaufen.

☛ *Und die Buchungen lauten genauso wie bei Sachanlagen?*

◀ Ja.

☛ *Eine Frage noch: Ein Kollege erzählte mir mal etwas von einer* digitalen *Abschreibung. Gibt's das?*

◀ Ja. Die hier vorgestellten Methoden sind alle nach Handels- *und* nach Steuerrecht zulässig. Wenn Sie also nur *eine* Bilanz aufstellen, die beiden Anforderungen genügt, müssen Sie eine der vorgestellten Methoden wählen. Die digitale Abschreibung ist steuerrechtlich nicht erlaubt.

☛ *Gibt es noch weitere Methoden?*

◀ Ja, aber auch diese sind nur handelsrechtlich gestattet und haben deshalb in der Praxis keine Bedeutung.
Ein Sonderfall sei allerdings noch genannt: Die Abschreibung von Gebäuden kann nach sog. *Staffelsätzen* erfolgen, die der Gesetzgeber festlegt. Aber auch hier sind die Buchungen natürlich im Prinzip genauso, wie Sie es schon kennen.

3   Bewertung des Umlaufvermögens

Jetzt rutschen wir auf der Aktivseite der Bilanz ein Stückchen tiefer und kommen zum UV. Es teilt sich in drei große Gruppen auf:[1]

- **Vorräte:** z.B. Waren (im Handel), Roh-/Hilfs-/Betriebsstoffe, Fremdbauteile, Unfertige und Fertigerzeugnisse (in der Industrie)
- **Forderungen:**[2] z.B. Forderungen a. LL, Besitzwechsel, Forderungen an Mitarbeiter, Vorsteuer
- **Flüssige Mittel:** z.B. Kasse, Bank, Postbank, Schecks

Im Rahmen der *Abschlußarbeiten* fallen vor allem mit *der Bewertung von Vorräten und Forderungen a.LL* spezielle Buchungen an, die in diesem Kapitel vorgestellt werden.Da bezüglich der Vorräte hier nur der theoretische Hintergrund dargestellt wird, können Sie diesen Teil überspringen und direkt zu den verschiedenen Buchungen übergehen, die mit der Bewertung von Forderungen anfallen (→ Kap. D 3.2).

Vielleicht wollen Sie aber noch etwas Ihren Grips trainieren und widmen sich zuerst der...

✏ **Ü 21**

3.1   Bewertung der Vorräte

Die grundsätzlichen Buchungen bei den Vorräten kennen Sie bereits aus Kap. C 3. Voraussetzung dabei ist, daß Sie die richtige Höhe der Schlußbestände ermitteln. Für Vorräte müssen Sie das *strenge* **Niederstwertprinzip** beachten, d.h., daß in der Bilanz von zwei möglichen Wertansätzen *immer der niedrigere* anzusetzen ist. Für Stoffe und Waren gibt es dazu – abweichend vom Einzelbewertungsprinzip – gewisse Erleichterungen:

---

[1] Vgl. hierzu das Inventar von S. 19 f.

[2] „Forderungen" sind hier im allgemeinen Sinn zu verstehen.

Als Methode der Bewertungsvereinfachung schauen wir uns dazu die sog. **Durchschnittsbewertung** an:[1] Im Laufe eines Geschäftsjahres beziehen Sie gleiche Vorräte oft zu verschiedenen Preisen. Aus ökonomischen Gründen dürfen Sie diese deshalb **summarisch** bewerten, d.h., Sie bilden einen (gewogenen) *Durchschnittswert*.

<u>Beispiel:</u> Sie bezogen im Abschlußjahr Heizöl wie folgt:

	Liter	AK je Liter	Gesamtwert
01. Jan: AB	1 000	0,65 DM	650 DM
16. Febr.: Zugang	1 500	0,80 DM	1.200 DM
03. Aug.: Zugang	4 000	0,50 DM	2.000 DM
04. Okt.: Zugang	2 500	0,62 DM	1.550 DM
Summe	9 000		5.400 DM

5.400 DM geteilt durch 9 000 Liter ergibt einen Durchschnittspreis je Liter Heizöl von 0,60 DM/l.

Wenn Ihre Inventur beispielsweise einen Schlußbestand von 1 800 Litern ergibt, so ist diese Menge mit je 0,60 DM zu bewerten (= 1.080 DM). Die Differenz zu 5.400 DM ergibt den Verbrauch.[2]

Wir ergänzen dazu die obige Tabelle (fettgedruckte Zahlen):

	Liter	AK je Liter	Gesamtwert
...	...	...	...
Summe	9 000	**0,60 DM**	5.400 DM
– **SB**	**1 800**	**0,60 DM**	**1.080 DM**
= **Verbrauch**	**7 200**	**0,60 DM**	**4.320 DM**

---

[1] Auf die Darstellung der verschiedenen Verbrauchsfolgeverfahren soll hier verzichtet werden; auch sie folgen der gleichen Buchungsmethodik, wenn auch mit anderen Beträgen.

[2] Im Verbrauch mag zu einem gewissen Teil Schwund, Verderb oder Diebstahl enthalten sein. Erst wenn diese in unüblicher Höhe anfallen, erfolgt eine Abschreibung auf Vorräte. Ansonsten werden sie als Verbrauch gebucht.

Falls noch nicht geschehen, müßten Sie jetzt den Verbrauch buchen:

Buchung: **Betriebsstoffaufwand** an **Betriebsstoffe** **4.320**

☛ *Das ist ja eine ganz einfache Methode!*

▲ Ja, wobei es auch hier eine komplexere Version gibt, die hier aber nicht vorgestellt werden soll.

☛ *Die Durchschnittsbewertung kann ich für alle Vorräte anwenden?*

▲ Jein. Für unfertige und Fertigerzeugnisse nicht – deren Wert ermitteln Sie anhand der Herstellungskosten.

Für die *fremdbezogenen* Stoffe und Waren gilt die Durchschnittsmethode *uneingeschränkt*. Sie ist, wenn man so will, für Vorräte das, was die lineare Abschreibung beim Anlagevermögen ist, nämlich die *Standardbewertungsmethode* (die auch steuerrechtlich anerkannt ist).

3.2   Bewertung der Forderungen

Nun kommen wir zu einem etwas komplizierteren Thema – aber keine Angst, das schaffen Sie schon!

Je nach Branche kommt es mehr oder weniger regelmäßig zu Umsätzen *auf Ziel*. Dabei besteht natürlich ein gewisses **Ausfallrisiko**: Denken Sie beispielsweise daran, daß einer Ihrer Schuldner Konkurs[1] anmeldet, oder, daß Sie vergessen haben, Ihre Forderung rechtzeitig einzutreiben, so daß sie jetzt verjährt ist.

Je **nach Sicherheit** der Zahlung teilen Sie Ihre Forderungen ein in:

> • **einwandfreie** Forderungen
> • **zweifelhafte** Forderungen
> • **uneinbringliche** Forderungen

---

[1] Konkurs und Vergleich sind im Glossar erklärt.

Bei **einwandfreien Forderungen** spricht nichts dagegen, daß der komplette Rechnungsbetrag beglichen wird; sie werden weiterhin auf dem Konto *Forderungen a. LL* erfaßt.
Zweifelhafte Forderungen haben Sie dann, wenn Sie *konkreten Anlaß* zur Annahme haben, daß Sie auf einen Teil oder die ganze Forderung verzichten müssen; dies ist z.b. der Fall, wenn Ihr Schuldner Vergleich oder Konkurs anmeldet. Für zweifelhafte Forderungen wird ein gleichnamiges Konto angelegt.
Bei **uneinbringlichen Forderungen** schließlich steht der Forderungsausfall *endgültig* fest.

Zum Teil bewerten Sie die Forderungen *einzeln* (Einzelbewertungsprinzip!), und zwar, wenn bezüglich einer *bestimmten* Forderung an einen *bestimmten* Kunden etwas zu berichtigen ist (= **spezielles Ausfallrisiko**).
Für alle anderen (einwandfreien) Forderungen wissen Sie aus der Erfahrung, daß dort trotzdem mit einem gewissen Ausfall zu rechnen ist, selbst wenn Sie dazu *noch keine speziellen Anhaltspunkte* haben (= **allgemeines Ausfallrisiko**). Diese Forderungen können als Gruppe *pauschal* bewertet werden.

Zunächst wenden wir uns dem **speziellen Forderungsausfall** zu. Dabei kann die Forderung abgeschrieben werden, und zwar **direkt**, wenn der erste Anhaltspunkt und die endgültige Uneinbringlichkeit im *selben* Geschäftsjahr vorliegen. Wird durch den Fall der Bilanzstichtag überschritten, so wird **indirekt** abgeschrieben.

3.2.1 Direkte Abschreibung von uneinbringlichen Forderungen

Das Bekanntwerden des möglichen Forderungsausfalls und der endgültige Ausfall *liegen im selben Geschäftsjahr*. Sie schreiben die Forderung dann direkt ab.

Beispiel: Sie verkauften am 05. Mai Waren für 6.000 DM netto auf Ziel. Anschließend passiert folgendes:

Am 12. Juni beantragt Ihr Schuldner die Eröffnung des Konkursverfahrens, was das Gericht am 28. Juni mangels Masse ablehnt.

Schauen wir uns die GVF der Reihe nach an:

① Konkursantrag am 12. Juni: Ihre Forderung wird zweifelhaft. Sie buchen sie einfach um.

BS ①:	**Zweifelhafte Forderungen**.............. **6.960**
	an (einwandfreie) Forderungen a. LL **6.960**

② Ablehnung des Konkursantrags: Die Forderung wird uneinbringlich; Sie schreiben sie ab und korrigieren die in der Forderung enthaltene Umsatzsteuer.

BS ②:	**Abschreibungen auf Forderungen**. **6.000**
	Umsatzsteuer................................. **960**
	an Zweifelhafte Forderungen **6.960**

③ Das Konto „Abschreibungen auf Forderungen" wird als Aufwandskonto natürlich über GuV abgeschlossen.

BS ③:	**GuV** an **Abschreibungen auf Forderungen** **6.000**

Im Hauptbuch sehen die betroffenen Konten so aus (Das USt-Konto wird hier nicht gezeigt – da es korrigiert wird, wird es im Soll angesprochen):

```
S     Forderungen a. LL   H      S      Zweifelhafte Ford.    H
...      6.960 | ①     6.960←──→ ①    6.960 | ②        6.960
                                                            ↑
S  | Abschreibungen a. Ford.H      S          GuV           H
②↳    6.000 | ③     6.000←──→ ③    6.000 |
```

Gar nicht so schwer, oder? Eine Variation ergibt sich, wenn nicht der gesamte Forderungsbetrag ausfällt, sondern nur *ein Teil* davon.

Nehmen wir zur Veranschaulichung wieder die obigen Daten.

Beispiel: Warenverkauf auf Ziel, netto 6.000 DM.
Nun allerdings beantragt Ihr Schuldner am 12. Juni Vergleich. Am 05. Sept. ist das Vergleichsverfahren beendet; die Vergleichsquote beträgt 60 %.

① Vergleichsantrag am 12. Juni: Ihre Forderung wird zweifelhaft.
Sie buchen wiederum:

BS ①: **Zweifelhafte Forderungen**............ **6.960**
        an (einwandfreie) Forderungen a. LL........ **6.960**

② Der Vergleich kommt zustande. Da die Quote 60 % beträgt, erhalten Sie 60 % (= 4.176 DM) überwiesen. Die restlichen 40 % (= 2.784 DM brutto) sind wie folgt zu korrigieren:
Der Nettoausfall über 2.400 DM wird abgeschrieben, die darauf anfallende anteilige Umsatzsteuer (= 384 DM) wird korrigiert.

BS ②: **Bank**..................................... **4.176**
        Abschreibungen auf Forderungen. **2.400**
        Umsatzsteuer **384**
        an Zweifelhafte Forderungen **6.960**

③ Abschluß des Kontos Abschreibungen auf Forderungen.

BS ③: **GuV an Abschreibungen auf Forderungen   2.400**

Diese Vorgehensweise wird Sie nicht weiter erstaunen: Der anteilige Nettowert der Forderung wird abgeschrieben, die darauf anfallenden 16 % Umsatzsteuer berichtigt, der restliche Bruttobetrag geht auf Ihr Bankkonto ein.

Und wenn meine Forderung inklusive 7 % USt war?

Dann buchen Sie aus 107 % Bruttoausfall die Steuer heraus. Falls die Forderung ohne USt war, müssen Sie natürlich auch keine Steuer korrigieren.

3.2.2 Zahlungseingang für bereits abgeschriebene Forderungen

In einem *Folgejahr* kann es passieren, daß Sie aus einer bereits abgeschriebenen Forderung einen Zahlungseingang verzeichnen. Der Nettowert der Zahlung wird dann als **periodenfremder Ertrag** gebucht, außerdem *lebt die Umsatzsteuer wieder auf.*

Beispiel: Aus Ihrer im Vorjahr abgeschriebenen Forderung überweist Ihnen Ihr Schuldner 464 DM (brutto!).

Buchung: **Bank**.. **464**
    an **Periodenfremder Ertrag**....................... **400**
    an **Umsatzsteuer**.................................... **64**

3.2.3 Indirekte Abschreibung auf Forderungen

Worum geht's? Zum Bilanzstichtag liegen Ihnen *konkrete Anhaltspunkte* dafür vor, daß im nächsten Jahr eine *bestimmte* Forderung ausfallen wird. Zum anderen wissen Sie aus Erfahrung, daß ein Teil der noch einwandfreien Forderungen *ebenfalls* im neuen Jahr *uneinbringlich* wird.

In solchen Fällen wird aus Gründen der *Vorsicht* im alten Jahr eine Abschreibung vorgenommen. Damit das Forderungskonto nach wie vor den gesamten *Rechtsanspruch* ausweist, erfolgt hier eine **indirekte** Abschreibung.[1] Dazu werden zwei neue Konten benötigt:

- **Einzelwertberichtigungen** (EWB)
- **Pauschalwertberichtigungen** (PWB)

---

[1] Auch hier erfolgt die Gegenbuchung nicht über das Aktivkonto, sondern über die genannten Korrekturkonten – ein Vorgehen, das Sie bereits von der indirekten Abschreibung auf Sachanlagen kennen; vgl. S. 150 ff.

3.2.4 Einzelwertberichtigung auf Forderungen

Situation: **Zum 31. Dez.** liegen Ihnen bezüglich einer bestehenden Forderung Informationen vor, so daß Sie mit einem Forderungsausfall im nächsten Jahr rechnen. Vorsichtshalber schreiben Sie die Forderung in Höhe des geschätzten Ausfalls ab.

Beispiel: Sie verkauften am 18. Sept. Waren auf Ziel (netto 6.000 DM). Am 29. Nov. erfahren Sie, daß der Schuldner Antrag auf Konkurs gestellt hat. Zum 31. Dez. rechnen Sie nach Auskunft des Konkursverwalters mit einem Ausfall von 80 %.

① Beim Bekanntwerden des möglichen Ausfalls am 29. Nov. buchen Sie die Forderung – wie gehabt – als zweifelhaft um.

BS ①:	**Zweifelhafte Forderungen**............	**6.960**
	an **(einwandfreie) Forderungen a. LL**........	**6.960**

② Zum 31. Dez. buchen Sie den erwarteten Ausfall von 80 % auf den Nettobetrag der Forderung:
80 % von 6.000 DM netto = 4.800 DM

BS ②:	**Abschreibungen a. Forderungen** ...	**4.800**
	an **EWB**....................................	**4.800**

Nach Abschluß der Konten stehen sich im SBK die gesamte Forderung im Soll (Ihr Rechtsanspruch!) und die vorsorglich vorgenommene Wertberichtigung im Haben gegenüber.
Auch hier gilt: *Kapitalgesellschaften* buchen genauso, in der veröffentlichten Bilanz dürfen allerdings keine Wertberichtigungen ausgewiesen sein. Sie müssen deshalb beide Konten miteinander saldieren (Im Beispiel weisen die zweifelhaften Forderungen dann 6.960 – 4.800 = 2.160 DM aus).

Wenn im **Folgejahr** der Fall abgeschlossen wird, sind mehrere Situationen denkbar: Entweder war Ihr geschätzter Ausfall zu hoch oder zu niedrig oder er stimmte genau.

Fall A: Der Konkursverwalter überweist Ihnen 20 % = 1.392 DM;
Ihre Schätzung des möglichen Ausfalls stimmte genau.

① Zunächst buchen Sie den Zahlungseingang.

BS ①: **Bank an Zweifelhafte Forderungen** **1.392**

② Außerdem müssen Sie die anteilige Umsatzsteuer auf den tatsächlichen Forderungsausfall (netto) berichtigen:
tatsächlicher Nettoausfall = 4.800 DM · 16 % = 768 DM.

BS ②: **Umsatzsteuer an Zweifelhafte Ford.** **768**

③ Schließlich müssen Sie die EWB und die zweifelhaften Forderungen auflösen, da der Fall abgeschlossen ist.

BS ③: **EWB an Zweifelhafte Forderungen** **4.800**

Eigentlich alles ganz logisch, nicht wahr? Selbstverständlich
können Sie die drei Buchungen auch zu *einem* Buchungssatz
zusammenfassen.

Fall B: Der Konkursverwalter überweist Ihnen 10 % = 696 DM;
Sie lagen mit Ihrer Schätzung zu niedrig.

Schauen wir uns dazu erst einmal eine tabellarische Übersicht an:

	Zweifelhafte Forderung (brutto)	6.960 DM
–	Zahlungseingang (brutto)	696 DM
=	tatsächlicher Ausfall, brutto	6.264 DM
–	darin enthaltene USt (Berichtigung)	864 DM
=	tatsächlicher Ausfall, netto	5.400 DM
–	geschätzter Ausfall (Wertberichtigung)	4.800 DM
=	zusätzlicher Forderungsverlust (Aufwand)	600 DM

Versuchen Sie, die einzelnen Beträge in Ihrer Entwicklung nachzuvollziehen. Probieren Sie es ruhig erst einmal selbst und bilden Sie die Buchungssätze.

O.k.? Dann bekommen Sie jetzt die Buchungen:

① Auch hier buchen Sie als erstes den Zahlungseingang.

BS ①: **Bank** an **Zweifelhafte Forderungen** **696**

② Außerdem müssen Sie die anteilige Umsatzsteuer auf den tatsächlichen Forderungsausfall (netto) berichtigen:
tatsächlicher Nettoausfall = 5.400 DM · 16 % = 864 DM.

BS ②: **Umsatzsteuer** an **Zweifelhafte Ford.** **864**

③ Schließlich lösen Sie die EWB auf.

BS ③: **EWB** an **Zweifelhafte Forderungen** **4.800**

④ Und jetzt? Sie stellen fest, daß das Konto „Zweifelhafte Forderungen" noch 600 DM ausweist und daher noch nicht aufgelöst ist. Das ist erst der Fall, wenn Sie es als Gegenkonto zum periodenfremden Aufwand ansprechen.

BS ④: **Periodenfr. Aufwand** an **Zweifelh. Ford.** ... **600**

Fall C: Der Konkursverwalter überweist nun 30 % = 2.088 DM; Ihre Schätzung war zu hoch. Erst einmal die Tabelle:

	Zweifelhafte Forderung (brutto)	6.960 DM
–	Zahlungseingang (brutto)	2.088 DM
=	tatsächlicher Ausfall, brutto	4.872 DM
–	darin enthaltene USt (Berichtigung)	672 DM
=	tatsächlicher Ausfall, netto	4.200 DM
–	geschätzter Ausfall (Wertberichtigung)	4.800 DM
=	periodenfremder Ertrag	600 DM

Und nun die Buchungen insgesamt:

BS ①: **Bank** an **Zweifelhafte Forderungen** **2.088**

BS ②: **Umsatzsteuer** an **Zweifelhafte Ford.** **672**

BS ③: **EWB** an **Zweifelhafte Forderungen** **4.200**

BS ④: **EWB** an **Periodenfremder Ertrag** **600**

Die Buchungen ① und ② sind im Prinzip wie zuvor. Im BS ③
wurde nun nicht das Konto EWB aufgelöst, sondern die
Zweifelhaften Forderungen, auf denen nur noch 4.200 DM
Restbestand waren.
Da die EWB aber immer noch einen Betrag von 600 DM ausweisen, muß auch dieses Konto aufgelöst werden. BS ④ übernimmt
dies und bucht gleichzeitig den Ertrag.

🏳 *Das ist ziemlich komplex. Wie gehe ich am besten vor?*

🏴 Fertigen Sie am besten ebenfalls eine kleine Tabelle (s.o.)
an. Dadurch werden Ihnen die Beträge deutlich. Vielleicht
nehmen Sie alle Buchungen in einem Buchungssatz vor:
Zunächst tragen Sie im Soll den Zahlungseingang auf dem
Bankkonto ein und die USt-Korrektur. Anschließend lösen
Sie die EWB auf – der Rest ergibt sich dann zwangsläufig.

🏳 *Die Umsatzsteuer darf ich also erst berichtigen, wenn der
Forderungsausfall* endgültig *feststeht?*

🏴 Im Normalfall ja. Allerdings: im Konkursfall ist nach deut-
schem Umsatzsteuerrecht die USt *sofort* bei Bekanntwerden
zu korrigieren. Der Einfachheit halber haben wir dies im
obigen Beispiel nicht so gehandhabt.

🏳 *Ich gehe also tatsächlich meine Forderungen durch und
überprüfe bei jeder einzelnen, ob der Zahlungseingang un-
sicher ist?*

🏴 Ja.

3.2.5 Pauschalwertberichtigung auf Forderungen

Neben der EWB für bestimmte Forderungen können Sie auch eine **Pauschalwertberichtigung** *für die restlichen Forderungen* bilden, über deren möglichen Ausfall Ihnen *noch nichts bekannt* ist.

Beispiel: Ihre (einwandfreien) Forderungen weisen zum 31. Dez. einen Bestand von 255.200 DM aus. Vorsorglich bilden Sie darauf eine PWB von 3 %, d.h. auf den Nettowert der Forderungen von 220.000 DM = 6.600 DM.

Buchung: **Abschreibungen a. Forderungen** ... **6.600**
         an **PWB** **6.600**

Kommt es nun **im Folgejahr** zu einem Forderungsausfall, schreiben Sie diesen *nicht erneut ab*, sondern *verrechnen* ihn mit der bereits gebildeten PWB (und korrigieren die USt).

Beispiel: Im Folgejahr wird eine vorher einwandfreie Forderung über 2.000 DM netto + 320 DM USt uneinbringlich.

Buchung: **PWB** **2.000**
         Umsatzsteuer **320**
         an **Forderungen a. LL** **2.320**

Auf diese Weise lösen Sie *nach und nach* die vorsorglich gebildete PWB auf.

Nehmen wir an, daß die letzte Buchung die einzige Minderung Ihres PWB-Kontos war, dann weist es zum 31. Dez. noch einen Bestand von 4.600 DM aus. Jetzt werden Sie die PWB an den neuen Forderungsbestand anpassen – in aller Regel wird die PWB dabei *herauf-* oder *herab*gesetzt.

Fall A: Ihr Restbestand ist höher als die 3 % auf Ihren derzeitigen Forderungsbestand. Sie setzen die PWB herab; es kommt zu einem **Ertrag aus der Herabsetzung von PWB**[1].

---

[1] Dabei handelt es sich um einen speziellen periodenfremden Ertrag.

<u>Beispiel:</u> Ihre Forderungen betragen 150.000 DM netto; darauf bilden Sie eine PWB von 3 % = 4.500 DM; Sie setzen Ihre PWB also um 100 DM *herab*.

<u>Buchung:</u> **PWB**... **100**
       an **Ertrag a. d. Herabsetzung von PWB** **100**

Fall B: Umgekehrt kommt es bei der *Herauf*setzung der PWB zu einer zusätzlichen Abschreibung (periodenrichtig).

<u>Beispiel:</u> Ihre Forderungen betragen diesmal 200.000 DM netto; darauf 3 % = 6.000 DM; Sie erhöhen Ihre PWB also um 1.400 DM.

<u>Buchung:</u> **Abschreibungen a. Forderungen** ... **1.400**
       an **PWB**.. **1.400**

Na, qualmt Ihnen ordentlich der Kopf? Oder sagen Sie „das ist zwar nicht ganz einfach, aber irgendwie logisch". Dann hätten Sie recht.

Jedenfalls kennen Sie jetzt die Buchungen, die in Bezug auf Forderungsausfälle nötig werden können.

Und jetzt empfehle ich Ihnen als Kontrastprogramm einen schönen Spaziergang oder sonst irgend etwas, das Ihnen Spaß macht. Bis nachher!

F *Noch eine Frage: Warum bucht man einmal einen periodenfremden Ertrag, andererseits aber* keinen *periodenfremden Aufwand?*

A Sie müssen den Zeitpunkt des Verkaufs sehen: Wenn Sie im Jahr 02 die PWB heraufsetzen, dann deswegen, weil Sie im selben Jahr viele Umsätze hatten (also periodenrichtig!). Dagegen setzen Sie sie herab, weil die im Jahr 01 gebildete PWB zu hoch war (also periodenfremder Ertrag).

✏ **Ü 22**

4   Bewertung der Schulden

Sie haben erfahren, daß Vermögensgegenstände nach dem Niederstwertprinzip bewertet werden, d.h. von zwei möglichen
Wertansätzen kommt der niedrigere in die Bilanz. Für Schulden
gilt umgekehrt das **Höchstwertprinzip (HWP)**, d.h. der Schlußbestand wird mit dem *höheren* Wert ausgewiesen.

Das **HWP** wird angewandt bei:

> • **Währungsverbindlichkeiten**
> • **Darlehen und Hypotheken**
> • **Anleihen**

Währungsverbindlichkeiten oder Valutaverbindlichkeiten lauten
auf ausländische Währung. Sie müssen Sie aber in DM ansetzen,
wobei sich aufgrund der Kursänderung zum 31. Dez. ein anderer
Betrag ergeben kann als bei Eingang der Rechnung.

Beispiel: Sie erhielten am 16. Dez. eine ER über Waren. Der
Rechnungsbetrag von 5.000 $ wurde umgerechnet zum
Anschaffungskurs[1] von 1,70 DM/$ = 8.500 DM.

Buchung: **Warenaufwand an Verbindlichkeiten** **8.500**

Zum Bilanzstichtag müssen Sie den *Anschaffungskurs* mit dem *Tageskurs* vom 31. Dez. vergleichen. Diese beispielhaften Möglichkeiten sind denkbar:

Tageskurs	Kurs gestiegen?	Folge
1,70 DM/$	Tageskurs = Anschaff.kurs	➜ keine zusätzliche
1,60 DM/$	Tageskurs < Anschaff.kurs	Buchung
1,80 DM/$	Tageskurs > Anschaff.kurs	➜ Zusätzl. Aufwand

---

[1] Stören Sie sich nicht an dem Begriff „Anschaffungskurs" – man nennt
ihn so: Sie haben quasi Verbindlichkeiten „angeschafft".

Fall A: Der Tageskurs entspricht dem Anschaffungskurs; es ist keine zusätzliche Buchung nötig; die Verbindlichkeiten werden mit 8.500 DM passiviert.

Fall B: Der Tageskurs ist auf 1,60 DM/$ gesunken. Nach dem HWP ist der höhere Wert auszuweisen; es bleibt also beim Schlußbestand von 8.500 DM.

Fall C: Der Tageskurs ist auf 1,80 DM/$ gestiegen. Sie weisen die Verbindlichkeit daher mit 9.000 DM aus. Dazu benötigen Sie eine zusätzliche Buchung über 500 DM:

Buchung: **Warenaufwand** an **Verbindlichkeiten** **500**

Bei **Darlehens- und Hypothekenschulden** wird oft nicht der gesamte Kreditbetrag ausgezahlt, sondern evtl. um das sog. **Abgeld** (= Disagio oder Damnum) gekürzt. Da Sie allerdings 100 % Kreditsumme zurückzahlen müssen, wird diese Schuld (im Haben) ausgewiesen.

Das Abgeld stellt einen *zinsähnlichen Aufwand* dar, allerdings nicht nur für die laufende Periode, sondern *für die gesamte Laufzeit* des Kredits. Um den Aufwand *periodengerecht* zuzuordnen, wird das Abgeld zunächst auf dem speziellen Konto **Aktive Rechnungsabgrenzung** (ARA)[1] erfaßt. Ebenfalls im Soll steht das Bankkonto, auf dem Ihnen der Betrag ausgezahlt wird.

Beispiel: Sie nehmen ein Darlehen auf, und zwar:

	Kreditsumme (100 %)	=	200.000 DM
–	Abgeld (5 %)	=	10.000 DM
=	Auszahlungsbetrag (95 %)	=	190.000 DM

Buchung: **Bank**...   **190.000**
         ARA...   **10.000**
         an **Darlehensschulden** **200.000**

---

[1] In manchen Kontenrahmen ist dafür das spezielle ARA-Konto „Disagio und Damnum" vorgesehen.

Während der Laufzeit des Darlehens buchen Sie jeden 31. Dez. den anteiligen Zinsaufwand vom ARA-Bestand herunter. Im Beispiel beträgt die Laufzeit 5 Jahre, demnach sind je Jahr 2.000 DM Zinsen zu verrechnen:

Buchung: **Zinsaufwand** **2.000**
          an **ARA** **2.000**

☞ *Damit der Zinsaufwand, der für die gesamte Laufzeit gilt, nicht in einer Periode komplett steht, wird über das Konto ARA zwischengebucht – ist das richtig?*

✦ Genau. Der Zinsaufwand ist zwar einmalig entstanden, er ist aber jedem Jahr der Laufzeit anteilig zuzurechnen.

Eine buchungstechnisch verwandte Variante stellt die Ausgabe von **Anleihen** dar. Große Unternehmen geben gelegentlich solche *Schuldverschreibungen* heraus, um sich per Fremdkapital zu finanzieren. Auch in diesem Fall wird der *höhere* Rückzahlungsbetrag im Haben ausgewiesen, demgegenüber stehen die Bankgutschrift und das Konto ARA im Soll.

Beispiel: Sie geben 1000 Industrieobligationen zum Stückpreis von 500 DM mit einer Laufzeit von 10 Jahren heraus. Bei der Ausgabe muß der Käufer nur 98 % bezahlen, die Rückzahlung erfolgt später zu 103 %:

	Rückzahlungskurs (103 %)	=	515.000 DM
–	Ausgabekurs (98 %)	=	490.000 DM
=	Abgeld (5 %)	=	25.000 DM

Gebucht wird analog zur Aufnahme von Darlehen:

Buchung: **Bank** **490.000**
          ARA **25.000**
          an **Anleihen** **515.000**

Auch hier wird während der Laufzeit zu jedem *Bilanzstichtag* der *anteilige Zins herausgebucht*, also pro Jahr 2.500 DM:

Buchung: **Zinsaufwand** **2.500**
          an **ARA** **2.500**

☞   *O.k., jetzt kenne ich drei Arten von Schulden, die nach dem Höchstwertprinzip mit dem höheren (Rück-)Zahlungsbetrag angesetzt werden. Wie sieht's bei den anderen Schulden aus?*

◢   Alle anderen auf DM lautenden Verbindlichkeiten werden zum Nennbetrag angesetzt; von daher ist dort keine besondere Buchung mehr nötig. Eine Ausnahme bilden Rückstellungen – diese schauen wir uns in Kap. D 5.3 an.

5   Zeitliche Abgrenzungen

Mehrfach haben Sie bereits gesehen, daß das Prinzip der **periodengerechten Abgrenzung** eine Rolle spielt: schließlich soll der Gewinn periodengenau ermittelt werden![1]

Auf gut deutsch sollen alle Aufwendungen und Erträge, die das Abschlußjahr betreffen, in die aktuelle GuV hinein, selbst wenn sie bislang noch nicht gebucht wurden.

Andererseits müssen alle Aufwendungen und Erträge herausgebucht werden, die wirtschaftlich nicht zum Abschlußjahr gehören.

Sie merken: da fällt zum 31. Dez. noch etwas Buchungsarbeit an.

5.1   Aktive und passive Rechnungsabgrenzung

Zunächst überprüfen Sie alle bereits gebuchten Aufwendungen und Erträge, ob sie Beträge enthalten, die wirtschaftlich zum Folgejahr zählen. Falls ja, werden sie abgegrenzt über die beiden Konten **Aktive** bzw. **Passive Rechnungsabgrenzung** (ARA bzw. PRA).

---

[1] Vgl. S. 133.

Die **aktive Rechnungsabgrenzung** (ARA) wurde Ihnen eben im Zusammenhang mit der Aufnahme von Darlehen bzw. Ausgabe von Anleihen vorgestellt.
Zum Stichtag müssen Sie alle Aufwendungen, die im Abschlußjahr gebucht wurden und das Folgejahr betreffen, über ARA abgrenzen, d.h. herausbuchen und damit quasi ins Folgejahr „hinüberschieben".

Beispiel: Sie überwiesen am 15. Dezember die Gebäudeversicherungsprämie fürs Folgejahr in Höhe von 800 DM.

① Bei der Zahlung am 15. Dez. des *Abschlußjahres* buchten Sie:

BS ①: **Versicherungen an Bank**............................   **800**

② Zum 31. Dez. wird der Aufwand abgegrenzt. Damit wird der vorher gebuchte Aufwand berichtigt.

BS ②: **ARA an Versicherungen**............................   **800**

③ Als aktives Bestandskonto wird das ARA-Konto über SBK abgeschlossen.

BS ③: **SBK an ARA**............................   **800**

④ Im *neuen* Jahr wird ARA eröffnet.

BS ④: **ARA an EBK**............................   **800**

⑤ Anschließend wird der Versicherungsaufwand gebucht. Damit hat das ARA-Konto seinen Zweck erfüllt und wird aufgelöst.

BS ⑤: **Versicherungen an ARA**............................   **800**

F *Das sind recht viele Buchungen; muß das sein?*
A Ja, denn der im alten Jahr gebuchte Aufwand gehört nicht dorthin, sondern ins Folgejahr. Das Konto ARA übernimmt

diese Aufgabe. Hat es seine Funktion im neuen Jahr[1] erfüllt, wird es aufgelöst.

F   *Irgendwie brummt mir dabei trotzdem der Schädel!*
A   Gut, dann schauen wir uns die Buchungen noch einmal an. Sie buchten:

BS	Datum	Soll	Haben
①	15. Dez.	Versicherungen	Bank
②	31. Dez.	ARA	Versicherungen
③	31. Dez.	SBK	ARA
④	01. Jan.	ARA	EBK
⑤	01. Jan.	Versicherungen	ARA

Alles klar? Und jetzt streichen wir paarweise die Konten weg, die nacheinander *einmal im Soll* und *einmal im Haben* (mit den gleichen Beträgen) angesprochen werden, und zwar:
- Versicherungen im Soll (BS ①) und im Haben (BS ②),
- ARA im Soll (②) und im Haben (③),
- SBK im Soll (③) und EBK[2] im Haben (④) sowie
- ARA im Soll (④) und im Haben (⑤).

Das Ganze sieht dann so aus:

BS	Datum	Soll	Haben
①	15. Dez.	~~Versicherungen~~	**Bank**
②	31. Dez.	~~ARA~~	~~Versicherungen~~
③	31. Dez.	~~SBK~~	~~ARA~~
④	01. Jan.	~~ARA~~	~~EBK~~
⑤	01. Jan.	**Versicherungen**	~~ARA~~

---

[1] Im Beispiel der Darlehen und der Anleihen hat es seine Funktion natürlich erst am *Ende der Laufzeit* erfüllt.

[2] SBK und EBK sind schließlich quasi identisch.

Was bleibt übrig? Sie sehen deutlich: letztlich wurde die Bank im alten, der Versicherungsaufwand im neuen Jahr erfaßt – und genau so soll es schließlich sein.

F *Und wieso ist ARA ein Aktivkonto?*

A Es stellt eine sog. **Leistungsforderung** dar, d.h., durch die bereits erfolgte Zahlung haben Sie Anspruch auf eine Leistung, die erst im nächsten Jahr erbracht wird (hier: Versicherungsschutz).

F *Hätte man dann nicht zum 15. Dez. direkt auf ARA buchen können?*

A In diesem Fall, ja. Die erste Buchung hätte dann „ARA an Bank" geheißen, der 2. Buchungssatz wäre entfallen. Manchmal ist es aber übersichtlicher, wenn Sie – wie im Beispiel – zunächst den Aufwand buchen. Sie sehen gleich, warum.

Es kommt vor, daß Sie nur einen *Teilbetrag* des gebuchten Aufwandes abgrenzen müssen, der anderer Teil bleibt periodenrichtig stehen.

Beispiel: Sie überwiesen am 1. April die Kfz-Steuer für den Geschäftswagen für ein Jahr im voraus, 1.200 DM.

① Bei der Zahlung am 1. April des *Abschlußjahres* buchten Sie:

BS ①: **Kfz-Steuer** an **Bank** **1.200**

② Die Jahressteuer betrug 1.200 DM, davon werden 300 DM für die Monate Jan. bis März des Folgejahres abgegrenzt. Die restlichen 900 DM für 9 Monate sind periodenrichtig und werden über GuV abgeschlossen.

BS ②: **GuV** an **Kfz-Steuer** **900**

BS ③: **ARA** an **Kfz-Steuer** **300**

④ Außerdem wird ARA abgeschlossen.

BS ④: **SBK an ARA** **300**

⑤ Im *neuen* Jahr wird das Konto ARA eröffnet sowie
⑥ der Versicherungsaufwand gebucht und ARA aufgelöst.

BS ⑤: **ARA an EBK**...   **300**

BS ⑥: **Versicherungen an ARA** **300**

Sie sehen, dieser Fall ist nur eine Variation des vorherigen: Der
neue BS ② ist zusätzlich, der Rest ist im Prinzip unverändert.

☛   *Und wenn ich im alten Jahr Aufwand plus Vorsteuer gezahlt*
       habe?
◀   Die Vorsteuer stellt keinen Aufwand dar, wie Sie wissen.
       Von daher wurde sie mit der Zahlung im alten Jahr korrekt
       gebucht und wird zum 31. Dez. nicht abgegrenzt.

Beispiel: Sie überwiesen am 1. Okt. den Jahresbeitrag für ein
          Zeitschriftenabonnement über 84 DM netto zzgl. 5,88
          DM Vorsteuer (7 %!).

BS ①: **Büromaterial**[1] **84,00**
          Vorsteuer...............................   **5,88**
          an **Bank**...   **89,88**

Zum 31. Dez. wird nur *vom Nettobetrag abgegrenzt* — eben der
Aufwand: Das Abo kostet Sie 7,00 DM im Monat, also fließen 3
Monate (= 21 DM) in die GuV des alten Jahres, weitere 9 Monate
(= 63 DM) werden über ARA berichtigt:

BS ②: **GuV an Büromaterial**...............................   **21**

BS ③: **ARA an Büromaterial** **63**

---

[1] Oder: Sonstige Verwaltungskosten.

Umgekehrt kann es passieren, daß Sie im alten Jahr bereits einen **Ertrag** erhalten haben, der wirtschaftlich dem Folgejahr zuzurechnen ist. Dies ist ein Fall für eine **Passive Rechnungsabgrenzung**. Sie wird quasi spiegelbildlich zu den ARA-Fällen gebucht, zum 31. Dez. heißt es dann „Ertragskonto *an* PRA".

Beispiel: Ihr Mieter zahlte die Januarmiete bereits am 20. Dez.

BS ①: **Bank** an **Mieterträge** **1.000**

Da dieser Ertrag ins Folgejahr gehört, wird er abgegrenzt. Die Buchungen zum 31. Dez. lauten daher:

BS ②: **Mieterträge** an **PRA** **1.000**

BS ③: **PRA** an **SBK** **1.000**

Damit haben Sie das Konto PRA als Passivkonto bilanziert. Dort gehört es hin, weil es eine **Leistungsverbindlichkeit** darstellt, d.h., Sie haben zwar Geld erhalten, schulden aber noch eine Leistung.

Auch hier wird das Konto PRA im neuen Jahr eröffnet und anschließend aufgelöst:

BS ④: **EBK** an **PRA** **1.000**

BS ⑤: **PRA** an **Mieterträge** **1.000**

Zur Verdeutlichung die Buchungen gleich noch mal, wobei die im Soll und Haben angesprochenen Konten gleich gestrichen sind:

BS	Datum	Soll	Haben
①	15. Dez.	Bank	~~Mieterträge~~
②	31. Dez.	~~Mieterträge~~	~~PRA~~
③	31. Dez.	~~PRA~~	~~SBK~~
④	01. Jan.	~~EBK~~	~~PRA~~
⑤	01. Jan.	~~PRA~~	Mieterträge

☞ *Bestimmt gibt's auch hier die Situation, daß ein Teilbetrag des gebuchten Ertrags ins alte Jahr, der Rest ins Folgejahr gehört, oder?*

◀ So ist es.

Beispiel: Sie haben ein Darlehen vergeben, dessen Zinsen von 50 DM im Monat halbjährlich im voraus gezahlt werden. Der letzte Zahlungstermin war der 1. Sept. für die Monate Sept.–Dez. des alten Jahres und Jan.–Febr. des Folgejahres.

① Zunächst buchen Sie am 1. Sept. die Zahlung.

BS ①: **Bank** an **Zinserträge**....................................   **300**

Zum 31. Dez. grenzen Sie davon 100 DM ab, die restlichen 200 DM sind periodenrichtig und werden über GuV abgeschlossen.

BS ②: **Zinserträge** an **PRA**....................................   **100**

BS ③: **Zinserträge** an **GuV**....................................   **200**

BS ④: **PRA** an **SBK**....................................   **100**

Zum 01. Jan. wird das Konto PRA eröffnet und anschließend aufgelöst. Damit steht der anteilige Zinsertrag zurecht in der Folgeperiode.

BS ⑤: **EBK** an **PRA** **100**

BS ⑥: **PRA** an **Zinserträge** **100**

☞ *Gibt es auch hier Fälle, wo der Zahlungseingang inklusive Umsatzsteuer war?*

◀ Solange Sie einen Zins- oder Mietertrag buchen nicht. Branchenspezifisch kommt es aber vor: stellen Sie sich z.B. die Buchung des Zeitschriftenabos aus Sicht des Verlages vor.

Oder denken Sie an den Ertrag, den ein Reiseveranstalter im alten Jahr für eine Reise erzielt, die erst im Folgejahr stattfindet. Wir verzichten hier auf eine Darstellung der Buchung – im Bedarfsfall können Sie sie bestimmt selbst „zusammenbasteln".

5.2 Sonstige Forderungen und Sonstige Verbindlichkeiten

Worum geht's? Sie haben nun sämtliche Aufwendungen und Erträge, die das Folgejahr betreffen, über ARA bzw. PRA herausgebucht. Umgekehrt gibt es solche *Aufwendungen* und *Erträge*, die zwar zum *Abschlußjahr* gehören, *bislang aber noch gar nicht gebucht wurden!*
Damit sie in die Gewinn und Verlustrechnung des Abschlußjahres einfließen, müssen Sie zum 31. Dez. die erfolgswirksame Buchung vorwegnehmen. Dazu benötigen Sie die beiden Konten:[1]

- **Sonstige Forderungen**
- **Sonstige Verbindlichkeiten**

Beginnen wir mit den **Sonstigen Forderungen**. Dazu kommt es, wenn Erträge, die *wirtschaftlich zum Abschlußjahr* zählen, *noch nicht vereinnahmt* wurden. Sie führen erst im Folgejahr zur Einnahme.

Beispiel: Sie haben ein Darlehen vergeben; dessen Zinsen für den Monat Dezember in Höhe von 150 DM werden erst im Januar eingehen.

① Am 31. Dez. buchen Sie den Ertrag, damit er noch im Abschlußjahr erfolgswirksam wird; Gegenkonto: Sonstige Forderungen.

---

[1] Korrekt heißen die Konten „Übrige Sonstige Forderungen" und „Übrige Sonstige Verbindlichkeiten", da „Sonstige Forderungen" und „Sonstige Verbindlichkeiten" jeweils eine ganze Konten*gruppe* bezeichnen. Wir verwenden hier die verkürzte Benennung.

BS ①: Sonstige Forderungen an Zinserträge **150**

Natürlich schließen Sie beide Konten ab: Sonstige Forderungen als Aktivkonto über SBK, die Zinserträge über GuV:

BS ②: SBK an Sonstige Forderungen **150**

BS ③: Zinserträge an GuV **150**

④ Im neuen Jahr eröffnen Sie das Konto „Sonstige Forderungen":

BS ④: Sonstige Forderungen an EBK **150**

Jetzt fehlt noch eine Buchung: Anders als bei ARA und PRA, die jeweils am 01. Jan. ihren Zweck erfüllt hatten und *aufgelöst* werden konnten, ist dies hier erst dann der Fall, *wenn die Zahlung erfolgt*.

⑤ Ihr Schuldner überweist die ausstehenden Zinsen am 10. Jan.:

BS ⑤: Bank an Sonstige Forderungen **150**

Auch hier sehen Sie die Buchungen noch einmal im Zusammenhang, wobei die paarweise angesprochenen Konten (einmal im Soll, im nächsten Buchungssatz im Haben) wieder weggestrichen wurden:[1]

BS	Datum	Soll	Haben
①	15. Dez.	~~Sonst. Forderungen~~	**Zinserträge**
②	31. Dez.	~~SBK~~	~~Sonst. Forderungen~~
③	31. Dez.	(Zinserträge)	(GuV)
④	01. Jan.	~~Sonst. Forderungen~~	~~EBK~~
⑤	01. Jan.	**Bank**	~~Sonst. Forderungen~~

Was letztlich übrig bleibt, sind die Zinserträge im Abschlußjahr und die Einnahme per Bank im Folgejahr.

---

[1] BS ③ bleibt hier außen vor, da dies eine Abschlußbuchung ist, die im neuen Jahr kein Pendant hat.

Auch hier besteht die Möglichkeit, daß der im neuen Jahr zu vereinnahmende Betrag nur *teilweise* dem Abschlußjahr zuzurechnen ist – wie Sie sicher schon vermutet haben.

Beispiel: Sie haben ein Darlehen vergeben, dessen Zinsen vierteljährlich im Nachhinein bezahlt werden.
Nächster Zahlungstermin ist der 28. Febr. für die Monate Dez. bis Febr. in Höhe von zusammen 450 DM.

① Am 31. Dez. buchen Sie den anteiligen Ertrag (= 150 DM) für den Monat Dezember.

BS ①: **Sonstige Forderungen an Zinserträge** **150**

② + ③ Abschluß der Sonstigen Forderungen und der Zinserträge.

BS ②: **SBK an Sonstige Forderungen** **150**

BS ③: **Zinserträge an GuV** **150**

④ Im neuen Jahr eröffnen Sie das Konto „Sonstige Forderungen":

BS ④: **Sonstige Forderungen an EBK** **150**

Bis dahin unterscheiden sich die Buchungssätze nicht zum vorherigen Fall. Erst bei der Bezahlung müssen Sie die restlichen 2 Monate (= 300 DM) berücksichtigen.

⑤ Ihr Schuldner überweist die ausstehenden Zinsen am 28. Febr.:

BS ⑤: **Bank** **450**
    an **Sonstige Ford.** .... **150** ← Zinsanteil fürs Vorjahr
    an **Zinserträge** .... **300** ← Zinsanteil fürs lfd. Jahr

Durch diese Buchungstechnik haben Sie die Zinserträge *periodenrichtig* gebucht: 150 DM für den Dezember fließen in die GuV des Abschlußjahres, die restlichen 300 DM in die GuV des Folgejahres.

☛ *Und wenn es um einen umsatzsteuerpflichtigen Ertrag geht, wann buche ich dann die Umsatzsteuer?*

◢ Grundsätzlich erst im neuen Jahr, also im BS ⑤.

Zu **Sonstigen Verbindlichkeiten** kommt es im exakten Umkehrfall, d.h., wenn Sie einen *Aufwand des alten Jahres* erst *im neuen Jahr bezahlen.*

☛ *Wenn ich aber für den Aufwand bereits eine Rechnung erhalten habe?*

◢ Dann haben Sie den Aufwand schließlich *bereits gebucht* – Gegenkonto: Verbindlichkeiten a. LL. Es geht hier nur um den Fall, daß der Aufwand des Abschlußjahres bislang *noch nicht erfaßt* wurde.

Beispiel: Ihre Dezembermiete überweisen Sie erst im Folgejahr.

① – ③ Im alten Jahr buchen Sie:

BS ①: **Mietaufwand** an **Sonst. Verbindlichkeiten**.   **900**

BS ②: **Sonst. Verbindlichkeiten** an **SBK**...............   **900**

BS ③: **GuV** an **Mietaufwand**.....................................   **900**

④ Im neuen Jahr eröffnen Sie die Sonstigen Verbindlichkeiten:

BS ④: **EBK** an **Sonst. Verbindlichkeiten** **900**

⑤ Mit der Überweisung lösen Sie die Sonstigen Verbindlichkeiten auf – das Konto hat seinen Zweck erfüllt.

BS ⑤: **Sonst. Verbindlichkeiten** an **Bank**..............   **900**

Auch hier besteht die Möglichkeit, daß die Zahlung im Folgejahr nur *teilweise* dem Abschlußjahr zuzurechnen ist. Wie das gebucht wird, können Sie sich sicher schon denken.

Beispiel: Sie zahlen die Pacht für Parkplätze erst am 31. Jan., und zwar zusammen 1.350 DM für die Monate Nov. bis Jan.

Die BS ① – ④ sind genau wie zuvor: Zum 31. Dez. buchen Sie 2 Monate (= 900 DM) und schließen die Konten ab. Im neuen Jahr eröffnen Sie die Sonstigen Verbindlichkeiten mit 900 DM.

BS ①: **Mietaufwand an Sonst. Verbindlichkeiten. 900**

BS ②: **Sonst. Verbindlichkeiten an SBK.............. 900**

BS ③: **GuV an Mietaufwand.................... 900**

BS ④: **EBK an Sonst. Verbindlichkeiten.............. 900**

⑤ Erst der BS ⑤ unterscheidet sich, da Sie nun den Anteil des neuen Jahres (= 450 DM) berücksichtigen. Mit der Überweisung lösen Sie die Sonstigen Verbindlichkeiten auf – das Konto hat seinen Zweck erfüllt.

BS ⑤: **Sonst. Verbindl....... 900** ← Pachtanteil fürs Vorjahr
Mietaufwand.......... 450 ← Pachtanteil fürs lfd. Jahr
an Bank.................... 1.350

Und bei einem *steuerpflichtigen* Aufwand? Dann wird die Umsatzsteuer wiederum *erst bei Zahlung* im Folgejahr berücksichtigt.

Beispiel: Im alten Jahr hatten Sie 6 Tage lang einen Berater im Haus; dessen Tageshonorar beträgt 3.000 DM zzgl. Ust. Zum 31. Dez. und zum 1. Jan. haben Sie bereits gebucht. Im Januar erhalten Sie die ER, worin er Ihnen 6 Tage im alten und 4 Tage im neuen Jahr berechnet – zusammen also 30.000 DM + 16 % USt (= 4.800 DM).

Buchung: Sonstige Verbindl... 18.000 ← Anteil fürs Vorjahr
Beratungskosten..... 12.000 ← Anteil fürs lfd. Jahr
Vorsteuer............... 4.800 ← gesamte Steuer
an Bank................... 34.800

F *Wenn ich doch im neuen Jahr die Rechnung erst bekomme,
muß ich diese nicht als Verbindlichkeiten a. LL ausweisen?*

A Nein, in diesem Fall übergehen wir das und buchen zeitnah
mit der Überweisung.

F *O.k., nur wenn mir im alten Jahr noch keine Rechnung über
einen Aufwand vorliegt, so buche ich den Aufwand vorweg
als Sonstige Verbindlichkeiten. Richtig?*

A Genau so ist es.

F *Weil: wenn ich das nicht mache, der Aufwand nicht in der
GuV des Abschlußjahres erscheint, oder?*

A Ja – den Erfolg wollen Sie schließlich *periodengenau* ermitteln.

F *Jetzt habe ich noch ein Problem: Im Zusammenhang mit
Aufwendungen wird einmal über Sonstige Verbindlichkeiten, einmal über ARA gegengebucht. Wann spreche ich welches Konto an?*

A Mit ARA und PRA schieben Sie einen *bereits gebuchten* Aufwand bzw. Ertrag ins Folgejahr hinüber, die Sonstigen Verbindlichkeiten bzw. Sonstigen Forderungen erfassen hingegen Aufwendungen und Erträge, *die erst im Folgejahr gezahlt*
werden. Vielleicht hilft Ihnen dabei diese **Übersicht**:

GVF	altes Jahr	neues Jahr	Konto
noch zu zahlender Aufw.	Aufwand	Ausgabe	Sonst. Verb.
noch zu erhaltender Ertrag	Ertrag	Einnahme	Sonst. Ford.
Bereits bezahlter Aufwand	Ausgabe	Aufwand	ARA
bereits erhaltener Ertrag	Einnahme	Ertrag	PRA

Die *hellgrauen* Felder zeigen den Zahlungs*zeitpunkt*, die *dunkleren* die wirtschaftliche *Zugehörigkeit* zum alten oder neuen Jahr.

🖎 **Ü 23**

5.3 Rückstellungen

Auch Rückstellungen werden vorgenommen, um **Aufwendungen** *periodengerecht abzugrenzen.* Im Gegensatz zu den Sonstigen Verbindlichkeiten ist bei den Rückstellungen die genaue Höhe und der Zahlungszeitpunkt *ungewiß*, lediglich der Zweck ist bekannt. Der Gesetzgeber schreibt vor, wofür Rückstellungen gebildet werden müssen (oder dürfen), z.B. für:

- **ungewisse Verbindlichkeiten** wie z.B. Steuernachzahlungen, Prozeßkosten, betriebliche Altersversorgung, Garantieverbindlichkeiten, Provisionsverbindlichkeiten oder aus der Inanspruchnahme aus Bürgschaften und Wechselobligo[1].
- **drohende Verluste aus schwebenden Geschäften**, z.B. bei starkem Preisrückgang bereits gekaufter, aber noch nicht gelieferter Ware.
- **unterlassene Instandhaltungsaufwendungen**, die in den ersten drei Monaten des Folgejahres nachgeholt werden.
- **Gewährleistungen** ohne rechtliche Verpflichtung (= Kulanzen).

Der Aufwand wird im Abschlußjahr in erwarteter Höhe gebucht; die Gegenbuchung erfolgt über eines der drei Passivkonten:

- **Pensionsrückstellungen**
- **Steuerrückstellungen**
- **Sonstige Rückstellungen**

<u>Beispiel:</u> An betrieblicher Altersversorgung stehen Ihren Arbeitnehmern fürs abgelaufene Jahr 20.000 DM zu.

<u>Buchung:</u> **Sonstige Lohnkosten an Sonstige RüSt....... 20.000**

---

[1] Wechselobligo bedeutet, daß Sie einen Besitzwechsel weitergegeben haben. Wenn nun der Wechsel platzt, kann es sein, daß sich der momentane Besitzer des Wechsels zur Bezahlung an Sie wendet (= Regreß).

Sie lösen die Rückstellung auf, wenn sie ihren Zweck erfüllt hat. Da Sie die Rückstellung meist nur schätzen konnten, kommt es dabei in aller Regel zu einem **Periodenfremden Aufwand** oder einem **Ertrag aus der Auflösung von Rückstellungen**.[1]

Beispiel: Da einige Ihrer Arbeitnehmer den Betrieb vorzeitig verlassen, erlischt deren Anspruch auf betriebliche Altersversorgung. Sie lösen daher 4.000 DM der Pensionsrückstellungen auf.

Wie lautet der Buchungssatz? Na, das ist kein Problem für Sie – Sie wissen, daß einerseits das Passivkonto Pensions-RüSt im Soll abnimmt, im Haben wird der Ertrag aus der Auflösung gebucht:

Buchung: **Sonstige RüSt**............................ **4.000**
an **Ertrag a. d. Auflösung v. RüSt**.............. **4.000**

In den meisten Fällen müssen Sie im Folgejahr die *Umsatzsteuer* beachten; sie wird dann *mit der Zahlung* gebucht.

Beispiel: Eine Ihrer Maschinen wird Ende Dezember defekt; der Kostenvoranschlag lautet über 2.800 DM netto.

Buchung: **Fremdinstandhaltung an Sonstige RüSt**..... **2.800**

Anfang Januar wird die Reparatur durchgeführt und Sie erhalten die ER über 3.000 DM netto. Da die Kosten zu niedrig veranschlagt waren, buchen Sie einen periodenfremden Aufwand.

Buchung: **Sonstige RüSt**............................ **2.800**
Periodenfremder Aufwand............ **200**
Vorsteuer.............................. **480**
an **Bank**................................ **3.480**

---

[1] Das kommt Ihnen bekannt vor? Richtig, sehr ähnlich wurde bei der Herauf- bzw. Herabsetzung von PWB auf Forderungen gebucht. Im übrigen ist der „Ertrag aus der Auflösung von RüSt" ein spezieller periodenfremder Ertrag.

Sie sehen: halb so wild! Im Soll stehen die aufgelöste Rückstellung sowie die Vorsteuer auf den tatsächlichen Nettowert, im Haben wird die Bank angesprochen; dabei ergibt sich meist eine *Differenz* – entweder ein periodenfremder Aufwand oder ein spezieller Ertrag.

✏ **Ü 24**

6 Abschlußarbeiten

Im gesamten Kapitel D haben Sie eine Reihe von Buchungen kennengelernt, die alle der **Vorbereitung des Jahresabschlusses** dienen.

☞ Als Zusammenfassung dazu bekommen Sie jetzt ein **Vorgehensraster** für künftige Abschlußarbeiten:

Aufgrund der Inventur nehmen Sie folgende vorbereitenden Abschlußbuchungen vor, die sog. Umbuchungen:

- Buchung der Wertminderungen (Abschreibungen):
  - **Abschreibungen / Anlagekonto**
- Buchung des Eigenverbrauchs des Inhabers:
  - **Privatentnahmen / Eigenverbrauch + USt**
- Abschluß der Privatkonten über EK:
  - **Eigenkapital / Privatentnahmen**
  - **Privateinlagen / Eigenkapital**
- Abschluß aller sonstigen Unterkonten, z.B.:
  - **Stoffe(aufwand) / Bezugskosten**
  - **Nachlässe / Stoffe(aufwand)**
  - **Umsatzerlöse / Erlösberichtigungen**
- Buchung des Verbrauchs:
  - **Stoffaufwand / Stoffevorrat**
- Buchung der Bestandsveränderungen, a) in der Industrie:
  - bei Bestandserhöhung: - **(Un)Fertige Erzeugnisse / BV**
  - bei Bestandminderung: - **BV / (Un)Fertige Erzeugnisse**

- Buchung der Bestandsveränderungen, b) im Handel:
  - bei Bestandserhöhung: - **Warenvorrat / Warenaufwand**
  - bei Bestandminderung: - **Warenaufwand / Warenvorrat**

- Bewertung der Forderungen:
  - Uneinbringlichkeit:
  - **Abschreibungen auf Ford. + USt / Forderungen a. LL**
  - Forderung wird zweifelhaft:
  - **Zweifelhafte Forderungen / Forderungen a. LL**
  - Bildung bzw. Erhöhung der Einzelwertberichtigungen:
  - **Abschreibungen auf Forderungen / EWB**
  - Bildung bzw. Erhöhung der Pauschalwertberichtigungen:
  - **Abschreibungen auf Forderungen / PWB**
  - Auflösung bzw. Herabsetzung der PWB:
  - **PWB / Ertrag aus der Auflösung von PWB**

- Zeitliche Abgrenzungen:
  - **ARA / Aufwandskonten**
  - **Ertragskonten / PRA**
  - **Aufwandskonten / Sonstige Verbindlichkeiten**
  - **Sonstige Forderungen / Ertragskonten**

- Bildung von Rückstellungen:
  - **Aufwandskonten / Rückstellungen**

- Abschluß der Konten Umsatzsteuer und Vorsteuer:
  - **Umsatzsteuer / Vorsteuer**

Daran schließen sich die Abschlußbuchungen an:

- Abschluß der Erfolgskonten über das GuV-Konto:
  - **GuV / Aufwandskonten**
  - **Erfolgskonten / GuV**

- Abschluß des Kontos GuV über Eigenkapital:
  - bei Gewinn: - **GuV / Eigenkapital**
  - bei Verlust: - **Eigenkapital / GuV**

- Abschluß der Bestandskonten über SBK:
  - **Schlußbilanzkonto / Aktivkonten**
  - **Passivkonten / Schlußbilanzkonto**

6.1   Die Betriebsübersicht

Jetzt sind wir mit unseren Buchungen wirklich zum Ende Ihres Geschäftsjahres angelangt – und damit auch langsam zum Ende der in der Buchhaltung anfallenden Buchungen!

Stellen Sie sich vor, Sie müssen entscheiden, ob Sie ein bestimmtes Anlagegut degressiv oder linear abschreiben wollen, und wie Sie die anderen Vermögensgegenstände sowie die Verbindlichkeiten bewerten sollen: aufgrund der vielen Konten im Hauptbuch eine sehr schwierige Aufgabe! Sinnvoll wäre daher ein *übersichtliches Hilfsmittel*, in dem *alle derzeitigen Bestände* (vorm Abschluß) aufgeführt sind, so daß Sie *Auswirkungen* unterschiedlicher Bewertungsansätze direkt erkennen können.

Da hilft Ihnen die sog. Betriebsübersicht oder Hauptabschlußübersicht: Dieser **Probeabschluß** zur *Vorbereitung des Jahresabschluses* erfolgt nicht in der bekannten Kontenform, sondern in einer abgewandelten, quasi tabellarisch aufbereiteten Form, die eine bessere Übersicht bietet. Damit können Sie vor allem die ganzen Bewertungsfragen besser beurteilen.

Die Betriebsübersicht umfaßt üblicherweise **6 Spalten,**[1] wobei jede der Spalten noch einmal in eine Soll- und eine Habenspalte unterteilt ist:

Spalte 1: Die Summenbilanz
Sie enthält alle Soll- und Habensummen aller Bestands- und Erfolgskonten, die sich aus Anfangsbeständen und Veränderungen im Laufe des Geschäftsjahres ergeben haben. Da bei jeder Buchung die Summe von Soll- und Habenbeträgen gleich sein muß, müssen auch die *Gesamtsummen* der beiden Teilspalten „Soll" und „Haben" *übereinstimmen*. Hier können Sie leicht etwaige *Bu-*

---

[1] Die achtspaltige Betriebsübersicht führt vorneweg die zusätzlichen Spalten „Eröffnungsbilanz" und „Umsatzbilanz"; deren Addition ergibt die Summenbilanz.

chungsfehler erkennen (z.B. Rechenfehler, Doppelbuchung auf der gleichen Kontenseite oder fehlende Gegenbuchung).

Spalte 2: Die Saldenbilanz I
Die Soll- und Habenbeträge aus der Summenbilanz werden hier kontenweise *saldiert*. Anders als auf den Konten, erscheint hier der Saldo nicht auf der schwächeren, sondern auf der *wertmäßig größeren* Seite. Auch hier müssen die Summen der Soll- und Habenspalte übereinstimmen.

Spalte 3: Umbuchungen
Hier werden die vorbereitenden *Abschlußbuchungen* (s. S. 185) erfaßt. Wiederum muß Summengleichheit von Soll und Haben bestehen.

Spalte 4: Saldenbilanz II
Aus den Summen von Saldenbilanz I plus Umbuchungen ergibt sich die Saldenbilanz II. Auch hier gilt: Summe Soll = Summe Haben!

Spalte 5: Vermögensbilanz (= Schlußbilanz)
Diese Spalte nimmt die Salden aller *Bestandskonten* aus der Saldenbilanz II auf. Da der Erfolg noch nicht gebucht wird, stimmen die Summen diesmal nicht überein: Überwiegen die Aktiva, liegt ein Gewinn vor, überwiegen die Passiva, ein Verlust. Der ausgewiesene Saldo (unter der Spalte) stimmt mit dem der Spalte 6 überein.

Spalte 6: Erfolgsbilanz (= Gewinn und Verlustrechnung)
Hierher werden alle *Aufwendungen und Erträge* aus der Saldenbilanz II übertragen. Überwiegen die Erträge, so wurde ein Gewinn erwirtschaftet, überwiegen die Aufwendungen, liegt ein Verlust vor. Der Saldo stimmt mit dem von Spalte 5 überein.

Wir schauen uns das am besten an einem **Beispiel** an: In der Betriebsübersicht auf S. 190/191 haben Sie die Summenbilanz vorliegen (alle Angaben in TDM). Deren Salden wurden in der Saldenbilanz I auf der *wertmäßig stärkeren Seite* erfaßt:

Beispiel: TA: Soll = 164 TDM, Haben = 17 TDM lt. Summenbilanz; damit stehen 147 TDM im *Soll* der Saldenbilanz I.

In der 3. Spalte wurden die folgenden **Umbuchungen** erfaßt:

☞ Ein Tip: Lesen Sie zunächst immer nur den Fall und halten Sie den
BS mit einem Blatt Papier zugedeckt. Versuchen Sie, die BS selbst
zu bilden – anschließend können Sie sie kontrollieren!

⓪ Die planmäßige Abschreibung aufs Anlagevermögen, und zwar:
- die TA werden noch 7 Jahre linear abgeschrieben = 21 TDM;
- der Fuhrpark wird noch 3 Jahre lin. abgeschrieben = 30 TDM;
- BGA wird mit 30 % degressiv abgeschrieben = 12 TDM.

BS ⓪:	**Abschreibungen auf Sachanlagen**..	**63.000**
	an **TA**	**21.000**
	an **Fuhrpark**	**30.000**
	an **BGA**	**12.000**

① Die GWG werden voll abgeschrieben = 3 TDM.

BS ①:	**AfA auf GWG an GWG**	**3.000**

② Es wurde nur ein Privatkonto geführt, auf dem die Privatentnahmen per Saldo mit 11 TDM überwiegen; sie werden über
EK abgeschlossen.

BS ②:	**Eigenkapital** an **Privatkonto**	**11.000**

③ Das Unterkonto „Bezugskosten" wird über „Warenaufwand"
abgeschlossen = 10 TDM.

BS ③:	**Warenaufwand** an **Bez.kosten f. Waren**	**10.000**

④ Ebenso wird das andere Unterkonto, die Nachlässe für Waren,
über Warenaufwand abgeschlossen = 6 TDM

BS ④:	**Nachlässe f. Waren** an **Warenaufwand**	**6.000**

Konto	Summenbilanz Soll	Summenbilanz Haben	Saldenbilanz I Soll	Saldenbilanz I Haben	Umbuchungen Soll	Umbuchungen Haben
TA	164	17	147	–	–	⑩ 21
Fuhrpark	96	6	90	–	–	⑩ 30
BGA	40	–	40	–	–	⑩ 12
GWG	3	–	3	–	–	① 3
Warenvorrat	26	–	26	–	⑥ 8	–
Ford. a. LL	236	189	47	–	–	⑦ 29
Vorsteuer	37	–	37	–	–	⑩ 37
Bank	335	301	34	–	–	–
Kasse	147	132	15	–	–	–
ARA	6	–	6	–	–	⑧ 3
Eigenkapital	–	199	–	199	② 11	
Privat	41	30	11	–	–	② 11
Darlehen	–	50	–	50	–	–
Verbind. a. LL	222	264	–	42	–	–
Umsatzsteuer	7	61	–	54	⑦ 4 ⑩ 37	–
Umsatzerlöse	–	386	–	386	⑤ 4	
Erlösberichtig.	4	–	4	–	–	⑤ 4
Eigenverbr.	–	8	–	8	–	–
Warenaufw.	190	–	190	–	③ 10	④ 6 ⑥ 8
Bezugskosten	10	–	10	–	–	③ 10
Nachlässe	–	6	–	6	④ 6	–
BS-Aufwand	8	–	8	–	–	–
Fremdinst.halt.	14	–	14	–	⑨ 5	–
Löhne	53	–	53	–	–	–
Betriebsteuern	7	–	7	–	–	–
Zinsaufwand	3	–	3	–	⑧ 3	–
Abschreibung	–	–	–	–	⑩ 63	
AfA auf GWG	–	–	–	–	① 3	
AfA auf Ford.	–	–	–	–	⑦ 25	
Sonst. RüSt.	–	–	–	–	–	⑨ 5
Summen	1.649	1.649	745	745	179	179

Saldenbilanz II		Schlußbilanz		Erfolgsbilanz	
Soll	Haben	Aktiva	Passiva	Aufw.	Ertrag
126	–	126	–		
60	–	60	–		
28	–	28	–		
–	–	–	–		
34	–	34	–		
18	–	18	–		
–	–	–	–		
34	–	34	–		
15	–	15	–		
3	–	3	–		
–	188	–	188		
–	–	–	–		
–	50	–	50		
–	42	–	42		
–	13	–	13		
–	382			–	382
–	–			–	–
–	8			–	8
186	–			186	–
–	–			–	–
–	–			–	–
8	–			8	–
19	–			19	–
53	–			53	–
7	–			7	–
6	–			6	–
63	–			63	–
3	–			3	–
25	–			25	–
–	5	–	5		
688	688	318	298	370	390
		Gewinn →	20	20	← Gewinn
		318	318	390	390

⑤ Abschluß der Erlösberichtigungen über Umsatzerlöse = 4 TDM.

BS ⑤: **Umsatzerlöse** an **Erlösberichtigungen** **4.000**

⑥ Aufgrund der Inventur wird ein Schlußbestand von Waren in Höhe von 34 TDM ermittelt; dieser wird in die Sollspalte der Saldenbilanz II eingetragen. Als Differenz ergibt sich ein Mehrbestand von 8 TDM, der vom Warenaufwand herausgebucht wird.

BS ⑥: **Warenvorrat** an **Warenaufwand** **8.000**

⑦ Bei der Überprüfung Ihrer Forderungen stellen Sie fest, daß eine Forderung über 29 TDM brutto verjährt ist; der Schuldner verweigert die Zahlung, weshalb Sie die Forderung als uneinbringlich buchen.

BS ⑦: **AfA auf Forderungen** **25.000**
          Umsatzsteuer **4.000**
          an **Forderungen a. LL** **29.000**

⑧ Sie hatten ein Darlehen aufgenommen, dessen Zinsen vorneweg die Auszahlungssumme minderten (Konto ARA). Die Restlaufzeit beträgt 2 Jahre, weshalb Sie 3 TDM vom Konto ARA auf Zinsaufwand herüberbuchen.

BS ⑧: **Zinsaufwand** an **ARA** **3.000**

⑨ Eine Ihrer Maschinen wurde Ende Dezember defekt; der Kostenvoranschlag für die Reparatur beläuft sich auf 5 TDM. Sie bilden daher eine Rückstellung.

BS ⑨: **Fremdinstandhaltung** an **Sonst. RüSt.** **5.000**

⑩ Sie schließen die Vorsteuer (= 37 TDM) über die Umsatzsteuer ab. Die Zahllast ergibt sich als Saldo in der Saldenbilanz II.

BS ⑩: **Umsatzsteuer** an **Vorsteuer** **37.000**

6.2 Abschluß der einzelnen Unternehmungsformen

Endlich sind Sie tatsächlich ganz am **Ende eines Geschäftsjahres** angelangt! Was bleibt, nachdem Sie sämtliche Umbuchungen vorgenommen haben? Richtig, die **Gewinnverteilung!** Die hängt nun davon ab, in welcher **Rechtsform** Ihr Unternehmen geführt wird.

Wie Sie schon im Kapitel über die Steuern gelesen haben, gibt es zwei grundsätzliche Gruppen: Die *Einzelunternehmung* und die *Personengesellschaften* einerseits, die *Kapitalgesellschaften* andererseits.

☞ Tip: Wenn Sie als Praktiker nur eine bestimmte Rechtsform interessiert, blättern Sie doch einfach zum entsprechenden Kapitel weiter!

6.2.1 Personengesellschaften

Bislang haben wir meist eine **Einzelunternehmung** zugrundegelegt, so daß Sie alle Buchungen hierfür bereits kennen. Einzelunternehmung bedeutet, daß Sie *alleine* einen Gewerbebetrieb betreiben. Für Sie werden ein oder mehrere Privatkonten eingerichtet sowie ein Konto „Eigenkapital", das sich laufend verändern kann.

Zu den **Personengesellschaften** zählen insbesondere die Offene Handelsgesellschaft (OHG) und die Kommanditgesellschaft (KG). Nur sehr große Personengesellschaften müssen ihren Jahresabschluß, bestehend aus Bilanz und GuV, veröffentlichen – z.B. wenn Sie mehr als 5 000 Arbeitnehmer beschäftigen.

Die **OHG** besteht aus 2 oder mehr Gesellschaftern, die alle *unbeschränkt* haften, d.h. nicht nur mit ihrer Einlage, sondern auch mit dem Privatvermögen. Von daher ist die jeweilige Kapitaleinlage variabel und wird nicht ins Handelsregister eingetragen. Für jeden Gesellschafter wird ein *EK-Konto* geführt sowie mindestens je ein *Privatkonto*.

Wie Sie Ihren Gewinn verteilen, können Sie selbst regeln (im Gesellschaftsvertrag) – ansonsten besagt das HGB, daß die Einlagen
zu 4 % verzinst werden und der verbleibende Rest nach Köpfen
(also gleichmäßig auf die Gesellschafter) verteilt wird.

Beispiel: Die Getränkehandlung Meier und Schulz OHG besteht
aus den zwei Gesellschaftern, deren *Einlagen* betragen:
Meier: 150.000 DM, Schulz: 250.000 DM.
Ihre *Privatentnahmen* betrugen im Abschlußjahr:
Meier: 32.000 DM, Schulz: 43.000 DM.
Vom Gewinn von 160.000 DM soll zunächst das Kapital
zu 6 % verzinst werden, der Rest soll nach Köpfen auf-
geteilt werden, also im Verhältnis 1 : 1.

Der Übersicht halber fertigen Sie am besten erst eine **Gewinnverteilungstabelle** an, die so aussehen kann (alle Angaben in TDM):

Gesell- schafter	Kapital 1. Jan.	6 % Zins	Rest- gewinn	Gesamt- gewinn	Privat- entn.	Kapital 31. Dez.
Meier	150	9	68	77	32	195
Schulz	250	15	68	83	43	290
Summe	400	24	136	160	75	485

Jetzt können Sie die einzelnen Beträge aus der Tabelle ablesen und
buchen:

① Die Privatentnahmen von Gesellschafter Meier werden gebucht:

BS ①: **EK Meier** an **Privatkonto Meier** **32.000**

② Ebenso die Privatentnahmen von Gesellschafter Schulz:

BS ②: **EK Schulz** an **Privatkonto Schulz** **43.000**

③ Der Gesamtgewinn von Meier wird gebucht:

BS ③: **GuV** an **EK Meier** **77.000**

④ Ebenso der anteilige Gesamtgewinn von Schulz:

BS ④: **GuV an EK Schulz**.......................... **83.000**

⑤ Nun erfolgt der Kontenabschluß des EK-Kontos Meier:

BS ⑤: **EK Meier an SBK**.......................... **195.000**

⑥ Als letztes wird das EK-Konto Schulz abgeschlossen:

BS ⑥: **EK Schulz an SBK**.......................... **290.000**

Eigentlich ganz easy, oder? Was vorher immer nur *eine* Buchung war, erfordert nun bei 2 Gesellschaftern eben *jeweils 2 Buchungen*. Am besten, wir schauen uns das gemeinsam im Hauptbuch an:

S	**Gewinn und Verlust**		H
Aufwand	800.000	Erträge	960.000
③Gew.anteil M.	77.000		
④Gew.anteil S.	83.000		
	960.000		960.000

S	**Privatkonto Meier**	H
Entn.	32.000	①EK 32.000

S	**Eigenkapital Meier**	H
①Priv.	32.000	AB 150.000
⑤SBK	195.000	③GuV 77.000
	227.000	227.000

S	**Privatkonto Schulz**	H
Entn.	43.000	②EK 43.000

S	**Eigenkapital Schulz**	H
②Priv.	43.000	AB 250.000
⑥SBK	290.000	④GuV 83.000
	333.000	333.000

S	**Schlußbilanzkonto**		H
...		EK Meier	195.000
		EK Schulz	290.000

Die **Kommanditgesellschaft (KG)** besteht zwar ebenfalls aus 2 oder mehr Gesellschaftern, diese *haften* allerdings *unterschiedlich*:

- Jeder **Vollhafter (= Komplementär)** haftet wie ein OHG-Gesellschafter. Für ihn gelten die gleichen Buchungen wie bei der OHG.

- Ein **Teilhafter** (= Kommanditist) haftet aber nur *beschränkt*, und zwar nur mit der im Handelsregister eingetragenen Kapitaleinlage. Er hat kein Recht auf Privatentnahmen, deshalb wir für ihn auch kein Privatkonto geführt.

Buchungstechnisch unterscheidet sich die KG daher nur in Bezug auf den *Teilhafter*. Eine Besonderheit stellt es dar, wenn der Teilhafter seine Einlage *noch nicht voll erbracht* hat: Da auf der Passivseite die gesamte Kommanditeinlage ausgewiesen sein muß, wird ein noch ausstehender Betrag als Korrektur auf der Aktivseite aufgeführt – das Konto **Ausstehende Einlagen** hat damit *Forderungscharakter*. Solange die Einlage noch nicht voll erbracht wurde, lautet die Buchung des Gewinnteils immer:

Buchung: **GuV an Ausstehende Einlagen**

Sobald die Einlage des Teilhafters komplett ist, wird zukünftig anders gebucht: er bekommt seinen Anteil ausbezahlt, was für die KG bis dahin eine spezielle Verbindlichkeit darstellt:

Buchung: **GuV an Sonst. Verbindl. gegenüber Gesellschaftern**

Und jetzt zur **Gewinnverteilung** selbst: Auch hier können Sie alles einzelvertraglich regeln, ansonsten sagt das HGB, daß das Kapital wiederum mit 4 % verzinst und der Rest angemessen verteilen wird.

F   *Was heißt „angemessen"?*

A   Im Gegensatz zum Teilhafter arbeitet ein Vollhafter voll im Betrieb und haftet auch mit seinem Privatvermögen, deshalb steht den Vollhaftern mehr Gewinnanteil zu.

Beispiel: Die Lederwerke Groß KG besteht aus dem Vollhafter Groß
und dem Teilhafter Höhn; deren *Einlagen* betragen:
Groß: 300.000 DM, Höhn: 200.000 DM (voll erbracht).
Vollhafter Groß hatte Privatentnahmen von 50.000 DM.
Vom Gewinn von 180.000 DM soll zunächst das Kapital
zu 8 % verzinst werden, außerdem erhält Groß einen Ar-
beitsanteil von 72.000 DM. Der verbleibende Rest wird
im Verhältnis 3 : 1 aufgeteilt.

Die **Gewinnverteilungstabelle** sieht so aus (Angaben in TDM):

Gesell-schafter	Kapital 1. Jan.	Arbeits -anteil	8 % Zins	Rest-gewinn	Gesamt-gewinn	Privat-entn.	Kapital 31. Dez.
Groß	300	72	24	51	147	50	397
Höhn	200	–	16	17	33	–	200
Σ	500	72	40	68	180	50	597

Anschließend buchen Sie die einzelnen Beträge.

① Die Privatentnahmen von Gesellschafter Groß werden gebucht:

BS ①: **EK Meier** an **Privatkonto Groß** **50.000**

② Der anteilige Gesamtgewinn von Groß wird gebucht:

BS ②: **GuV** an **EK Groß** **147.000**

③ Der anteilige Gesamtgewinn von Schulz stellt eine spezielle
Verbindlichkeit dar:

BS ③: **GuV** an **Verb. gegenüber Ges.schaftern** ..   **33.000**

④ + ⑤ Beide EK-Konten werden über SBK abgeschlossen:

BS ④: **EK Groß** an **SBK** **397.000**

BS ⑤: **EK Höhn** an **SBK** **200.000**

Sie sehen, die KG ist nur eine Variation: da die *Kommanditeinlage unverändert* bleiben muß, wird der anteilige Gewinn des Teilhafters auf *„Verbindlichkeiten gegenüber Gesellschaftern"* gegengebucht:

S	Gewinn und Verlust		H
Aufwand	810.000	Erträge	990.000
②Gew.anteil M.	147.000		
③Gew.anteil S.	33.000		
	990.000		990.000

S	Privatkonto Groß	H
Entn.	50.000	①EK	50.000

S	Eigenkapital Groß	H
①Priv.	50.000	AB	300.000
④SBK	397.000	②GuV	147.000
	447.000		447.000

S	Sonst. Verb. gg. Gesells.	H
SBK	33.000	③GuV	33.000

S	Eigenkapital Höhn	H
⑤SBK	200.000	AB	200.000

S	Schlußbilanzkonto		H
...		EK Meier	397.000
		EK Schulz	200.000
		Verb. gg. Ges.	33.000

6.2.2 Kapitalgesellschaften

Zu den Kapitalgesellschaften zählen die **GmbH** und die **Aktiengesellschaft (AG)**. Weil der einzelne Gesellschafter einer Kapitalgesellschaft keinen direkten Einblick in die Bücher hat, gelten für GmbH und AG **strengere Pflichten**: Zunächst einmal ist der Jahresabschluß einer Kapitalgesellschaft umfangreicher[1], außerdem muß er – je nach Unternehmensgröße – im *Handelsregister* (HR) oder gar im *Bundesanzeiger* (BA) veröffentlicht werden[2]:

---

[1] Vgl. Kap. D 1.

[2] Die nachfolgende Darstellung gilt für Deutschland.

☞ *Ich habe früher in einer GmbH & Co. KG gearbeitet. Zählt die jetzt als KG zu den Personengesellschaften oder als GmbH zu den Kapitalgesellschaften?*

🖎 Genau genommen, sind hier 2 Rechtsformen betroffen: zum einen ist die GmbH & Co. KG eine spezielle KG, deren Vollhafter aber keine *natürliche* Person ist, sondern eine GmbH. Von daher sind 2 getrennte Buchhaltungen und 2 getrennte Abschlüsse nötig – einmal für den Vollhafter „GmbH", andererseits für die „& Co. KG".

☞ *Und was genau muß die Kapitalgesellschaft wo veröffentlichen?*

🖎 Das hängt von der **Größe der Kapitalgesellschaft** ab; Sie bekommen deshalb zunächst eine Übersicht:

Merkmale	klein	mittelgroß	groß
Bilanzsumme in DM	≤ 5,31 Mio.	≤ 21,24 Mio.	> 21,24 Mio.
Umsatz in DM	≤ 10,62 Mio.	≤ 42,48 Mio.	> 42,48 Mio.
∅ Zahl der AN	≤ 50	≤ 250	> 250

Ausgehend von der **Größe** gelten unterschiedliche Pflichten in Bezug auf den Umfang und die Veröffentlichung:

Größe d. Kapital- gesellsch.	Offenlegung			Lage- bericht	Veröff. im...	Prü- fung
	Jahresabschluß					
	Bilanz	**GuV**	**Anh.**			
klein	verkürzt	nein	ja	nein	HR	nein
mittelgroß	verkürzt[1]	verkürzt	ja	ja	HR	ja[2]
groß	vollständig	vollst.	ja	ja	BA+HR	ja

Sie sehen schon, daß gilt: je kleiner die Kapitalgesellschaft, desto geringer sind die Veröffentlichungspflichten. Der Grund? Kleinere

---

[1] Mittelgroße Kapitalgesellschaften reichen eine vollständige Bilanz ein, veröffentlicht wird nur eine verkürzte Bilanz; vgl. Folgeseite.

[2] Hier muß nicht durch einen Wirtschaftsprüfer geprüft werden, es reicht ein vereidigter Buchprüfer aus.

Unternehmen genießen einen besonderen Schutz, in dem sie ihre Verhältnisse *weniger detailliert* offenlegen brauchen. Deutlich wird das, wenn Sie z.b. die **Mindestbilanz** einer kleinen Kapitalgesellschaft anschauen:

Aktiva **Bilanzschema kleiner Kapitalgesellschaften** Passiva	
A. Anlagevermögen	**A. Eigenkapital**
I. Immaterielles AV	I. Gezeichnetes Kapital
II. Sachanlagen	II. Kapitalrücklagen
III. Finanzanlagen	III. Gewinnrücklagen
	IV. Gewinn-/Verlustvortrag
B. Umlaufvermögen	V. Jahresüberschuß/
I. Vorräte	Jahresfehlbetrag
II. Forderungen + sonstige	
Vermögensgegenstände	**B. Rückstellungen**
III. Wertpapiere	
IV. Flüssige Mittel	**C. Verbindlichkeiten**
C. Rechnungsabgrenzung	**D. Rechnungsabgrenzung**

Wenn Sie dieses Schema mit dem ausführlichen[1] vergleichen, stellen Sie fest, daß z.b. eine große Kapitalgesellschaften die unterschiedlichen Sachanlagen in *vier* Gruppen darstellt, die kleine nur in *einer* zusammenfaßt.

Noch krasser ist es bei den **Verbindlichkeiten**: Diese Gruppe umfaßt u.a. herausgegebene Anleihen, Darlehen, erhaltene Anzahlungen, Verbindlichkeiten a. LL sowie diverse Sonstige Verbindlichkeiten; die kleine Kapitalgesellschaft faßt all das zu *einem* Posten „Verbindlichkeiten" zusammen. Es ist offensichtlich, daß die kleine Kapitalgesellschaft auf diese Weise ihre Vermögens- und Schuldenverhältnisse weniger detailliert darlegt.

Eine Postengruppe muß allerdings von allen Kapitalgesellschaften *gleich stark untergliedert* angegeben werden, nämlich das **Eigen**

---

[1] Vgl. das ausführliche Bilanzschema im Anhang, S. 239.

kapital. Im Unterschied zu den Personengesellschaften gibt es hier 5 Posten, die wir näher betrachten müssen.

I. **Gezeichnetes Kapital** ist das im HR eingetragene *Haftungskapital* – bei der GmbH mind. 50.000 DM, bei der AG mind. 100.000 DM. Wurde ein Teil davon noch nicht erbracht, wird dies meist auf der Aktivseite als „ausstehende Einlagen" gekennzeichnet.

II. **Kapitalrücklagen** entstehen dadurch, daß die Gesellschafter beim Anteilserwerb etwas zuzahlen, z.B. bei der Ausgabe von Aktien für je 90 DM fließt der Nennwert (z.B. 50 DM) ins Gezeichnete Kapital, das *Aufgeld* (z.B. 40 DM) in die Kapitalrücklagen.

III. Da das gezeichnete Kapital feststeht, muß der Gewinn in andere EK-Posten fließen. Die **Gewinnrücklagen** werden aus dem nicht ausgeschütteten, bereits versteuerten Gewinn gebildet. Die Bildung der Gewinnrücklage kann gesetzlich oder per Gesellschaftsvertrag bestimmt sein, auch der Aufsichtsrat oder die Gesellschafterversammlung können die Bildung von Gewinnrücklagen beschließen.

IV. Der restliche Gewinn bzw. Verlust *aus dem Vorjahr* wird in der laufenden Bilanz als **Gewinn-** bzw. **Verlustvortrag** ausgewiesen.

V. Der **Jahresüberschuß** oder **Jahresfehlbetrag** schließlich ist der Betrag, der in der GuV nach Steuern ermittelt wurde.

Falls die Bilanz erstellt wird, *nachdem* mindestens ein Teil des Gewinnes verwendet wurde, so wird statt der alten Posten IV und V ein neuer Posten **IV.-Bilanzgewinn/-verlust** aufgeführt.

☞ *Rückstellungen und Rücklagen – ist das nicht dasselbe?*

▲ Nein. Die wichtigsten Unterschiede: Rückstellungen zählen zum Fremdkapital, Rücklagen zum Eigenkapital. Außerdem mindern Rückstellungen den Gewinn, Rücklagen werden z.T. aus dem Gewinn gebildet.

☞ *Und was sind 'stille Rücklagen'?*

◢ Die o.a. **offenen Rücklagen** sind in der Bilanz ausgewiesen. **Stille Rücklagen** dagegen sind aus der Bilanz nicht ersichtlich: Sie entstehen durch Überbewertung der Schulden oder Unterbewertung der Aktiva. Erst mit der *Realisierung* werden stille Rücklagen evtl. aufgelöst, z.b. wenn Sie einen PKW mit Buchwert von 10.000 DM für 15.000 DM verkaufen, haben Sie eine stille Rücklage über 5.000 DM realisiert.

◗ *Jetzt weiß ich einiges über die Bilanz und deren Posten bei einer Kapitalgesellschaft. Wie sieht dort die GuV aus?*

◢ Anders, als Sie es gewohnt sind: Die Gewinn- und Verlustrechnung wird nicht in Kontenform veröffentlicht, sondern – untereinander – in Staffelform. Darin sind dann auch nicht mehr alle Aufwendungen und Erträge einzeln aufgeführt, sondern zu Gruppen zusammengefaßt:

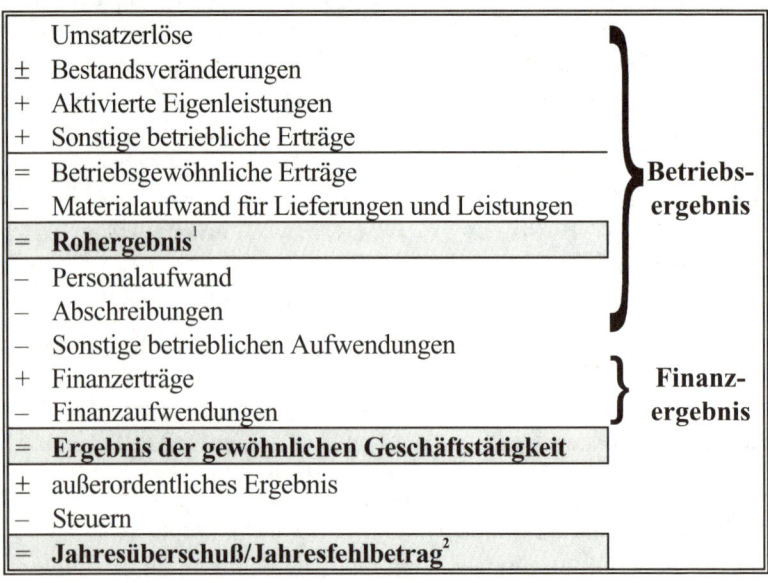

	Umsatzerlöse	
±	Bestandsveränderungen	
+	Aktivierte Eigenleistungen	
+	Sonstige betriebliche Erträge	
=	Betriebsgewöhnliche Erträge	
–	Materialaufwand für Lieferungen und Leistungen	**Betriebsergebnis**
=	**Rohergebnis**[1]	
–	Personalaufwand	
–	Abschreibungen	
–	Sonstige betrieblichen Aufwendungen	
+	Finanzerträge	**Finanzergebnis**
–	Finanzaufwendungen	
=	**Ergebnis der gewöhnlichen Geschäftstätigkeit**	
±	außerordentliches Ergebnis	
–	Steuern	
=	**Jahresüberschuß/Jahresfehlbetrag**[2]	

---

[1] Statt der ersten Posten der GuV-Rechnung brauchen mittelgroße Kapitalgesellschaften nur dieses Rohergebnis zu veröffentlichen.

[2] Entspricht dem Posten V des Eigenkapitals.

☞ *O.k., das war aber recht viel Theorie! Welche Buchungen ergeben sich nun speziell bei einer Kapitalgesellschaft?*

🖎 Die bekommen Sie auf der Stelle – wenn auch vereinfacht:

Gleich zur **Gewinnverwendung**! So buchen Sie bei Abführung der Körperschaftsteuer (45 %) und Abschluß des GuV-Kontos:

Buchung: **GuV** **100.000**
an **Steuern vom Einkommen und Ertrag** ... **45.000**
an **Jahresüberschuß (Posten V.-EK)**.......... **55.000**

Wenn Sie nun den bereits versteuerten Gewinn verwenden, findet immer ein Passivtausch statt, z.B., wenn Sie einen Teil in die Gewinnrücklage stellen:

Buchung: **Jahresüberschuß an Gewinnrücklagen** **12.000**

Beschließen Sie außerdem, den Gesellschaftern z.B. eine Dividende zu zahlen (die damit eine spezielle Verbindlichkeit darstellt), lautet die Buchung:

Buchung: **Jahresüberschuß an Verb. gg. Gesellsch.** ... **40.000**

Da im Beispielfall 3.000 DM Restgewinn nicht weiter verwendet wurden, wird dieser als Gewinnvortrag ins neue Jahr übertragen. Im alten Jahr wird er aber als „Bilanzgewinn" ausgewiesen:

Buchung: **Jahresüberschuß an Bilanzgewinn**............. **3.000**

Und jetzt?
Tatsächlich, Sie sind quasi am Ende dieses Buches angelangt! Sie haben gesehen, Buchführung ist kein Hexenwerk – immer heißt es *'Soll an Haben'*, immer liegt letztlich ein Aktiv- oder Passivtausch, eine Aktiv-Passiv-Mehrung oder Aktiv-Passiv-Minderung vor. Alles nur eine Frage der Logik und von etwas ruhigem Überlegen – für Sie ist das in Zukunft sicher kein Problem mehr!

7 Übungen zum Kapitel D

Ü 20 | Zunächst ein paar Fragen zur planmäßigen Abschreibung.

① Wie wird die Abschreibung gebucht?
② Welche unbeweglichen Anlagegüter dürfen Sie abschreiben?
③ Wann wird abgeschrieben?
④ Was ist die Bemessungsgrundlage für die Abschreibung?
⑤ Welches ist die Standardmethode der Abschreibung? Wie wird sie berechnet?
⑥ Für welche Güter ist die degressive Abschreibung anwendbar?
⑦ Wie funktioniert die degressive Abschreibung?
⑧ Wie funktioniert die Leistungsabschreibung? Für welche Güter ist sie anwendbar?

Ü 21 | Fragen zur Abschreibung, Teil 2.

① Was sind GWG? Wie werden sie gebucht?
② Wie werden GWG bis 100 DM netto gebucht?
③ Welche Güter können außerplanmäßig abgeschrieben werden?
④ Beschreiben Sie, wie *indirekt* abgeschrieben wird!
⑤ Wieso sind Wertberichtigungen zwar Passiva aber kein FK?

Ü 22 | Übungen zur Abschreibung auf Forderungen:

① Nennen Sie Beispiele für uneinbringliche Forderungen.
② Was versteht man unter dem speziellen Ausfallrisiko?
③ Ihr Schuldner beantragt Vergleich, brutto 4.640 DM; Buchung?
④ Der Vergleich kommt im *gleichen* Jahr zustande; die Quote beträgt 40 %. Buchen Sie!
⑤ Im *Folge*jahr überweist Ihr Schuldner weitere 500 DM. BS?
⑥ Wann buchen Sie die Abschreibung auf Forderungen *indirekt*?
⑦ Warum kommt es dabei im Folgejahr i.d.R. entweder zu einem periodenfremden Aufwand oder Ertrag?
⑧ Im Vorjahr hatten Sie auf eine Bruttoforderung von 2.320 DM 60 % Wertberichtigungen vorgenommen. Bei Vergleichsende werden Ihnen 50 % = 1.160 DM überwiesen. Wie lauten die BS im neuen Jahr?

⑨ Zum Beginn des Geschäftsjahres haben Sie einen PWB-Bestand von 5.000 DM. Eine Ihrer einwandfreien Forderungen aus dem Vorjahr wird uneinbringlich (brutto 3.480 DM). Buchung?

⑩ Zum Ende desselben Geschäftsjahres betragen Ihre Forderungen a. LL netto 80.000 DM; Ihre PWB soll 3 % betragen. BS?

Ü 23 | Ja, ja, die periodengerechte Abgrenzung...

① Am 20. Dez. bezogen Sie Waren für 10.000 $ (Anschaffungskurs = 1,70 DM/$). Tageskurs am 31. Dez. = 1,80 DM; BS?

② Sie nehmen ein Darlehen über 300.000 DM auf; der Auszahlungsbetrag wird um 5 % Disagio gekürzt. Buchung?

③ Wie buchen Sie zum 31. Dez. bei 3 Jahren Kredit-Laufzeit?

④ Sie überwiesen am 1. April 600 DM Kfz-Steuer für ein Jahr im voraus. Buchung zum 31. Dez.?

⑤ Wie buchen Sie im neuen Jahr?

⑥ Ihr Darlehensnehmer überwies die Zinsen für Nov. bis Jan. bereits im Nov., zusammen 300 DM. Buchung zum 31. Dez.?

⑦ Und wie wird zum 1. Jan. gebucht (zu Fall ⑥)?

⑧ Ihr Mieter überweist die Miete für Dez. erst im Jan.; BS?

⑨ Sie müssen die Pacht für Dez. noch überweisen; Buchung?

⑩ Schauen Sie sich die Kontengruppe der „Sonstigen Verbindlichkeiten" mal genauer an: was ist das Gemeinsame dieser Konten?

Ü 24 | Rückstellungen und andere Abgrenzungen: BS?

① Eine Ihrer Maschinen wird im alten Jahr defekt; der Kostenvoranschlag beläuft sich auf 2.000 DM.

② Im Januar wird die Reparatur durchgeführt; die ER lautet über 2.100 DM netto; buchen Sie den Rechnungsausgleich!

③ Statt dessen kostet die Reparatur nur 1.800 DM netto.

④ Die Honorarrechnung Ihres Steuerberaters fürs Abschlußjahr liegt zum 31. Dez. noch nicht vor. Buchung?

⑤ Die ER eines Trainers liegt noch nicht vor; Sie hatten ein Wochenhonorar von 4.000 DM vereinbart.

⑥ Im neuen Jahr schickt der Trainer die ER inkl. 16 % USt.

⑦ Sie hatten am 1. Sept. 128,40 DM brutto (!) für ein Jahresabo einer Fachzeitschrift überwiesen. Nennen Sie *alle* Buchungen!

E Glossar

☞ Damit Sie sich zurechtfinden: Ein solcher → Pfeil zeigt Ihnen einen Querverweis innerhalb des Glossars an oder nennt Ihnen – mit Seitenzahl – die vertiefende Textstelle im Buch.

Abgrenzungen → periodengerechte Abgrenzung; → S. 170 ff.

Abschreibungen auf → **Forderungen** nehmen Sie vor, um das Risiko des *Forderungsausfalls* als → Aufwand zu erfassen. *Direkt* wird abgeschrieben, wenn Verkauf *und* endgültiger Ausfall im selben → Geschäftsjahr liegen, *indirekt*, wenn ein → Bilanzstichtag dazwischen liegt. → S. 157 ff.

Abschreibungen auf → **Sachanlagen** erfassen die *Wertminderung* des Anlagevermögens, welches als Produktionsfaktor in den Prozeß der betrieblichen Leistungserstellung einfließt.
Technik: *direkte* oder *indirekte* A.; im ersten Fall wird das Anlagekonto direkt im Haben angesprochen, bei der indirekten A. statt dessen das Konto „Wertberichtigungen". Dieses sammelt (kumuliert) alle bislang vorgenommenen A. Es wird erst aufgelöst, wenn der Gegenstand aus dem Betriebsvermögen entnommen oder verkauft wird.
Arten: Bei der *planmäßigen* A. wird der Wertverlust z.B. über die Jahre der erwarteten Nutzungsdauer verteilt, eine *außerplanmäßige* A. erfolgt dagegen nur, wenn ein besonderer (einmaliger) Grund vorliegt.
Methoden der planmäßigen A. sind die *lineare*, die *degressive* und die *Leistungsabschreibung*.
Geringwertige Wirtschaftsgüter können im Jahr der Anschaffung (oder Herstellung) *voll* abgeschrieben werden. → S. 150 ff.

AfA = Absetzung für Abnutzung → Abschreibungen auf Sachanlagen

Agio = Aufgeld. Der Unterschiedsbetrag zwischen (niedrigerem) Nennwert und (höherem) Ausgabebetrag bei Aktien u.ä. Gegensatz: → Disagio; vgl. → Wertpapiere

Aktiva sind alle *Vermögensgegenstände* eines Unternehmens, die diesem entweder *langfristig* (→ Anlagevermögen) oder *kurzfristig* (→ Umlaufvermögen) dienen. In der → Bilanz sind die A. auf der linken Seite ausgewiesen; ihre Summe ist genauso hoch wie die der → Passiva auf der rechten Bilanzseite. → S. 21

Anfangsbestände gibt es nur bei → Bestandskonten. Sie werden entweder aus der Eröffnungsbilanz übertragen oder über EBK gebucht. → Erfolgskonten haben *keine* AB! → S. 27

Anlagevermögen: im Gegensatz zum → Umlaufvermögen dient es dem Unternehmen *längerfristig*, i.d.R. mehrere Jahre. Dazu zählen: *Immaterielles* AV (z.b. Lizenzen), *Finanz*anlagen (z.b. Beteiligungen) und → *Sach*anlagen (Grundstücke, Gebäude, TA und Maschinen, Fuhrpark, BGA und GWG sowie → Anzahlungen darauf). → S. 239

Anschaffungskosten sind der Nettowert, den Sie letztlich für ein Anlagegut aufbrachten. Ermittlung: Anschaffungspreis (z.b. Listenpreis) + Anschaffungsnebenkosten (z.b. Transport) – Anschaffungskostenminderungen (z.b. Skonto) = AK. Diese sind auch → Bemessungsgrundlage für die → Abschreibung. Anders: → Herstellungskosten. → S. 120 ff.

Anzahlungen können Sie *erhalten* haben (Schuldcharakter) oder selbst *geleistet* haben (Forderungscharakter). Letztere werden unterschieden nach dem Gut, wofür sie erfolgt sind: Geleistete A. auf Anlagegüter oder auf → Vorräte. → S. 100 ff.

Aufwand ist ein *Werteverzehr*, d.h. Input von Produktionsfaktoren. Dazu zählen 1. der *Verbrauch* von Roh-, Hilfs- und Betriebsstoffen, Fremdbauteilen, sowie von Waren, 2. die *Wertminderung* des → Anlagevermögens (→ Abschreibungen auf Sachanlagen) und schließlich 3. die große Gruppe der *in Anspruch genommenen (Dienst-) Leistungen*, wie z.B. Personalkosten, Fremdinstandhaltung, Werbung, Beratung, Versicherungen oder Mietaufwand. → S. 39 ff.; Gegensatz: → Ertrag. Anders: → Kosten.

Zu den **Belegen** zählen Eingangs- und Ausgangsrechnungen, An-
zeigen über Gutschriften (z.B. bei Mängelrügen), Kontoauszüge,
Quittungen (von anderen) und Kassenbelege (von uns), Entnahme-
scheine (zur Verbrauchserfassung) oder Lohnstreifen.
Funktion: B. sind Auslöser von Buchungen, da sie Bindeglied
zwischen GVF und Buchung(en) sind. Sie sind 6 Jahre lang aufzu-
bewahren (beginnend am Geschäftsjahresende). → S. 56

Bemessungsgrundlage ist die Basis für eine weitere Berechnung:
B. für die → Abschreibung sind die → Anschaffungs- oder →
Herstellungskosten. B. für die → *Umsatzsteuer* ist der → Netto-
wert der → Lieferung oder → Leistung. → S. 61 ff., 123, 137

Bestandskonten sind alle *Aktiv-* und *Passivkonten.* Auf diesen
werden (zählbare) Bestände erfaßt. Zum Beginn eines → Geschäftsjahres werden die → Anfangsbestände übertragen oder über
EBK gebucht. Zum Ende des Jahres über SBK abgeschlossen.
Dem geht die → Inventur voraus sowie die → Bewertung der einzelnen Posten. → S. 25 ff. Anders: → Erfolgskonten.

Bestandsveränderungen entstehen, wenn die _verkaufte_ Menge
von der _eingekauften_ (im Handel) bzw. *hergestellten* Menge (in
der Industrie) abweicht. Eine *Bestandsminderung* hat Aufwands-
charakter (es wurde etwas verbraucht), eine *Bestandserhöhung*
Ertragscharakter (der Lagerbestand wurde gemehrt). → S. 90 ff.

Betriebliche → **Aufwendungen und** → **Erträge** fallen im Rahmen der betrieblichen → Leistungserstellung an. B.A. stellen den
Input an Produktionsfaktoren dar, die B.E. den Output, d.h. das
fertige Produkt. *Nicht* im Rahmen des Betriebszweckes angefallene Aufwendungen und Erträge sind z.B. Wertpapierverluste oder
Zinserträge. → S. 39 f.

Die **Betriebsübersicht** oder Hauptabschlußübersicht dient der Vor-
bereitung des → Jahresabschlusses. Dazu sammelt sie alle Soll- und
Habensummen aller → Konten und nimmt in verschiedenen Spalten
→ Saldierungen und Umbuchungen vor. → S. 187 ff.

Bewertung: Zum Jahresende müssen sämtliche Vermögens- und Schuldenposten (i.d.R. einzeln) bewertet werden, d.h., es muß ihnen ein adäquater Wert beigelegt werden. Maßnahmen dazu sind z.b. die → Abschreibung auf Sachanlagen oder auf → Forderungen, Bewertung der → Vorräte oder von Währungsverbindlichkeiten. Dabei ist das Prinzip der kaufmännischen → Vorsicht zu beachten. → S. 133

Bezugskosten fallen beim Bezug von *Werkstoffen* und *Waren* an. Letztlich erhöhen sie den Wert der → Vorräte. Beispiele: Fracht, Transportversicherung, Verpackung, Zoll. Sie entsprechen den Anschaffungsnebenkosten von Anlagegütern. Erfaßt werden sie meist auf speziellen → Unterkonten der Konten, auf denen der Einkauf gebucht wurde (z.b. *Bezugskosten für Waren* als Unterkonto zu *Warenaufwand*). → S. 69 ff.

Bilanz ist die *Gegenüberstellung* von → *Aktiva* (links) und → *Passiva* (rechts). Beide Seiten sind nach Zeitaspekten geordnet: Die → Aktiva (= Vermögen) nach Flüssigkeit, die → Passiva (= → Kapital) nach Fristigkeit. Beide Bilanzseiten müssen in ihren Summen übereinstimmen (ital. bilancia = Waage). → S. 21 f., S. 239

Bilanzstichtag ist der letzte Tag des → Geschäftsjahres (für uns immer der 31. Dez.). Zu diesem Tag werden alle Konten abgeschlossen. Davor werden verschiedene → Bewertungen durchgeführt (z.B. → Abschreibungen), Verbrauchsmengen per → Inventur festgestellt sowie → periodengerechte Abgrenzungen vorgenommen. Im → *Jahresabschluß* werden die Vermögens- und Schuldenverhältnisse sowie die Erfolgslage eines Unternehmens offengelegt.

Bilanzveränderungen: Durch jeden → Geschäftsvorfall wird die → Bilanz verändert. Dabei sind 4 Grundtypen denkbar: 1. der Aktivtausch (nur Aktivkonten sind betroffen), 2. Passivtausch (nur → Passiva betroffen), 3. Aktiv-Passiv-Mehrung (mind. je 1 Aktiv- und Passivkonto nehmen zu) und 4. Aktiv-Passiv-Minderung (Umkehrfall dazu, d.h. mind. je ein Aktiv- und ein Passivkonto nehmen ab). In jedem Fall müssen anschließend die Bilanzsummen wieder auf beiden Seiten gleich groß sein. → S. 22 ff.

Ein **Bonus** ist eine Umsatzrückvergütung, wenn im Laufe eines Jahres von einem Lieferanten eine bestimmte, vereinbarte Gesamtmenge bezogen wurde. Wird i.d.R. gebucht wie ein → Skonto. → S. 82

Brutto; Gegensatz: → netto

Buchung bedeutet, daß Sie → Geschäftsvorfälle anhand von → Belegen auf → Konten im → Hauptbuch übertragen. → Buchungssatz

Buchungsfehler: Wenn Ihre → Bilanz aufgeht, ist das noch kein Garant dafür, daß Sie alles richtig gebucht haben. Stimmen → Aktiva und → Passiva *nicht* überein, liegt jedoch auf jeden Fall ein Fehler vor. Typische Fehler sind:

1. Anstatt den Schlußbestand oder den Saldo eines Erfolgskontos in GuV oder SBK zu übertragen, nahmen Sie möglicherweise die *Summe* des jeweiligen → Kontos. *Überprüfen Sie, ob alle → Salden korrekt übertragen wurden.*

2. Kommt der *Differenzbetrag* zwischen Aktiva und Passiva *in einem der Buchungssätze* vor, haben Sie vielleicht die *Gegenbuchung vergessen*, also z.B. im Soll den Betrag gebucht, im Haben aber nicht.

3. Ist die *Differenz* zwischen Aktiva und Passiva *durch 9 teilbar*? Dann haben Sie möglicherweise einen *Zahlendreher*, z.B. einmal 5.400 DM, das andere Mal 4.500 DM gebucht. Die andere Möglichkeit: Sie haben beim Übertrag eine Null vergessen oder eine zuviel geschrieben; Beispiel: SB auf BGA = 30.000, im SBK taucht das Gegenkonto BGA mit 3.000 DM auf.

4. Teilen Sie die *Differenz* zwischen Aktiva und Passiva *durch 2*; wenn dieser Betrag in einem der Buchungssätze vorkommt, haben Sie ihn möglicherweise *zweimal* im Soll oder *zweimal* im Haben gebucht – jedenfalls nicht auf 2 verschiedenen Kontenseiten.

5. Addieren Sie jede Kontenseite noch einmal der Reihe nach durch – vielleicht haben Sie sich einfach nur verrechnet. Beginnen Sie beim SBK, dann nehmen Sie das → Eigenkapital, dann die GuV, dann die → Erfolgskonten (plus Unterkonten), schließlich die → Bestandskonten.

Ein **Buchungssatz** nennt immer *zuerst* alle *Soll-, dann* alle *Haben-*konten, oder kurz: immer „Sollkonto **an** Habenkonto". Die Summe der Sollbeträge muß mit der der Habenbeträge übereinstimmen (→ Buchungsfehler). Für uns ersetzt der BS die → Buchung im → Grundbuch. In der Praxis werden die → Belege vorkontiert (eine Art BS) und anschließend gebucht. → S. 33 ff.

Buchwert (= Restwert): der Wert eines Anlagegutes, mit dem es momentan in den Büchern geführt wird. Er wird ermittelt, indem von den → Anschaffungs- oder → Herstellungskosten die bereits vorgenommenen → Abschreibungen abgezogen werden. Der *Erinnerungswert* ist ein spezieller B. bei → direkter Abschreibung, wenn das Gut komplett, d.h. bis auf 1 DM, abgeschrieben ist.

Delkredere = Risiko des Forderungsausfalls. Gelegentlich werden auch die dazu gebildeten → Wertberichtigungen so benannt.

Bei der **direkten Abschreibung** wird sofort die Wertminderung im Haben des Aktivkontos gebucht. → Abschreibungen auf Sachanlagen. → S. 134 ff.

Disagio = Abgeld. Unterschiedsbetrag zwischen (höherem) Rückzahlungsbetrag und (niedrigerem) Auszahlungsbetrag bei der Ausgabe von Anleihen und bei der Aufnahme von Darlehen. Im letzteren Fall auch „*Damnum*" genannt.

Diskont ist der Zins beim → Wechselgeschäft. Er wird nach der Zinsformel berechnet. Zur Höhe orientiert man sich am Diskontsatz der Bundesbank.

Doppelte Buchführung bedeutet u.a., daß mit jeder → Buchung mind. zwei → Konten angesprochen werden, ein GVF also doppelt in den Büchern auftaucht. Als Abschluß wird eine → Bilanz und eine → Gewinn- und Verlustrechnung erstellt, womit der → Erfolg ebenfalls *doppelt ersichtlich* ist – einmal als Veränderung des → Eigenkapitals, außerdem als Saldo der → GuV. → S. 15 f., S. 51

Durchlaufende Posten stellen für das Unternehmen *weder Aufwand noch Ertrag* dar. Das Unternehmen ist nur gesetzlich verpflichtet, z.B. → Steuern einzubehalten und ans Finanzamt abzuführen. D.P. sind die → Umsatzsteuer, die Vorsteuer, einbehaltene Lohn- und Kirchensteuern sowie der Arbeitnehmeranteil zur Sozialversicherung. → S. 64 f., S. 118 f.

Eigenkapital: entspricht dem Posten „Reinvermögen" im → Inventar. Bei Einzelunternehmungen und Personengesellschaften ist das Eigenkapital variabel, bei Kapitalgesellschaften verändert es sich nur bedingt (Haftungskapital ist im → Handelsregister eingetragen). Deshalb weisen Kapitalgesellschaften mehrere Eigenkapitalposten aus. → S. 201; vgl. → Rechtsformen
Jeder *Erfolgsvorgang* verändert das EK: → Aufwendungen mindern es, → Erträge mehren es. → S. 41

Eigenverbrauch liegt vor, wenn der Inhaber (oder Vollhafter einer Personengesellschaft) anderes als Geld für private Zwecke entnimmt: 1. Entnahme von Gütern, 2. Nutzung betrieblicher Einrichtungen oder 3. Inanspruchnahme betrieblicher Leistungen. Da der Inhaber hier wie ein Konsument anzusehen ist, fällt i.d.R. → Umsatzsteuer an. → S. 67 f.

Erfolg ist ein *neutraler* Begriff. Seine positive Ausprägung heißt „Gewinn", die negative „Verlust". Die Erfolgslage eines Unternehmens ist anhand der → GuV zu erkennen: Durch die Gegenüberstellung aller → Aufwendungen und → Erträge werden die *Quellen des E.* aufgezeigt (z.B. hohe Materialkosten, niedrige Umsatzerlöse o.ä.).

Erfolgskonten sind spezielle → Unterkonten des → Eigenkapitals. E. werden aufgeteilt in Aufwandskonten (Buchungen im Soll) und Ertragskonten (im Haben); Abschluß über GuV. → S. 38 ff.

Ergebnis ist der Saldo von → Aufwendungen und → Erträgen. Insofern ist das E. ein *Oberbegriff* für Gewinn und Verlust. In der → Gewinn- und Verlustrechnung werden z.T. Zwischenergebnisse ausgewiesen. → S. 202, S. 242

Ertrag ist der *Wertezuwachs*, also vor allem die neu geschaffenen Produkte als Ergebnis der betrieblichen → Leistungserstellung. Zu den E. zählen *Absatzleistungen* (Umsatzerlöse und → Eigenverbrauch), *Lagerleistung* (Mehrbestände) und die aktivierte *Eigenleistung* (selbst hergestellte Anlagen). Gegensatz: → Aufwand. Anders: → Leistung. → S. 39 f.

Forderungen sind Teil des → Umlaufvermögens. Im engeren Sinn sind damit Forderungen a. LL gemeint, im weiteren Sinn alle weiteren Forderungen (z.b. ans Finanzamt, an Mitarbeiter und die → Sonstigen Forderungen).
Im Rahmen der → Bewertung zum → Bilanzstichtag unterscheidet man nach ihrer Sicherheit: 1. einwandfreie F., 2. zweifelhafte F. und 3. uneinbringliche F. → Abschreibungen auf F.; → Wertberichtigungen; → S. 156 ff.

Geschäftsjahr ist (für uns) das Kalenderjahr. Gewerbetreibende, die im → Handelsregister eingetragen sind, dürfen davon abweichen. Ebenso bestimmte Berufsgruppen (z.b. Landwirte).

Ein **Geschäftsvorfall** liegt vor, wenn sich → Vermögen und/oder → Schulden verändern und/oder ein Werteverzehr und/oder Wertezuwachs stattfindet. GVF werden durch → Belege dokumentiert, z.B. Erhalt der ER. *Kein* GVF ist z.b., wenn Sie ein Kundengespräch führen oder Ihren Lieferanten wegen bestimmter Waren *um ein Angebot bitten*.

Gewinn- und Verlustrechnung ist im Rahmen des → Jahresabschlusses die spezielle Aufbereitung der GuV in Staffelform. → Ergebnis; → S. 202; S. 242

Im **Grundbuch** (oder Journal) werden alle → Geschäftsvorfälle in *zeitlicher* Ordnung aufgeführt. Bei uns übernehmen diese Funktion die → *Buchungssätze*. Anders: → Hauptbuch, → Nebenbücher.

Grundsätze ordnungsmäßiger Buchführung (GoB) sind Vereinbarungen, die im Laufe der Zeit entwickelt wurden. Sie sollen sicherstellen, daß die Buchführung wahrheitsgemäß und nachvollziehbar gestaltet ist. Dazu zählt insbesondere eine Ordnungssystematik, die ein → Kontenrahmen ermöglicht. → S. 16 f.

Im **Handelsregister** sind alle Vollkaufleute eingetragen. Es wird beim Registergericht des zuständigen Amtsgerichts geführt. Dort werden auch die → Jahresabschlüsse eingereicht. → Rechtsformen

Im **Hauptbuch** werden sämtliche → Buchungen in *sachlicher* Hinsicht geordnet und erfaßt. Dazu dienen die verschiedenen Sachkonten. Anders: → Grundbuch, → Nebenbücher.

Herstellungskosten fallen an, wenn eine Anlagegut *nicht gekauft*, sondern selbst hergestellt wird. Sie werden mit Hilfe der Kostenrechnung ermittelt. HK sind die → Bemessungsgrundlage für die → Abschreibungen. Bei der Aktivierung (= Buchung des Vermögenszuganges) wird das Anlagegut als → aktivierte Eigenleistung gegengebucht. → S. 123 f.

Bei der **indirekten Abschreibung** wird die Wertminderung eines Gutes nicht auf dem Aktivkonto erfaßt, sondern auf einem speziellen *Korrekturkonto* → Wertberichtigungen. Sie kann bei der → Abschreibung auf → Sachanlagen angewendet werden (→ S. 150 ff.) und ist Pflicht bei der → Abschreibung auf → Forderungen, wenn im bestimmten Fall der → Bilanzstichtag überschritten wird. → S. 160 ff.

Das **Inventar** ist – ganz wörtlich – ein *Bestandsverzeichnis*, d.h. ein Verzeichnis aller Bestände (an → Vermögen und → Schulden). Es wird aufgrund der → Inventur erstellt und stellt damit quasi das Bindeglied zur Schlußbilanz dar. → S. 18 ff.

Inventur ist die *Bestandsaufnahme* aller Vermögens- und Schuldenposten, d.h. eine Erfassung aller → Aktiva und → Passiva. Sie muß mindestens zum → Bilanzstichtag durchgeführt werden.
Die *körperliche* I. erfolgt bei materiellen Gütern mittels Zählen, Wiegen, Messen und ggf. Schätzen, die *Buchinventur* (anhand der Bücher) wird bei → Schulden und immateriellen Gütern (z.B. → Forderungen) angewandt.

Verfahren: U.a. Stichtagsinventur (Zeitraum: ± 10 Tage), Verlegte I. (– 3 Monate, + 2 Monate), Permanente I. (laufende Erfassung aller Zu- und Abgänge). → S. 17 f.

Der **Jahresabschluß** erfolgt zum → Bilanzstichtag und informiert über die Vermögens-, Schulden- und Erfolgslage eines Unternehmens. Sein Umfang und die Bestandteile sind abhängig von der → Rechtsform des Unternehmens.
Besondere Aufgaben im Rahmen des JA sind u.a. die → Bewertung der → Aktiva und → Passiva und → periodengerechte Abgrenzungen. Hilfsmittel zur Vorbereitung des JA ist die → Betriebsübersicht. → S. 132 ff.; → S. 185 ff.

Journal → Grundbuch

Kapital sind die auf der rechten Seite der Bilanz ausgewiesenen → Passiva, also das → Eigenkapital sowie die gesamten → Schulden (Fremdkapital). Die Passivseite informiert darüber, *wie* das → Vermögen *finanziert* ist. → S. 21 f.

Kaufmann ist nach HGB, wer ein *Handelsgewerbe* ausübt; dazu zählen z.B. Handel, Industrie, Speditionen, Banken oder Versicherungen (sog. *Muß*kaufleute). Neben den Mußkaufleuten gibt es noch *Soll*kaufleute (z.B. Hotel), *Kann*kaufleute (z.B. Landwirte) und *Form*kaufleute (z.B. GmbH). Sie alle sind als *Voll*kaufleute zur → doppelten Buchführung verpflichtet und müssen zum Jahresende eine → Bilanz erstellen.
Wird das obige Gewerbe nur im *geringen Umfang* ausgeübt, so handelt es sich um einen *Minder*kaufmann, der nur eine *einfache* Buchführung (z.B. Kassenbuch) benötigt, genauso wie andere *Selbständige* (z.B. Künstler), die zum Jahresende lediglich eine *Einnahmen-Überschußrechnung* erstellen.

Konkurs ist das zwangsweise Auflösen eines Unternehmens durch ein Gericht. Gründe dafür sind Zahlungsunfähigkeit oder (bei Kapitalgesellschaften) Überschuldung, d.h., daß das → Vermögen nicht mehr zur Deckung der → Schulden ausreicht. Anders als beim →

Vergleich bekommen die Gläubiger i.d.R. nur einen Bruchteil ihrer →
Forderungen.

Am Ende einer Periode (→ Geschäftsjahr) erfolgt der **Kontenabschluß**. Dabei geht man wie folgt vor: Die wertmäßig stärkere Seite
eines → Kontos wird addiert und diese Summe auf die schwächere
Seite übertragen; anschließend werden davon alle Beträge der schwächeren Seite abgezogen, so daß sich ein → Saldo als Differenz ergibt.
Dieser wird auf das jeweilige Abschlußkonto gebucht: Bei → Unterkonten auf das „Ober"-Konto, bei → Erfolgskonten auf GuV, bei →
Bestandskonten auf SBK. → S. 26, 30 ff., 43 ff.

Kontenarten: Alle *Sach*konten des → Hauptbuches sind entweder →
Bestandskonten (Aktiv- und Passivkonten), → Erfolgskonten
(Aufwands- und Ertragskonten) oder Sammelkonten (EBK, SBK und
GuV). Daneben gibt's noch *Personen*konten, z.B. in der Lohnbuch-
haltung sowie als Verfeinerung der Forderungen a. LL („Debitoren")
und Verbindlichkeiten a. LL („Kreditoren"). → Konto

Die **Kontenbezeichungen** sind von Branche zu Branche leicht unterschiedlich (nie aber deren Charakter!). Möglicherweise heißt es
z.B. „Mietaufwand" oder „Mietkosten" oder „Mieten und Pachten" –
in jedem Fall dreht es sich aber um ein Aufwandskonto. Schauen Sie
sich dazu evtl. die → „Übersetzungshilfe" an. → S. 225 ff.

Ein **Kontenrahmen** ist eine branchenspezifische Ordnungsvorgabe, die
alle typischen → Konten enthält. Auf deren Grundlage entwickelt ein
Unternehmen seinen eigenen Konten*plan*. Jeder K. ist nach dem deka-
dischen System aufgebaut und umfaßt 10 Kontenklassen zu je 10 Konten. Die K. im *Einzelhandel* und in der *Industrie* folgen dabei dem
Abschlußgliederungsprinzip, d.h., die einzelnen Klassen sind aus-
schließlich → Aktiva, → Passiva, → Aufwendungen oder → Erträge,
so daß Parallelen zum → Jahresabschluß gegeben sind. → 53 ff.

Ein **Konto** (ital. conto = die Rechnung) ist eine *Gegenüberstellung*
zweier gegensätzlicher Seiten: Wird z.B. im Soll (links) ein Zugang
gebucht, so stehen im Haben (rechts) sämtliche Abgänge. Für alle

→ Aktiva und → Passiva sowie für alle → Aufwendungen und → Erträge werden eigene K. geführt. → S. 25; S. 38

Korrekturen fallen einerseits aufgrund von *Fehlbuchungen* an, andererseits z.b. bei → Rücksendungen. Solche *Stornierungen* werden gebucht, indem die ursprüngliche → Buchung genau *spiegelverkehrt* wiederholt wird.
Korrektur*posten* stellen alle → Wertberichtigungen dar, wie sie bei der → indirekten Abschreibung anfallen.

Kosten sind die meisten Aufwendungen – wie Sie alleine schon bei den → Kontenbezeichnungen im → Kontenrahmen feststellen. Zu den K. zählt jeder → Aufwand, der im Rahmen zur Erfüllung des Betriebszwecks in üblicher Höhe und periodenrichtig anfällt.
Sie können für Buchführungszwecke „Aufwendungen" und „K." ruhig synonym benutzen. → betriebliche Aufwendungen

Eine *bezogene* **Leistung** liegt vor, wenn Sie von außen eine *Dienstleistung* erhalten (z.b. Reparatur). Vergleichen Sie dazu die Kontengruppe 611 „Aufwendungen für bezogene L." sowie die Konten der Gruppen 67 und 68. Gegensatz: → Lieferung.

Als *Ergebnis* des betrieblichen → Leistungserstellungsprozesses schaffen Sie *einen neuen Wert*, also einen betrieblichen → Ertrag (= L.). Dazu zählen: *Absatz*-L. (z.b. Umsatzerlöse und → Eigenverbrauch), *Lager*-L. (Mehrbestände) sowie die *aktivierte Eigen*-L. bei der eigenen Herstellung von Anlagegütern. → S. 39 f.

Als **Leistungserstellung** werden in Erfüllung des Betriebszwecks unterschiedliche *Produktionsfaktoren kombiniert* und damit neue Produkte geschaffen. Es liegt also einerseits ein *Werteverzehr* vor (→ Aufwand; z.b. Verbrauch von Roh-, Hilfs- und Betriebsstoffen), andererseits ein *Wertezuwachs* (→ Ertrag, z.b. Absatz- oder Lagerleistung). → S. 39 f.

Eine **Leistungsforderung** bzw. Leistungsverbindlichkeit wird auf den Konten ARA bzw. PRA erfaßt. Damit wird festgehalten, daß Sie noch eine → Leistung zu bekommen haben bzw. noch schulden. → S. 173 ff.

Eine **Lieferung** liegt vor, wenn Sie stoffliche Güter beziehen (z.B. Büromaterial, Computer, Waren oder Rohstoffe). Gegensatz: → Leistung. → S. 61, S. 66

Löhne und Gehälter → Personalkosten

Nachlässe können _mit_ der Rechnung (Sofortrabatte) oder _nachträglich_ gewährt werden (bei Mängelrüge und Skonto). Sie mindern den → Nettowert. Bei Anlagegütern werden sie direkt im Haben gebucht, beim Einkauf von → Vorräten und beim Verkauf (Umsatzerlöse) i.d.R. auf → Unterkonten. → S. 73 ff.

Nebenbuchhaltungen dienen der besseren Übersicht. Zusätzlich zum → Hauptbuch werden sog. _Nebenbücher_ geführt, z.B. Lohn-, Anlagen-, Lager- bzw. Wareneingangs- und Warenausgangs-, Kontokorrent- (= Debitoren und Kreditoren), Scheck- und Wechselbuch. → S. 57

Netto: 1. Bei der _Umsatzbesteuerung_ ist netto der Wert der eigentlichen → Lieferung oder → Leistung, d.h., ohne → Umsatz- bzw. Vorsteuer. → S. 61 ff.
2. In der _Lohnbuchhaltung_ werden vom Bruttoentgelt Abzüge für Lohn- und Kirchensteuer sowie für Sozialversicherung (Arbeitnehmeranteil) vorgenommen. Der geminderte Betrag ist das Nettoentgelt (im Haben). → S. 110 ff.
3. Bei _Skontogewährung_ bedeutet „netto", daß ohne Abzug zu zahlen ist, z.B. im Text „Zahlbar binnen 10 Tagen mit 2 % → Skonto oder binnen 30 Tagen netto Kasse". → S. 78 ff.
4. Die _Nettomethode_ nimmt im Gegensatz zur Bruttomethode USt- bzw. VSt-Berichtigungen _sofort_ vor (bei → Skonto und → Nachlässen wegen Mängelrüge). → S. 74 ff.

Pacioli, Luca: Wer iss'n das? Eben. _Dem_ haben Sie alles zu verdanken! Geboren um die Mitte des 15. Jahrh., gestorben ca. 1514, Franziskaner und Professor der Mathematik, legte die Grundlagen der doppelten Buchführung. Mit „deve dare" und „deve avere" („_soll_ geben" und „soll _haben_") bezeichnete er die beiden Seiten des Forderungskontos.

Passiva sind alle Posten auf der rechten Seite der → Bilanz. Dazu zählen das → Eigenkapital sowie alles Fremdkapital = → Schulden: → Rückstellungen, sämtliche → Verbindlichkeiten und die PRA. → S. 21. Gegensatz: → Aktiva.

Das Prinzip der **periodengerechten Abgrenzung** verlangt, daß der → Erfolg von genau einem → Geschäftsjahr zu ermitteln ist: in der GuV sollen nur diejenigen Erfolgsvorgänge enthalten sein, die wirtschaftlich zum betreffenden G. zählen. Dazu erfolgen zum → Bilanzstichtag verschiedene Abgrenzungen: 1. *Sonstige Forderungen* und *Sonstige Verbindlichkeiten* erfassen → Erträge bzw. → Aufwendungen, die noch nicht gebucht wurden, aber zum Abschlußjahr gehören. 2. Bei der *aktiven (ARA)* und der *passiven Rechnungsabgrenzung PRA* liegt der umgekehrte Fall vor: Die Aufwendungen, bzw. Erträge wurden bereits gebucht, obwohl sie einem Folgejahr zuzuordnen sind. Über diese Rechnungsabgrenzung werden sie quasi ins nächste Jahr „hinübergeschoben". 3. Auch → *Rückstellungen* werden vorgenommen, um den → Erfolg periodengenau zu ermitteln. → S. 133

Personalkosten sind alle → Aufwendungen, die für Ihre Mitarbeiter anfallen: In erster Linie das *Bruttoentgelt* sowie der *Arbeitgeberanteil* zur Sozialversicherung sowie die Beiträge zur Unfallversicherung (die der Arbeitgeber alleine trägt). Es gehören aber auch z.B. Aufwendungen für Stellenanzeigen dazu. → S. 110 ff.

Privat bedeutet, daß der Inhaber etwas einbringt oder entnimmt, was nichts mit dem Prozeß der betrieblichen → Leistungserstellung zu tun hat. Über die Privatkonten (→ Unterkonten des → Eigenkapitals) werden deshalb alle diesbezüglichen Vorgänge herausgenommen. → S. 50 ff., S.67 f.

Rechnungswesen ist die Gesamtheit aller Methoden, um das betriebliche Geschehen zahlenmäßig zu erfassen, zu überwachen und auszuwerten. Die Buchführung (oder Finanzbuchhaltung) ist der wesentliche Grundbaustein: sie erfaßt alle Vorgänge, die eine Veränderung des → Vermögens, der → Schulden sowie des → Erfolgs bedingen.

Die weiteren Teilbereiche sind: die Kosten- und Leistungsrechnung (z.B. Preiskalkulation), die Planungsrechnung (zukunfts-
orientiert) und die betriebliche Statistik (auswerten und Kennzahlen bilden).

Rechtsform des Unternehmens: Wir unterscheiden 2 große Gruppen von Rechtsformen, die *Einzelunternehmungen* und *Personengesellschaften* (z.B. OHG, KG) einerseits, die *Kapitalgesellschaften* (z.B. GmbH, AG) andererseits.
Die meisten → Buchungen sind bei allen identisch, es gibt aber spezielle Buchungen, z.B. führen nur Einzelunternehmer und Vollhafter
von Personengesellschaften ein → Privatkonto, oder die Gewinnbu-
chungen, die bei Kapitalgesellschaften umfangreicher sind.

Restwert = → Buchwert

Rücklagen sind speziell ausgewiesene Posten des → Eigenkapitals bei Kapitalgesellschaften: Zu unterscheiden sind *Kapitalrücklagen* (sie entstehen durch Zuzahlungen der Gesellschafter beim
Erwerb von Anteilen) und *Gewinnrücklagen*, die aus dem Gewinn
gebildet werden. → S.201 f.

Die genannten RL sind *offene* RL, da sie aus der → Bilanz ersichtlich
sind. Anders ist es mit den *stillen* RL, die *nicht* in der Bilanz stehen;
letztere entstehen durch Befolgung des *Niederstwertprinzips* bei →
Aktiva bzw. des *Höchstwertprinzips* bei → Passiva.

Beispiel: Sie hatten 1970 ein Grundstück für 200.000 DM gekauft,
dessen Marktwert heute 3 Mio. DM beträgt. In der Bilanz steht es
mit 200.000 DM, also liegt hier eine stille RL in Höhe von 2,8
Mio. DM vor. Erst beim evtl. Verkauf wird die stille RL (als Ertrag) ausgewiesen. → Vorsichtsprinzip.

Rücksendungen werden wie eine Umkehrung der ursprünglichen
→ Buchung des Ein- oder Verkaufs gehandhabt. → S. 71

Rückstellungen sind *ungewisse* → Verbindlichkeiten (hinsichtlich
der exakten Höhe); sie werden gebildet, um → Aufwendungen periodengerecht zu erfassen; z.B. bilden Sie eine Pensionsrückstellung,
weil die Ansprüche Ihrer Mitarbeiter auf betriebliche Altersversorgung im Abschlußjahr entstanden sind. → S. 183 ff.

Sachanlagen sind alle dinglichen Anlagegüter, also Grundstücke, Gebäude, Technische Anlagen und Maschinen, Fuhrpark, BGA und GWG sowie die darauf geleisteten → Anzahlungen. → S. 19 f.

Sacheinlagen der Gesellschafter erfolgen, wenn diese ihren Geschäftsanteil *nicht* in Geld erbringen, z.B. indem sie einen privaten PKW ins Betriebsvermögen überführen. → Privat; → S. 47 f.

Saldieren: Als Saldo bezeichnet man die Differenz zweier Seiten eines → Kontos beim → Kontenabschluß. → S. 26

Schecks werden mit der Gut- oder Lastschrift auf dem Bankkonto erfaßt. Vom Kunden erhaltene S. können bis dahin auf einem eigenen (Aktiv-)Konto zwischengebucht werden. → S. 104 f.

Ein **Schlußbestand** wird per → Inventur ermittelt, ggf. nachdem → Bewertungen vorgenommen wurden (z.B. → Abschreibungen auf Sachanlagen). Der SB steht auf Aktivkonten immer im Haben, auf den Passivkonten im Soll; Besonderheit: Bank- und Postbank können auch Schuldcharakter haben (wenn das Girokonto überzogen ist); dann steht der SB im Soll. → Kontenabschluß; → S. 26 ff.

Schulden sind das dem Unternehmen zur Verfügung gestellte Fremdkapital wie z.B. Lieferantenkredite beim Kauf auf → Ziel, erhaltene → Anzahlungen oder aufgenommene Darlehen. Gegensatz: → Eigenkapital. Vgl. → Kapital, → Verbindlichkeiten

Skonto ist ein spezieller, *nachträglich* in Anspruch genommener → Nachlaß für vorzeitige Zahlung. Gebucht wird er im Einkaufsbereich entweder auf einem → Unterkonto des Vorratskontos bzw. von Warenaufwand oder als Minderung des Anlagekontos, im Verkaufsbereich als Erlösberichtigung zu den vorher ausgewiesenen Umsatzerlösen. → S. 78 ff.

Steuern sind Zwangsabgaben an den Staat. Arten: 1. *Betrieb*steuern stellen → Aufwand dar (z.B. Kfz-Steuer). 2. *Personen*steuern betreffen die natürliche oder juristische Person des Unternehm*ers* (z.B. Einkommen- bzw. Körperschaftsteuer). 3. *aktivierungs-*

pflichtige S. erhöhen den Wert des angeschafften Gutes (z.B. Grunderwerbsteuer). 4. S. als *durchlaufende Posten* betreffen das Unternehmen nur aufgrund gesetzlicher Pflichten (z.b. Lohnsteuer). → S. 116 ff.

Steuersätze bei der Umsatzbesteuerung: 1. *allgemeiner* USt-Satz für die meisten → Lieferungen und → Leistungen (in Deutschland derzeit 16 %). 2. *ermäßigter* Steuersatz z.b. für Lebensmittel, Pflanzen und Druckerzeugnisse (in Deutschland derzeit 7 %). 3. *USt-frei* sind einige spezielle Lieferungen (z.b. Warenausfuhr) und Leistungen (z.B. Grundbucheintrag). → S. 66

„**Übersetzungshilfe**": Auf welches Konto Sie buchen? Sehen Sie in der Übersicht ab S. 225 nach...

Umlaufvermögen dient dem Unternehmen im Gegensatz zum → Anlagevermögen *kurzfristig*. Es besteht aus drei Gruppen: 1. → *Vorräte* (z.B. Rohstoffe oder Waren), 2. → *Forderungen i.w.S.* (z.B. Forderungen a. LL oder Vorsteuer), 3. *Zahlungsmittel* (z.B. Kasse, Bank und → Schecks). → S. 19 f.

Die **Umsatzsteuer** wird erhoben bei → Lieferungen und → Leistungen eines Unternehmers im Inland gegen Entgelt. Der Staat besteuert den Mehrwert, der → netto geschaffen wurde. Insofern erklärt sich der Begriff *Mehrwertsteuer*. Letztlich führt der Unternehmer nur die Differenz zwischen Nettoeinkaufs- und Nettoverkaufspreis ab (= Zahllast). → S. 61 ff.; → Steuersätze

Unterkonten werden zur besseren Übersicht geführt und oft monatlich über das jeweilige „Ober"-Konto abgeschlossen. Beispiele sind → Bezugskosten und → Nachlässe für die einzelnen → Vorräte, Erlösberichtigungen zu den Umsatzerlösen sowie die → Privatkonten als Unterkonten des → Eigenkapitals.
Letztlich sind auch alle → Erfolgskonten U. des Eigenkapitals; sie werden allerdings nicht direkt darüber abgeschlossen, sondern über das GuV-Konto zwischengebucht.

Verbindlichkeiten sind alles Fremdkapital außer → Rückstellungen und PRA. Im engeren Sinne sind damit (verkürzend) Verbindlichkeiten a. LL gemeint. Alle V. haben Schuldcharakter.

Der **Verbrauch** von → Vorräten wird entweder mit jeder einzelnen Entnahme gebucht und/oder am Ende einer Periode per → Inventur ermittelt. Mit der Buchung des V. wird dokumentiert, daß die Vorräte in den Prozeß der → Leistungserstellung eingeflossen sind. Die grundsätzliche Buchung lautet: Aufwand *an* Vorrat. → S. 86 ff.

Ein **Vergleich** soll ein in Zahlungsschwierigkeiten geratenes Unternehmen überleben helfen, indem die Gläubiger teilweise oder ganz auf ihre Forderungen verzichten. Der Vergleich kann mit oder ohne die Hilfe eines Gerichtes durchgeführt werden. Die Quote ist i.d.R. deutlich höher als beim → Konkurs; sie beträgt mind. 35 %.

Zum **Vermögen** zählen alle Güter, die in der → Bilanz als → Aktiva ausgewiesen werden. Diese zeigen, *in was investiert* wurde. Arten: → Anlagevermögen dient dem Unternehmen langfristig, → Umlaufvermögen kurzfristig. → S. 19 f., S. 239

Vorräte gehören zum → Umlaufvermögen eines Unternehmens. Dazu zählen Roh-, Hilfs- und Betriebsstoffvorräte, Fremdbauteile sowie die Bestände an unfertigen und Fertigerzeugnissen (Industrie) sowie Waren (Handel). → S. 40, S. 85 ff., S. 226 Deren → Bewertung zum → Bilanzstichtag erfolgt z.B. nach der *Durchschnittsmethode*, bei der alle Einkäufe zu unterschiedlichen Preisen multipliziert und anschließend durch die gesamte Stückzahl der Periode geteilt werden. → Verbrauch; → S. 154 f.

Das (kaufmännische) **Vorsichtsprinzip** verlangt, daß die Vermögens- und Schuldenlage eines Unternehmens *eher negativ* dargestellt wird, um Gläubiger und andere Interessierte zu schützen. Dies wird erreicht, indem → Vermögensgegenstände eher zu niedrig angesetzt werden (*Niederstwertprinzip* für → Aktiva), → Schulden hingegen eher höher bewertet werden (*Höchstwertprinzip* für → Passiva). → S. 133

Ein **Wechsel** ist ein → Wertpapier, indem sich ein Schuldner per Unterschrift verpflichtet, an eine bestimmte Person zu einem bestimmten Zeitpunkt eine bestimmte Geldsumme zu bezahlen. Für diesen Zeitraum fällt als Zins der sog. → Diskont an. → S. 105 ff.

Wertberichtigungen sind *Korrekturposten*, die bei der → indirekten Abschreibung anfallen: Statt die Wertminderung im Haben des Aktivkontos zu erfassen, wird auf WB gebucht.
Arten: 1. WB auf → Sachanlagen (→ Abschreibungen auf Sachanlagen), 2. Einzelwertberichtigungen (EWB) und 3. Pauschalwertberichtigungen (PWB), beide auf → Forderungen.
WB sind zwar → Passiva, als reine Korrekturposten zählen sie aber nicht zum → Fremdkapital. → S. 150 ff., S. 160 ff.

Wertpapiere ist ein Sammelbegriff, der z.B. auch Fahr- und Eintrittskarten einschließt. Im engeren Sinn sind damit z.B. Aktien oder Anleihen gemeint, die meist an der Börse gehandelt werden.
In der Buchhaltung werden WP des → Anlagevermögens sowie des → Umlaufvermögens unterschieden. Wertpapierkonten sind sog. *gemischte* → Konten, auf denen im Soll der → Anfangsbestand und die Zugänge zum *Anschaffungskurs* stehen, im Haben der bewertete Schlußbestand sowie Abgänge zum *Verkaufskurs*. Als Differenz ergibt sich dabei ein → Aufwand (Kursverlust) oder → Ertrag (Kursgewinn). Vgl. → betriebliche Aufwendungen.

Wertveränderungen in der → Bilanz: Mit jedem → Geschäftsvorfall wird die Bilanz verändert, wobei es sich *immer* um einen von 4 Fällen handelt. → Bilanzveränderungen; → S. 22 ff.

Zahllast ist der → Saldo von Vor- und → Umsatzsteuer, also der speziellen → Forderungen und → Verbindlichkeiten ans Finanzamt. → S. 64 f.

Zeitnahe Buchung bedeutet, daß alle → Geschäftsvorfälle kurz nach ihrem Entstehen aufgezeichnet werden, z.B. Warenlieferung heute, Eingangsrechnung in einer Woche. Ausnahme: Die Kasse muß täglich geführt werden. → S. 17

Zeitwert ist der Wert, den ein Posten der → Bilanz zu einem bestimmten Zeitpunkt hat. Bei der → Bewertung im Rahmen des → Jahresabschlusses legt man z.b. für → Währungsverbindlichkeiten den Tageskurs zugrunde, bei → Anlagevermögen den Marktwert. Dabei sind das Höchst- bzw. das Niederstwertprinzip zu beachten.

Ziel oder *Zahlungsziel* bedeutet im Einkauf bzw. Verkauf, daß die → Lieferung oder → Leistung nicht sofort bezahlt wird. Beim Zielkauf wird auf Verbindlichkeiten a. LL gegengebucht, beim Zielverkauf auf Forderungen a. LL.

☞ Sie konnten einen bestimmten Begriff nicht finden? Dann schlagen Sie im *Stichwortverzeichnis* ab S. 243 nach – die Seitenzahlen dort bringen Sie direkt zu der gewünschten Textstelle.

... und hier die versprochene **Übersetzungshilfe:**

Text	Konto
Gebäudekauf	Geschäftsbauten
Grunderwerbsteuer dazu	Geschäftsbauten
Gebäude bauen lassen	Anlagen im Bau
Gebäude mieten oder pachten	Mietaufwand
Anlagegüter PKW, LKW, Bus	Fuhrpark
Lackierung, Anhängerkupplung etc. (= nachträgl. Anschaff.-nebenkosten)	Fuhrpark
Möbel / PC / Faxgerät / Videoanlage	BGA
dto., bis 800 DM (z.B. TV-Gerät)	GWG
dto., bis 100 DM (z.B. Taschenrechner)	Büromaterial
Maschinen / Fließband / Kühltruhe	TA und Maschinen
dto., bis 800 DM (z.B. Bohrmaschine)	GWG
dto., bis 100 DM (z.B. Werkzeug)	Werkzeugaufwand

Text	Konto
Reparatur (z.B. einer Maschine)	Fremdinstandhaltung
dto., wert*erhaltend*, selbst durchgeführt	– keine Buchung –
dto., wert*erhöhend*, selbst durchgeführt	Anl.gut *an* akt. Eig.leist.
Rohstoffkauf = fließt als *Haupt*bestandteil ins Produkt ein (z.B. Blech)	Rohstoff (-aufwand)
Hilfsstoffkauf = als *Neben*bestandteil ins Produkt (z.B. Schrauben, Nägel)	Hilfsstoff (-aufwand)
Strom, Heizöl, Diesel, Gas, Wasser = fließen *nicht* ins Produkt ein, sind aber für die Produk*tion* nötig	Betriebsstoff (-aufwand), evtl. Stromkosten, Energiekosten u.ä.
vorgefertigte Komponenten fürs Produkt (z.B. Lichtmaschine, Reifen)	Fremdbauteil (-aufwand)
unverändert weitergegebene Waren	Waren (-aufwand)
dto., in der Industrie	Handelswaren
Produkt, noch nicht fertiggestellt	Unfertige Erzeugnisse
hergestelltes Produkt, nicht verkauft	Fertigerzeugnisse
dto., verkauft an Kunden	Umsatzerlöse
dto., entnommen vom Inhaber	Eigenverbrauch
Transportkosten, Verpackung, Zulassung u.ä. beim Kauf von Anlagegütern	im Soll des Anlagekontos, z.B. Fuhrpark oder BGA
Transportkosten, Verpackung u.ä. im *Ein*kauf von Werkstoffen und Waren	Bezugskosten (als Unterkonto)
dto., für den *Ver*kauf angefallen	Ausgangsfrachten
dto., dem Kunden weiterberechnet	Sonstige Umsatzerlöse
Briefmarken, Telefon**gebühren** u.ä.	Postgebühren
Wassergebühren, Stromgebühren	Betriebsstoffaufwand (oder Energiekosten)
Kontoführungsgebühr	Kosten des Geldverkehrs
Gebühren für Handelsregistereintrag	Gebühren
Gebühren für Grundbucheintrag	Anlagekonto Grundstücke
Versicherungsprämie	Versicherungsbeiträge
Beiträge zur IHK o.ä.	Beitr. z. Wirtsch.verbänd.
Säumniszuschläge für verspätet bezahlte Betriebsteuern	jeweiliges Steuerkonto
dto., für private Steuern	Privatentnahmen

Text	Konto
Private Spenden des Inhabers	Privatentn. *an* Kasse o.ä.
alle weiteren *Geld*entnahmen	Privatentn. *an* Kasse o.ä.
alle anderen Entnahmen (z.B. PKW)	Privatentn. *an* EV + USt
sämtliche Geld- oder Sacheinlagen	Privateinlagen *oder* EK
Zahlung in bar	Kasse
Überweisung / per Scheck / wird vom Konto abgebucht / etc.	Bank (bzw. Postbank)
Wir bezahlen per Scheck	Bank (bzw. Postbank)
Kunde bezahlt mit Scheck	Schecks *oder* (Post-)Bank
ER / wir erhalten Rechnung / Zielkauf / Lieferer schickt uns...	Verbindlichkeiten a. LL
AR / wir versenden Rechnung / Zielverkauf / wir schicken dem Kunden...	Forderungen a. LL
Ertrag noch nicht erhalten, ohne AR	Sonstige Forderungen
ER für einen Aufwand in bekannter Höhe noch nicht erhalten	Sonst. Verbindlichkeiten
ER für einen Aufwand in *un*bekannter Höhe noch nicht erhalten	evtl. Rückstellungen
bereits bezahlten Aufwand des Folgejahres „hinüberschieben" (abgrenzen)	Aktive Rechnungsabgrenzung
bereits erhaltenen Ertrag des Folgejahres „hinüberschieben" (abgrenzen)	Passive Rechnungsabgrenzung
Spesen beim Wechselinkasso o.ä.	Kosten des Geldverkehrs
Zins beim Wechseldiskontieren	Diskontaufwand
Zins für ein aufgenommenes Darlehen	Zinsaufwand
Zins, der bei Darlehensaufnahme den Auszahlungsbetrag mindert	zunächst: ARA; zum 31. 12.: Zinsaufwand

F   Lösungen zu den Übungen

L 1   Im Aufbau muß Ihr Inventar so aussehen, wie das auf S. 20.
Das Reinvermögen beträgt 505 TDM.

L 2   Ist Ihre Bilanz genauso aufgebaut? Vergleichen Sie!

Aktiva		**Bilanz zum 31. Dez.**		Passiva
I. Anlagevermögen		**I. Eigenkapital**		505.000
1. Grundstücke	150.000			
2. Gebäude	244.000	**II. Fremdkapital**		
3. Fuhrpark	112.000	1. Hypotheken	240.000	
4. BGA	85.000	2. Darlehen	72.000	
II. Umlaufvermögen		3. Verbindlichktn.	109.000	
1. Warenvorräte	213.000			
2. Forderungen	50.000			
3. Kassenbestand	27.000			
4. Bankguthaben	45.000			
	926.000			926.000

L 3

① Regal = Aktivkonto BGA; nimmt zu.
   Scheck = Aktivkonto Bank; nimmt ab:
   → *Aktivtausch*

② Inneneinrichtung = Aktivkonto BGA; nimmt ab.
   bar = Aktivkonto Kasse; nimmt zu:
   → *Aktivtausch*

③ Zielkauf = Passivkonto Verbindlichkeiten a. LL; nimmt zu.
   LKW = Aktivkonto Fuhrpark; nimmt ebenfalls zu:
   → *Aktiv-Passiv-Mehrung*

④ ER = Passivkonto Verbindlichkeiten a. LL; nimmt ab.
   Überweisung = Aktivkonto Bank; nimmt ebenfalls ab:
   → *Aktiv-Passiv-Minderung*

⑤ Geld abheben = Aktivkonto Kasse; nimmt zu.
   Bankkonto = Aktivkonto Bank; nimmt ab:
   → *Aktivtausch*

⑥ Geld einzahlen = Aktivkonto Kasse; nimmt ab.
Bankkonto = Aktivkonto; nimmt zu:
→ *Aktivtausch* (Umkehrfall zu ⑤)

⑦ Liefererrechnung = Passivkonto Verbindlichkeiten; nimmt ab.
Darlehen = Passivkonto; nimmt zu:
→ *Passivtausch*

L 4

① BGA **an** Bank
② Kasse **an** BGA
③ Fuhrpark **an** Verbindlichkeiten a. LL
④ Verbindlichkeiten a. LL **an** Bank
⑤ Kasse **an** Bank
⑥ Bank **an** Kasse
⑦ Verbindlichkeiten a. LL **an** Darlehen

L 5

① Gehälter (oder Personalkosten) **an** Bank
② Forderungen a. LL **an** Umsatzerlöse für Waren
③ Stromkosten (oder Energiekosten) **an** Bank
④ Postgebühren **an** Kasse
⑤ Fremdinstandhaltung **an** Verbindlichkeiten a LL
⑥ Mieterträge **an** GuV
⑦ Bank + Kasse **an** Umsatzerlöse für Waren
⑧ Zinsaufwand + Darlehen **an** Bank
⑨ EK **an** GuV
⑩ SBK **an** Gebäude

L 6

① Unser Darlehensnehmer überweist die fälligen Zinsen.
② Zielverkauf von Waren.
③ Wir überweisen die Pacht (oder Miete).
④ Barkauf von Schreibbedarf o.ä.
⑤ Überweisung einer ER.

⑥ Abschluß des Kontos „BGA".

⑦ Verkauf eines alten PKW gegen Scheck und bar.

⑧ LKW-Kauf: Anzahlung in bar und per Scheck, Rest auf Ziel.

⑨ Abschluß des GuV-Kontos mit Gewinn.

⑩ Abschluß des Kontos Versicherungsaufwand.

L 7

① richtig: Entnahme aus der Geschäftskasse für private Zwecke.

② falsch: die Abschlußbuchung muß lauten: GuV **an** Gehälter.

③ falsch: Sacheinlage muß lauten: Fuhrpark **an** Privateinlagen.

④ richtig: Kunde überweist fällige Rechnung.

⑤ falsch: Verbindlichkeiten nehmen zu beim Kauf vom Lieferer; Bank kann nicht das Gegenkonto sein.

⑥ falsch: Abschluß-BS muß lauten: Darlehensschulden **an** SBK.

⑦ falsch: muß heißen „Bank **an** Zinserträge", wenn der *Kunde uns* Zinsen überweist, bzw. „Zinsaufwand **an** Bank", falls *wir* unseren Darlehensgeber Zinsen überweisen.

⑧ richtig: Zielkauf von TA (z.B. Gefriertruhe).

⑨ richtig: ER der Druckerei für Werbeplakate.

⑩ richtig: Barkauf von Putzmitteln.

L 8

① Ja: BGA + VSt **an** Bank.

② Ja: Kasse **an** BGA + USt.

③ Ja: Fuhrpark + VSt **an** Verbindlichkeiten a. LL.

④ Nein, die VSt wurde bereits gebucht; jetzt: Verbindl. **an** Bank.

⑤ Nein, ist USt-frei.

⑥ Nein, siehe Fall ⑤.

⑦ Nein, gleicher Grund.

L 9

① = 7 %; ② = 16 %; ③ = 16 %; ④ = USt-frei; ⑤ = USt-frei; ⑥ = USt-frei; ⑦ = 7 %; ⑧ = 16 % (es geht hierbei *nicht* um ein Druckerzeugnis, sondern um eine Dienstleistung!); ⑨ = 16 %.

L 10

① Waren + VSt **an** Verbindlichkeiten a. LL
② BGA + VSt **an** Verbindlichkeiten a. LL
③ Kasse **an** Umsatzerlöse für Waren + USt
④ Bank **an** Darlehen
⑤ Mietaufwand **an** Bank
⑥ Versicherungen **an** Bank
⑦ Büromaterial + VSt **an** Verbindlichkeiten a. LL
⑧ Werbung + VSt **an** Verbindlichkeiten a. LL
⑨ Fremdinstandhaltung + VSt **an** Verbindlichkeiten a. LL

L 11

① Warenaufwand + VSt **an** Verbindlichkeiten a. LL
② Bezugskosten für Waren + VSt **an** Kasse
③ Warenaufwand **an** Bezugskosten für Waren
④ Verbindlichkeiten a. LL **an** Warenaufwand + VSt
⑤ Forderungen a. LL **an** Umsatzerlöse + USt
⑥ Verbindlichkeiten a. LL **an** Nachlässe für Waren + VSt
⑦ Umsatzerlöse + USt **an** Forderungen a. LL
⑧ Erlösberichtigungen + USt **an** Forderungen a. LL
⑨ Nachlässe für Waren **an** Warenaufwand
⑩ Umsatzerlöse **an** Erlösberichtigungen

L 12

① richtig: Rücksendung von Waren an den Lieferer.
② richtig: Überweisung der ER unter Abzug von Skonto.
③ richtig: Lieferer gewährt uns einen Bonus oder einen Nachlaß wegen Mängelrüge, nachdem die Waren bereits gezahlt sind.
④ falsch, muß lauten: Ausgangsfrachten + VSt **an** Verbindlichktn.
⑤ falsch: beim Abschluß lautet der BS immer: USt **an** VSt
⑥ richtig: Abschluß der VSt am Monatsende (VSt-Überhang).
⑦ richtig: Abschluß des Aufwandskontos „Ausgangsfrachten".
⑧ falsch: Erlösberichtigungen werden über Umsatzerlöse abgeschlossen; also „Umsatzerlöse an Erlösberichtigungen".

⑨ richtig, falls beim Einkauf auf Waren*vorrat* gebucht wurde. Da wir den Einkauf direkt als Aufwand buchen, sind „Nachlässe" ein Unterkonto dazu. Deshalb: Nachlässe **an** Warenaufwand.

⑩ falsch, muß umgekehrt lauten: Warenaufwand **an** Bezugskosten.

L 13

① SBK **an** Betriebsstoffvorrat
② Betriebsstoffaufwand **an** Betriebsstoffvorrat
③ SBK **an** Warenvorrat
④ Warenvorrat **an** Warenaufwand
⑤ Warenaufwand **an** Warenvorrat

L 14

① Zielkauf von Rohstoffen (statt auf *Vorrat* könnte auch direkt auf *Aufwand* gebucht werden).
② Der Rohstofflieferant gewährt Nachlaß wegen Mängelrüge.
③ Wir überweisen die ER für Rohstoffe unter Skontoabzug.
④ Der Inventurbestand an Rohstoffen wird gebucht.
⑤ Der Rohstoffverbrauch wird gebucht.
⑥ Abschluß des Aufwandskontos.
⑦ Der Inventurbestand an fertigen Erzeugnissen wird gebucht.
⑧ Dabei ergibt sich eine Bestandsminderung.
⑨ Abschluß des Kontos „BV" nach einer Bestands*minderung*.
⑩ Abschluß des Kontos „BV" nach einer Bestands*mehrung*.

L 15

① Geleistete Anzahlungen + VSt **an** Bank
② Warenaufwand + VSt **an** Geleistete Anzahlungen + Verbindl.
③ Verbindlichkeiten **an** Nachlässe für Waren + VSt + Bank
④ Bank (oder Schecks) **an** Erhaltene Anzahlungen + USt
⑤ Bank **an** Sonstige Umsatzerlöse + USt
⑥ Vertriebsprov. + VSt + Bank **an** Umsatzerlöse + USt
⑦ Verbindlichkeiten a. LL **an** Bank
⑧ Bank (oder Schecks) **an** Nachlässe für Rohstoffe + VSt
⑨ Bank (oder Schecks) **an** Erhaltene Anzahl. + USt (wie Fall ④).

L 16

① Kauf von Waren gegen Wechsel.

② Wir senden unserem Wechselschuldner die Diskontrechnung zu.

③ Wir begleichen den uns vorgelegten Wechsel am Verfalltag bar.

④ Wir ziehen (nachträglich) auf unseren Kunden einen Wechsel.

⑤ Als Anzahlung zieht unser Lieferant auf uns einen Wechsel.

⑥ Wie Fall ⑤, nur geben wir einen unserer Besitzwechsel weiter.

⑦ Inkasso eines fälligen Wechsels durch unsere Bank.

⑧ Wir geben unserer Bank einen Besitzwechsel zum Diskont.

⑨ ER unseres Lieferanten über Wechselzins.

⑩ Wir kaufen Möbel und bezahlen teils per Scheck, teils mit einem weitergegebenem Wechsel.

L 17

① Der Bruttolohn stellt für den Betrieb einen Aufwand dar (Buchung im Soll). Der Nettolohn wird im Haben gebucht; dort stehen auch die Abzüge, d.h. die einbehaltenen Steuern und der Arbeitnehmeranteil zur Sozialversicherung.

② Arbeitnehmer und Arbeitgeber tragen die Kranken-, Pflege, Arbeitslosen und Rentenversicherung je zur Hälfte.
Der Arbeitnehmeranteil wird als Abzug im Haben gebucht, der Arbeitgeberanteil wird zusätzlich gebucht;
BS: AG-Anteil **an** SV-Verbindlichkeiten.
Die Beiträge zur Berufsgenossenschaft (Unfallversicherung) trägt der Arbeitgeber allein; BS: Beiträge zur BG **an** Bank.

③ Wir sind verpflichtet, Lohn- und Kirchensteuer vom Arbeitnehmer einzubehalten. Bis wir den Betrag im Folgemonat abführen, stellt er eine spezielle Schuld dar. Das Konto wird mit der Lohnbuchung im Haben angesprochen (Abzug), im Folgemonat wird es aufgelöst; BS: FA-Verbindlichkeiten **an** Bank.

④ AG-Anteil **an** SV-Verbindlichkeiten

⑤ Kürzung z.B. durch einbehaltene Miete für Werkswohnung, Verrechnung von gewährten Vorschüssen und Darlehen, Monatsbetrag der vermögenswirksamen Leistung, Lohnpfändung, verrechneter Personaleinkauf usw.

⑥ Forderungen an Mitarbeiter **an** Kasse

⑦ Sie erhöhen das Bruttoentgelt und unterliegen damit der Steuer- und Sozialversicherungspflicht.

L 18

① Betriebsteuern **an** Bank

② Gebäude (bzw. Grundstücke) **an** Bank

③ Periodenfremder Aufwand **an** Bank

④ Bank **an** Privateinlagen + Periodenfremder Ertrag

⑤ Steuern vom Einkommen und Ertrag **an** Bank

⑥ FA-Verbindlichkeiten **an** Bank

⑦ Privatentnahmen **an** Bank

⑧ Versicherungen **an** Bank

⑨ Bank **an** Periodenfremder Ertrag

L 19

① Es erfolgt keine besondere Buchung; Sie buchen direkt den verminderten Nettowert: Fuhrpark + VSt **an** Verbindlichk. a. LL

② Verbindlichkeiten a. LL **an** Fuhrpark + VSt + Bank

③ Fuhrpark + VSt **an** Verbindlichkeiten a. LL

④ Geschäftsbauten **an** Aktivierte Eigenleistungen

⑤ Geschäftsbauten **an** Anlagen im Bau (Auf diesem Konto wurden vorher sämtliche Rechnungen gesammelt.)

⑥ a) Forderungen a. LL **an** Erlöse aus Anlagenabgängen + USt
   b) Erlös aus Anlagenabg. **an** Fuhrpk. + Ertrag aus Anlagenabg.

⑦ a) Privatentnahmen **an** EV von Anlagen + USt
   b) EV von Anlagen **an** Fuhrpark + Ertrag aus Anlagenabgängen

⑧ b) Erlöse aus Anlagenabg. + Verlust aus Anlagenabg. **an** Fpk.

⑨ a) Verbindlichkeiten a.LL **an** Erlös aus Anlagenabg. + USt
   b) außerdem eine weitere Buchung, je nachdem, ob der PKW überm (siehe ⑥) oder unterm Buchwert (⑧) verkauft wurde.

L 20

① Abschreibung (Aufw. im S) **an** Anlagekonto (Wertmind. im H)

② Nur Gebäude. Grundstücke i.d.R. nicht.

③ Normal: zum Ende des Geschäftsjahres; außerdem bei Verkauf oder Entnahme des Anlagegutes während des Geschäftsjahres.

④ Die Anschaffungskosten; sie werden ermittelt, indem zum Anschaffungspreis die Anschaffungsnebenkosten addiert und die Anschaffungskostenminderungen abgezogen werden.

⑤ Die lineare Abschreibung: Anschaffungskosten oder Herstellungskosten, geteilt durch die Nutzungsdauer in Jahren.

⑥ Für alle *beweglichen* Anlagegüter, z.b. TA, Fuhrpark, BGA.

⑦ Im ersten Jahr wird von den Anschaffungs- oder Herstellungskosten, in den Folgejahren vom Buchwert abgeschrieben, und zwar jeweils mit einem bestimmten Prozentsatz; dieser beträgt max. 30 % oder das Dreifache des linearen AfA-Satzes.

⑧ Anschaffungskosten : geschätzte Gesamtleistung = AfA-Betrag pro Leistungseinheit; die Leistung muß meßbar sein.

L 21

① GWG sind selbständig nutzbare Anlagegüter bis max. 800 DM netto. Buchung bei Anschaffung:
GWG + VSt **an** Verbindlichkeiten a. LL (bzw. Bank; Kasse)
Vollabschreibung zum 31. Dez.:
Abschreibungen (auf GWG) **an** GWG

② Sofort als Aufwand, z.b. Büromaterial + VSt **an** Kasse

③ Grundsätzlich alle Güter (sogar Grundstücke), wenn ein entsprechender Grund vorliegt, nämlich eine dauerhafte Wertminderung (z.b. Brand, Verseuchung, Totalschaden).

④ Die Gegenbuchung der Abschreibung erfolgt im Haben *nicht* über das Anlagekonto, sondern über WB auf Sachanlagen. WB erfassen *alle bisher vorgenommenen Abschreibungen.*
BS: Abschreibungen **an** Wertberichtigungen auf Sachanlagen.
Im SBK stehen sich damit die Anlagekonten (Aktiva) und die WB (Passiva) gegenüber.

⑤ WB sind *reine Korrekturposten* und weisen damit nicht eine bestimmte Finanzierungsquelle (EK oder FK) aus.

L 22

① Bezüglich Ihrer Forderungen gilt: der Konkursantrag wurde abgelehnt, das Konkurs- oder Vergleichsverfahren beendet, die Forderung ist verjährt, der Schuldner wurde erfolglos gepfändet oder verstarb mittellos.

② Eine *spezielle* Forderung an den *bestimmten* Kunden XY wird zweifelhaft oder uneinbringlich.

③ Zweifelhafte Forderungen **an** Forderungen a. LL 4.640

④ Bank... 1.856
Abschreibungen auf Forderungen............... 2.400
Umsatzsteuer................................... 384
an Zweifelhafte Forderungen 4.640
⑤ Bank.. 500,00
an Periodenfremder Ertrag 431,03
an USt.. 68,97
⑥ Wenn der Fall im einen Jahr nicht abgeschlossen ist, sondern sich über den Bilanzstichtag hinwegzieht.
⑦ Weil wir den Ausfall nur schätzen konnten; diese Schätzung ist meist entweder zu niedrig oder zu hoch.
⑧ Bank.. 1.160
Umsatzsteuer................................... 160
EWB 1.200
an Zweifelhafte Forderungen 2.320
an Periodenfremder Ertrag 200
⑨ PWB.. 3.000
USt.. 480
an Forderungen a. LL........................... 3.480
⑩ a) Abschreibungen auf Forderungen **an** PWB 400
b) PWB **an** SBK 2.400

L 23

① a) Warenaufwand **an** Verbindlichkeiten a. LL........ 1.000
b) Verbindlichkeiten a. LL **an** SBK.......... 18.000
② Bank...285.000
ARA.. 15.000
an Darlehensschulden............................ 300.000
③ Zinsaufwand **an** ARA............................ 5.000
④ a) periodenrichtig: GuV **an** Kfz-Steuer.............. 450
b) abzugrenzen: ARA **an** Kfz-Steuer.......... 150
⑤ a) ARA **an** EBK 150
b) Kfz-Steuer **an** ARA......................... 150
⑥ a) periodenrichtig: Zinsertrag **an** GuV.............. 200
b) abzugrenzen: Zinsertrag **an** PRA.......... 100
⑦ a) EBK **an** PRA................................ 100
b) PRA **an** Zinsertrag.......................... 100
⑧ Sonstige Forderungen **an** Mietertrag

⑨ Mietaufwand **an** Sonstige Verbindlichkeiten

⑩ Alles sind ziemlich *kurzfristige* Verbindlichkeiten, die i.d.R. im Folgemonat beglichen werden. Insofern gehören auch die „Übrigen sonstigen Verbindlichkeiten" zu Recht in diese Gruppe.

L 24

① Fremdinstandhaltung **an** Sonstige Rückstellungen...		2.000
② Sonstige Rückstellungen............................	2.000	
Periodenfremder Aufwand.........................	100	
Vorsteuer...	336	
an Bank...		2.436
③ Sonstige Rückstellungen............................	2.000	
Vorsteuer...	288	
an Bank...		2.088
an Ertrag aus der Auflösung von Rückstellungen....		200

④ Rechts- und Beratungskosten **an** Sonstige Rückstellungen

⑤ Sonst. Personalkosten **an** Sonst. Verbindlichkeiten .		4.000
⑥ Sonstige Verbindlichkeiten.........................	4.000	
Vorsteuer...	640	
an Bank...		4.640

Anmerkung: Das Honorar wurde auf „Sonstige Personalkosten" gebucht, da der Trainer *Mitarbeiter* schulte. Ansonsten müßten Sie auf „Sonstige Verwaltungskosten" buchen.

⑦ a)	1. Sept.: Büromaterial.......................	120,00	
	Vorsteuer..............................	8,40	
	an Bank...............................		128,40
b)	31. Dez., periodenrichtig: GuV **an** Büromat......		40,00
	31. Dez., abzugrenzen: ARA **an** Büromat.		80,00
	31. Dez., Abschluß: SBK **an** ARA...........		80,00
c)	1. Jan.: ARA **an** EBK..........		80,00
	1. Jan.: Büromat. **an** ARA		80,00

G   Quellenverzeichnis

Gabler Wirtschaftslexikon in zehn Bänden, 14. Auflage 1997, Gabler Verlag Wiesbaden

Jossé, Germann: Rechnungswesen für Hotellerie und Gastronomie, 1996, Winklers Verlag Darmstadt

Jossé, Germann: Rechnungswesen für Reiseverkehrskaufleute, 2. Auflage 1997, Winklers Verlag Darmstadt

Schmolke, Siegfried/Deitermann, Manfred: Industrielles Rechnungswesen IKR, 25. Auflage 1997, Winklers Verlag Darmstadt

Schmolke, Siegfried/Deitermann, Manfred: Rechnungswesen des Groß- und Außenhandels, 17. Auflage 1997, Winklers Verlag Darmstadt

Wöhe, Günter: Einführung in die Allgemeine Betriebswirtschaftslehre, 19. Auflage 1996, Franz Vahlen Verlag München

H Anhang

1 Bilanzgliederungsschema

Aktiva	Bilanz (mittel-)großer Kapitalgesellschaften	Passiva
A. Anlagevermögen	**A. Eigenkapital**	
I. Immaterielles AV:	I. Gezeichnetes Kapital	
1. Konzessionen, Lizenzen u.ä.	II. Kapitalrücklagen	
2. Geschäfts- oder Firmenwert	III. Gewinnrücklagen:	
3. geleistete Anzahlungen	1. gesetzliche Rücklage	
II. Sachanlagen:	2. Rücklage für eigene Anteile	
1. Grundstücke und Bauten	3. satzungsmäßige Rücklage	
2. TA und Maschinen	4. andere Gewinnrücklagen	
3. Fuhrpark, BGA u.a.	IV. Gewinn-/Verlustvortrag	
4. geleistete Anzahlungen	V. Jahresüberschuß/-fehlbetrag	
III. Finanzanlagen	*bzw.*	
1. Anteile an verbund. Untern.	IV. Bilanzgewinn/-verlust	
2. Ausleihungen an verb. Unt.		
3. Beteiligungen	**B. Rückstellungen**	
4. Ausleih. an beteiligte Untern.	1. Pensionsrückstellungen u.ä.	
5. Wertpapiere des AV	2. Steuerrückstellungen	
6. Sonstige Ausleihungen	3. sonstige Rückstellungen	
B. Umlaufvermögen		
I. Vorräte:	**C. Verbindlichkeiten**	
1. Roh-, Hilfs-, Betriebsstoffe	1. Anleihen	
2. unfertige Erzeugnisse	2. Verb. gg. Kreditinstituten	
3. Fertigerzeugnisse und Waren	3. erhaltene Anzahlungen	
4. geleistete Anzahlungen	4. Verbindlichkeiten a. LL	
II. Forderungen + sonstige Vermögensgegenstände	5. Wechselverbindlichkeiten	
1. Forderungen a. LL	6. Verb. gg. verbund. Untern.	
2. Ford. gegen verbund. Untern.	7. Verb. gg. beteiligte Untern.	
3. Ford. gg. beteiligte Untern.	8. sonstige Verbindlichkeiten,	
4. sonstige Vermögensgegenst.	- davon aus Steuern,	
III. Wertpapiere	- davon im Rahmen der soz.	
1. Anteile an verbund. Untern.	Sicherheit	
2. eigene Anteile	**D. Pass. Rechnungsabgrenzung**	
3. sonstige Wertpapiere		
IV. Flüssige Mittel: Schecks, Kasse, Guthaben bei Banken		
C. Akt. Rechnungsabgrenzung		

2   Übungskontenrahmen für den Einzelhandel

Kontenklasse 0 Immaterielles AV und Sachanlagen	Kontenklasse 3 Eigenkapital, WB und Rückstellungen
02 KONZESSIONEN, LIZENZEN UND ANDERE IMMATERIELLE ANLAGEN	bei Einzelkaufleuten: 300 EIGENKAPITAL 3001 Privatkonto
GRUNDSTÜCKE UND BAUTEN 050 Grundstücke 051 Geschäftsbauten	bei Personengesellschaften: 300 Kapital Gesellschafter A 3001 Privat Gesellschafter A
ANLAGEN, MASCHINEN, BGA 080 Technische Anlagen und Maschinen 084 Fuhrpark 086 BGA 088 Geleistete Anzahlungen auf AV 089 GWG	301 Kapital Gesellschafter B 3011 Privat Gesellschafter B 307 Kommanditkapital Gesellschafter C bei Kapitalgesellschaften: 300 Gezeichnetes Kapital 310 Kapitalrücklage

Kontenklasse 1 — Finanzanlagen
- 13 Beteiligungen
- 15 Wertpapiere des AV

320 Gewinnrücklagen

WERTBERICHTIGUNGEN
- 361 WB auf Sachanlagen
- 367 EWB zu Forderungen
- 368 PWB zu Forderungen

Kontenklasse 2 — UV und Aktive Rechnungsabgrenzung
- 200 WARENBESTÄNDE
- 210 Betriebsstoffe
- 220 Verpackungsmaterial
- 221 Leergut
- 230 Geleistete Anzahlungen auf Vorräte

RÜCKSTELLUNGEN
- 371 Pensionsrückstellungen
- 372 Steuerrückstellungen
- 375 Sonstige Rückstellungen

FORDERUNGEN AUS LL
- 240 Forderungen aus LL
- 245 Besitzwechsel

Kontenklasse 4 — Verbindlichkeiten und Passive Rechnungsabgrenzung
- 410 Anleihen
- 420 Girokonto
- 425 Darlehensschulden
- 427 Hypothekenschulden

SONSTIGE VERMÖGENSGEGENSTÄNDE
- 260 Vorsteuer
- 265 Forderungen an Mitarbeiter
- 269 Sonstige Forderungen
- 270 Wertpapiere des UV

- 430 Erhaltene Anzahlungen auf Bestellungen
- 440 Verbindlichkeiten aus LL
- 450 Schuldwechsel

FLÜSSIGE MITTEL
- 280 Bank
- 285 Postbank
- 286 Schecks
- 288 Kasse

SONSTIGE VERBINDLICHKEITEN
- 480 Umsatzsteuer
- 483 Sonst. Verbindlichktn. gegenüber FA
- 484 Verbindlichkeiten gegenüber SV
- 486 Verbindlichkeiten aus vw. Leistungen
- 489 Übrige Sonstige Verbindlichkeiten

- 290 AKTIVE RECHNUNGSABGRENZUNG
- 490 PASSIVE RECHNUNGSABGRENZUNG

Kontenklasse 5
Erträge

500 UMSATZERLÖSE
    5001 Erlösberichtigungen

510 Sonstige Umsatzerlöse (aus Dienst-
    leistungen)

540 Mieterträge
541 Sonstige Erlöse (z.B. Provisionen)
542 Eigenverbrauch
543 Andere sonstige betriebliche Erträge
544 Erträge aus der Auflösung von
    Rückstellungen
549 Periodenfremde Erträge

550 Erträge aus Beteiligungen und Wert-
    papieren

SONSTIGE ZINSEN UND ÄHNLICHE
ERTRÄGE
571 Zinserträge
573 Diskonterträge

ABSCHREIBUNGEN
652 Abschreibungen auf Sachanlagen
654 Abschreibungen auf GWG
655 Außerplanmäßige Abschreibungen

660 Sonstige Personalkosten

670 Mietaufwendungen
671 Leasing
672 Gebühren
675 Kosten des Geldverkehrs
677 Rechts- und Beratungskosten

KOMMUNIKATIONSKOSTEN
680 Büromaterial
682 Postgebühren
685 Reisekosten
687 Werbung

690 Versicherungsbeiträge
692 Beiträge zu Wirtschaftsverbänden
694 Verluste aus Schadensfällen
695 Abschreibungen auf Forderungen
699 Periodenfremder Aufwand

Kontenklasse 6
Betriebliche Aufwendungen

600 AUFWENDUNGEN FÜR WAREN
    6001 Bezugskosten
    6002 Nachlässe
610 AUFWENDUNGEN FÜR MATERIAL
    6101 Aufwendungen für
        Betriebsstoffe
    6102 Verpackungsaufwand
    6103 Leergutaufwand
611 AUFWENDUNGEN FÜR BEZOGENE
    LEISTUNGEN
    6111 Frachten und Fremdlager
    6112 Vertriebsprovisionen
    6113 Fremdinstandhaltung
    6114 Entsorgungsaufwand
    6115 Reinigungsaufwand

PERSONALKOSTEN
620 Löhne
621 Sonstige Lohnkosten
630 Gehälter
631 Sonstige Gehaltskosten
640 Arbeitgeberanteil zur SV
642 Beiträge zur Berufsgenossenschaft

Kontenklasse 7
Sonstige Aufwendungen

BETRIEBLICHE STEUERN
700 Gewerbekapitalsteuer
702 Grundsteuer
703 Kfz-Steuer
709 Sonstige betriebliche Steuern

ZINSEN UND ÄHNLICHER AUFWAND
751 Zinsaufwand
753 Diskontaufwand

770 Steuern vom Einkommen und Ertrag

Kontenklasse 8
Abschlußkonten

800 Eröffnungsbilanzkonto
801 Schlußbilanzkonto
802 Gewinn- und Verlustkonto

Kontenklasse 9
KLR

frei für Kosten- und Leistungsrechnung

3   Gliederung der GuV-Rechnung in Staffelform

Die GuV mittelgroßer und großer Kapitalgesellschaften[1] wird nach dem sog. **Gesamtkostenverfahren**[2] wie folgt in Staffelform gegliedert:[3]

1. Umsatzerlöse
2. Bestandsveränderungen an fertigen und unfertigen Erzeugnissen
3. andere aktivierte Eigenleistungen
4. sonstige betriebliche Erträge
5. Materialaufwand:
a) Aufwand für Roh-, Hilfs- und Betriebsstoffe und für bezog. Waren
b) Aufwendungen für bezogene Leistungen
6. Personalaufwand:
a) Löhne und Gehälter
b) Sozialabgaben, Aufwand für Altersversorg. und für Unterstützung
7. Abschreibungen
a) auf immaterielles AV und auf Sachanlagen
b) auf Umlaufvermögen in unüblicher Höhe
8. sonstige betrieblichen Aufwendungen
9. Erträge aus Beteiligungen
10. Erträge aus andere Wertpapieren und Ausleihungen
11. sonstige Zinsen und ähnliche Erträge
12. Abschreibungen auf Finanzanlagen und Wertpapiere des UV
13. Zinsen und ähnliche Aufwendungen
14. **Ergebnis der gewöhnlichen Geschäftstätigkeit**
15. außerordentliche Erträge
16. außerordentliche Aufwendungen
17. **außerordentliches Ergebnis**
18. Steuern vom Einkommen und Ertrag
19. sonstige Steuern
20. **Jahresüberschuß/Jahresfehlbetrag**

---

[1] Zur Erinnerung: Die meisten Personengesellschaften und kleine Kapitalgesellschaften müssen ihre GuV nicht veröffentlichen.

[2] Auf die Darstellung des etwas anderen Gliederungsschemas nach dem Umsatzkostenverfahren wird hier verzichtet.

[3] *Mittelgroße* Kapitalgesellschaften dürfen die Posten 1-5 zu einem Rohergebnis zusammenfassen.

I Stichwortverzeichnis

Die **fettgedruckten** Zahlen verweisen auf die Haupttextstelle oder auf ein ganzes Kapitel, die *kursiven* Zahlen auf eine Erklärung im Glossar.

M
Mängelrüge 74 ff., 121
Marktwert s. Tageswert
Mehrbestände **90 ff.**, *208*
Mehrwertsteuer s. Umsatzsteuer
Minderbestände **90 ff.**, *208*

N
Nachlässe **73 ff.**, 85, 121, *218*
Nebenbücher **57**, *218*
Nettobuchung **74 ff.**, *218*
Niederstwertprinzip 133, 149, 154, 202, *223*
Nutzungsdauer 139 ff.

O
Offenlegungspflicht 132, 193, **199**
OHG **193 ff.**
Ökonomisches Prinzip 48
Ordnungsmäßige Buchführung 16

P
Passiva **21**, *219*
Passive Rechnungsabgrenzung **175 ff.**
Passivkonten **27 ff.**, *219*
Pauschalwertberichtigung **165 ff.**
periodenfremde Aufwendungen und Erträge 118, 160 ff., 184
Periodengerechte Abgrenzung 133, 168, **170 ff.**, **177 ff.**, *219*
Personalkosten **110 ff.**, 183, *219*
Personengesellschaft 117, 132, 193 ff., *220*
Personenkonten 47
Privatkonto **50 f.**, 61, **67 f.**, 117 ff., 127, **193 ff.**, *219*
Produktionsfaktoren 39, 96, 123, 134 ff.

Provisionen 84 f., **102 ff.**, 183

R
Rechnungsabgrenzung
- aktive 168, **170 ff.**
- passive **175 ff.**
Rechtsformen 117, 132, **193 ff.**, *220*
Reihenfolge von
- Buchungen 49, **99**
- Jahresabschlußarbeiten 185 f.
Reinvermögen 19
Reisebüros 53, 104, 177
Reparaturen 123 f., 143, 183 f.
Restwert *211*, s. Buchwert
Rohergebnis 202
Rohgewinn 89 f., 92
Rohstoffe 40, 85, **94 ff.**, *223*
Rücklagen **201 ff.**, *220*
Rücksendungen **71 ff.**, 85, *220*
Rückstellungen **183 ff.**, 201, *220*

S
Sachanlagen **120 ff.**, 134 ff., *221*
Sacheinlagen 50 ff., *221*
Sachkonten 36, 47
Sachleistungen **113**
Saldo; Saldieren **21**, 26, 32, 44, 89, *216, 221*
Sammelkonten 47
Säumniszuschläge 118, 227
Schecks **104 f.**, *221*
Schlußbestand **26 ff.**, 46, *221*
Schulden 19, *221*
- Bewertung **167 ff.**
Schuldwechsel 105 ff.
Skonto **78 ff.**, 85, 101, 121, *221*
Skontrationsmethode 87 f.
Sofortrabatte **73**, 121

Durchblick bei Bilanzen

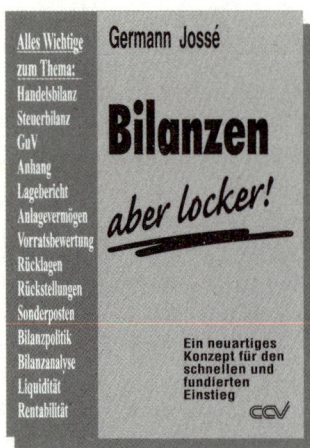

Alles Wichtige zum Thema:
Handelsbilanz
Steuerbilanz
GuV
Anhang
Lagebericht
Anlagevermögen
Vorratsbewertung
Rücklagen
Rückstellungen
Sonderposten
Bilanzpolitik
Bilanzanalyse
Liquidität
Rentabilität

Ein neuartiges Konzept für den schnellen und fundierten Einstieg

Für wen ist das Buch?

Bilanzen sind für sie ein Greuel? Sie überlassen den Jahresabschluß lieber ihrem Steuerberater und haben keine Ahnung, was er dabei alles zaubert? Vielleicht wollen Sie auch wissen, wie man seinen **Gewinn in der Bilanz möglichst niedrig** ausweisen kann, um so ordentlich Steuern zu sparen? Kein Problem: Schlagen Sie dieses Buch auf und Sie werden sehen, **Bilanzen können sogar höchst interessant sein!**

Sie sind **(Berufs-)Schüler** oder **Student**? Sie arbeiten als **Praktiker** im kaufmännischen Bereich? Oder sind Sie gar **selbständig** und brauchen den Durchblick? **Dieses Buch ist so konzipiert, daß es jeder - vom Anfänger bis zum Profi - sinnvoll nutzen kann:** um Kenntnisse aufzufrischen oder gezielt zu vertiefen, um offene Fragen zu klären oder um sich umfassend einzuarbeiten.

Wie benutzen Sie das Buch?

„Bilanzen - aber locker!" hilft Ihnen schnell zum Erfolg: Wenn Sie **Anfänger** sind und noch keine Ahnung von Bilanzen haben, sollten Sie das Buch Schritt für Schritt durcharbeiten.

Als **Fortgeschrittener** haben Sie vielleicht Grundkenntnisse, nur im Detail gibt es noch Lücken. Vielleicht wollen Sie auch Ihr Wissen auffrischen. Anhand des Inhalts- und des Stichwortverzeichnisses können Sie bequem Themen auswählen, die Sie interessieren.

Als **Profi** kennen Sie sich bereits mit Jahresabschlüssen aus, nur fehlt Ihnen ein zuverlässiger Ratgeber, um mal eben etwas nachzuschlagen. Das umfangreiche Glossar am Buchende können Sie wie ein Lexikon benutzen. Querverweise zeigen Ihnen, wo die Themen ausführlich dargestellt werden.

Wir nehmen Sie mit auf die Reise durch den halb so wilden Dschungel aus Aktiva und Passiva. Ihr 'Reiseleiter' führt Sie durch die **Ansatzvorschriften** zur Erstellung einer Bilanz und zeigt Ihnen **Spielräume** und deren **Auswirkungen** auf. Am Ende der Reise können Sie selbst - ganz legal - in Ihrem Jahresabschluß „jonglieren" und haben den Durchblick. Und sie werden verstehen, wie eine Bilanz vorteilhafter und kreativer erstellt werden kann.

Germann Jossé
Bilanzen - aber locker!
ISBN 3-923930-29-1; ca. 250 Seiten; DM 29,90 /öS 219.-/ sFr 29,90

CC-VERLAG GmbH • Postfach 60 04 03 • 22204 Hamburg
Fax: 040-631 73 06 • E-Mail: info@cc-verlag.de
Service im Internet: http://www.cc-verlag.de

Zeugniscode im Klartext

Erhalten Sie oft Absagen? Liegt das vielleicht an Ihren Zeugnissen? Wissen Sie wirklich genau, was Ihr Arbeitszeugnis aussagt? Auch zwischen den Zeilen? Was darf im Zeugnis erwähnt werden und was nicht? Welche Besonderheiten gibt es bei Zeugnissen für Führungskräfte? Wann sollten Sie ein Zwischenzeugnis verlangen? Was tun, wenn man mit seinem Arbeitszeugnis nicht einverstanden ist? **Mit den im Buch enthaltenen Checklisten können Sie Ihr eigenes Zeugnis analysieren wie ein Profi.**

"Der Beurteilte wird zum Briefträger einer Botschaft degradiert, die er selbst nicht versteht."
(Arbeitsgericht Siegen)

Aus dem Inhalt:

- Checklisten zur Analyse der eigenen Zeugnisse
- Formulierungen, die Firmen mißtrauisch machen
- Klartext - Was Ihr Zeugnis wirklich aussagt
- Zeugnissprache - Verschlüsselte Kritik
- Geheime Warnungen - Botschaften zwischen den Zeilen
- Schlechte Beurteilungen - Ins Abseits gelobt
- "Beredtes Schweigen"
- Verborgene Abwertungen - Wie man sich dagegen wehren kann
- Karriereknick durch versäumtes Zwischenzeugnis
- Wie schützt man sich gegen ungerechte Beurteilungen?
- Darf Ihre Firma zusätzliche Auskünfte über Sie erteilen?
- Die wichtigsten Urteile und Gesetze
- Was Sie bei Klagen beachten müssen
- Welche Bedeutung haben Schul- und Examenszeugnisse
- Besonderheiten bei Zeugnissen für Führungskräfte
- Zeugnismuster - Wenn Sie Ihr Zeugnis selbst schreiben sollen

Claus Coelius:
Zeugnisse - Wie Sie böse Überraschungen vermeiden
ISBN 3-923930-02-X; 142 Seiten; DM 19,90 /öS 148.- /sFr 19,90

CC-VERLAG GmbH • Postfach 60 04 03 • 22204 Hamburg
Fax: 040-631 73 06 • E-Mail: info@cc-verlag.de
Bewerberservice im Internet: http://www.cc-verlag.de

Jobsuche im Ausland

Nils Lahrmann

USA
Frankreich
Großbritannien
Italien
Spanien
Irland
Belgien
Niederlande
Luxemburg
Portugal

BEWERBEN IM AUSLAND

Mit Bewerbungen in verschiedenen Landessprachen

Wie nehme ich Kontakt mit ausländischen Unternehmen und Institutionen auf? Wo erhalte ich Informationen? Welche Ausbildungen, Berufe und Diplome werden im anderen Land anerkannt? Welche Besonderheiten muß man beachten? **Wie formuliere ich den Bewerbungsbrief und den Lebenslauf in der anderen Sprache?** Das sind nur einige der Fragen, die in diesem Buch angesprochen werden. Es behandelt das Thema „Bewerben in Ausland" ausführlich. Neben **zahlreichen handfesten Tips** zur Vermittlung des gewissen **„Know-how" für eine Bewerbung, die im anderen Land „ankommt"**, enthält dies Buch auch eine Vielzahl von Praxisbeispielen erfolgreicher Anschreiben und Lebensläufe in den jeweiligen Landessprachen. Die Beispiele geben willkommene Formulierungshilfen und können bei Bedarf direkt übernommen werden. Konkreter können Ratschläge kaum noch sein.

Mit Bewerbungen in verschiedenen Landessprachen

Aus dem Inhalt:

- Musterbeispiele erfolgreicher Bewerbungsbriefe für England, Frankreich, Italien und für die USA in der jeweiligen Landessprache
- Musterbeispiele erfolgreicher Lebensläufe für die USA, Großbritannien, Frankreich und Italien in der jeweiligen Landessprache
- Länderspecials - Was Sie über die Arbeitsmärkte in anderen europäischen Ländern wissen sollten
- Europa und USA - Wichtige Informationsquellen und Adressen für eine erfolgreiche Stellensuche
- Besonderheiten in den USA
- Arbeitserlaubnis und Visum für die Vereinigten Staaten
- Stellensuche im Internet - Erfolgreich, effizient und kostengünstig

Nils Lahrmann
Bewerben im Ausland
ISBN 3-923930-13-5; 183 Seiten; DM 29,90 /öS 219.- /sFr 29,90

CC-VERLAG GmbH • Postfach 60 04 03 • **22204 Hamburg**
Fax: 040-631 73 06 • E-Mail: info@cc-verlag.de
Bewerberservice im Internet: http://www.cc-verlag.de

100 Tips und Musterbeispiele

BEWERBUNGS-BRIEF und LEBENSLAUF

Erfolgreiche Beispiele, Formulierungen und Tips

ccv

Dieses neue Buch behandelt das Thema ausführlich. Neben zahlreichen handfesten Tips zur Vermittlung des gewissen „Know-how" für eine Bewerbung „die ankommt", enthält dies Buch **eine umfangreiche Sammlung von Praxisbeispielen erfolgreicher Anschreiben und Lebensläufe,** die ihre Verfasser regelmäßig in die engere Wahl kommen ließen. Die Beispiele geben willkommene Anregungen für die eigene Bewerbung und können bei Bedarf sogar direkt übernommen werden. Dazu findet sich auf der einen Seite das Stellenangebot und gegenüber das dazugehörige Anschreiben, welches zeigt, wie man geschickt und überzeugend auf die Anzeige eingehen kann, ohne zu übertreiben. Konkreter können Ratschläge kaum noch sein.

Die 100 häufigsten Fragen im Vorstellungsgespräch

Claus Coelius

FIT FÜRS BEWERBUNGS GESPRÄCH

Überzeugende Antworten auf die 100 wichtigsten Fragen

CC-Verlag

Claus Coelius:
Fit fürs Bewerbungsgespräch
ISBN 3-923930-10-0; 132 Seiten;
DM 19,90 /öS 148.- /sFr 19,90

Bewerbungsgespräche lassen sich trainieren. Entstanden aus den Erfahrungen vieler Personalpraktiker und Stellensuchender erhalten Sie mit diesem Buch **ein erfolgreiches Konzept für eine gelungene Vorbereitung auf Ihr Vorstellungsgespräch.**

Mit Hilfe neuartiger **Checklisten** und einem **umfangreichen Fragenkatalog** werden Sie für Ihr Vorstellungsgespräch fit wie ein Personalprofi. Die **zahlreichen Tips und Ratschläge** können Sie sofort konkret auf die eigenen Verhältnisse anwenden und in Erfolg umsetzen.

CC-VERLAG GmbH • Postfach 60 04 03 • 22204 Hamburg
Fax: 040-631 73 06 • E-Mail: info@cc-verlag.de
Bewerberservice im Internet: http://www.cc-verlag.de

6   Steuern im Betrieb

Jedes Unternehmen muß verschiedene Steuern abführen. Sie können in vier Gruppen zusammengefaßt werden:

- **Betriebsteuern (= Aufwandsteuern)**
- **Personensteuern (= Privatsteuern)**
- **aktivierungspflichtige Steuern**
- **Steuern als durchlaufende Posten**

6.1   Betriebsteuern

Betriebliche Steuern stellen **Aufwand** dar. Folge? Genau, sie *mindern den Gewinn.* Wie andere Aufwendungen auch, werden Sie die Betriebsteuern in die Verkaufspreise Ihrer Produkte *einkalkulieren.*

In manchen Kontenrahmen werden die Betriebsteuern z.B. auf dem *gleichnamigen Konto* erfaßt. Im Einzelhandel werden sie genauer unterschieden; dazu gibt es folgende Konten:

- **Gewerbekapitalsteuer**
- **Grundsteuer**
- **Kfz-Steuer**[1]
- **Sonstige betriebl. Steuern** (z.B. für Wachhund)

Die Buchung lautet in aller Regel:

Betriebsteuern an Bank

Das sind die wichtigsten betrieblichen Steuern; daneben gibt es noch branchenspezifische Sonderfälle, wie z.B. die Vergnügungsteuer[2] im Gastgewerbe.

---

[1] Gelegentlich wird die Kfz-Steuer als Kfz-Kosten erfaßt.
[2] Sie sehen: selbst beim Vergnügen hält der Staat die Hand auf.